Entretiens avec Ashtar Sheran

Commandant de Lumière

La vie extra-terrestre

Virginie Noël

« En lui était la vie, et la vie devint la lumière des hommes...

Et la lumière luit dans les ténèbres,

et les ténèbres ne l'ont pas reçue ».

Évangile selon St Jean

« Nul besoin de temples, nul besoin de philosophies compliquées.

Notre cerveau et notre cœur sont nos temples ».

Dalaï-Lama

Table des matières

Entrevues

Virginie : -« Bonjour Commandant Ashtar Sheran, pouvez-vous vous présenter ? ».

Commandant Ashtar : - « Tu mettras longtemps pour écrire mon premier roman.

Bienvenus à bord !

Bienvenus dans la maison de l'auteur très douée en télépathie qui sera ma traductrice pour le moment.

Sa télépathie fonctionne grâce à ses chakras, comme le chakra coronal et le troisième œil Ajna, pour bien démarrer mon livre avec elle.

Elle est une Walk-in canalisatrice.

Pour mon âme, elle reste la parfaite humaine pour rédiger puisque nous possédons le même taux vibratoire.

Je tiens à m'excuser par avance comme j'insisterai sur certains points en me répétant, car je pense qu'ils sont importants.

Je donnerai plusieurs explications et des exemples afin d'illustrer mes propos.

Je m'adresse à plusieurs niveaux de lecteurs, initiés et non-initiés, donc je m'adapterai pour ces circonstances.

Dans cette forme d'entrevue, ma parole sera plus libre. Je pourrai changer spontanément de sujet, je n'ai pas envie de brider mes pensées. J'espère que cela ne vous importunera pas dans votre lecture.

Je pense à vous toutes et à vous tous qui m'adorerez encore plus puisque je souhaite commencer ma matérialisation en communiquant davantage.

Je me décris : je porte une combinaison arc-en-ciel, je suis blond, grand et mince aux yeux bleus.

Pour mon âge terrestre, j'ai pour vous environ trente ans, mais je suis réellement beaucoup plus âgé.

J'aborde fièrement mes décorations de Commandant données par mon propre père Adama Gouverneur de Thélos.

J'analyserai quelques preuves matérielles et mes premières apparitions dans les photographies de l'Auteur. Ce sont mes premières manifestations envers celle-ci qui me découvrait en premier lieu dans ses clichés paranormaux et pendant ses propres voyages astraux.

Mais qui est donc ton guide, l'être que tu canalises ?

Fin 2015, tu photographiais des visages et des entités dont un Mettalien de la planète du Caméléon et un gardien de l'espace, Ashtar Sheran, moi-même.

Mon cœur, j'ai une forme humanoïde. Ton autre guide est un Jupitérien, mon Ange.

Il est encore en train de s'ouvrir aux hommes.

Tu es une médium aux nombreuses capacités (dont photographique) qui exaltait ton don complètement, qui danse et chante avec les esprits.
L'entité flashée par ton appareil photographique est un représentant

de la constellation du Caméléon.

Danse avec les esprits et avec l'arc-en-ciel souvent présent dans tes nombreuses photos où les dimensions s'entremêlent.

Tu prends tes photographies en te mettant en canal et les dimensions apparaissent.
Les esprits se dévoilent pour toi.
Je parlerai un peu des photographies dans ce livre, car de nombreuses personnes demandaient des preuves de mon existence.
Et à part me montrer, me laisser photographier, filmer et enregistrer, comment procéder autrement ?

Sur ce cliché d'ailleurs, je note à gauche un bâtiment, des notes de musiques et des écritures cosmiques.
Cette femme est sur la photographie en osmose avec l'esprit de la nature se mélangeant à elle.
Elle devient transparente.
Je discerne seulement sa forme comme un fantôme transparent.
De hautes vibrations élevées et transparentes d'Anges et d'Êtres de Lumière s'y montrent.

Tu danses avec les esprits, tu chantes ?
Nous apprécions parce qu'ainsi la vie est célébrée sur Terre.

Comme cadeau du ciel, tu as du temps libre désormais en sortant de la Matrice. Tu es plus disponible et disposée à suivre ta Flamme Jumelle.
Ton esprit est lié à lui.

Je dois donc me faire adopter, car c'est maintenant la réunion des Flammes Jumelles pour tout le monde.

Je m'adapte à ton âme fusionnelle pour être canalisé et j'analyse en premier lieu mes canaux de lumière pour être bien certain que le résultat ne soit pas déformé.

Mes paroles demeurent dans leurs intégralités et dans leurs clartés, même si tu filtres en traduisant mes pensées.
Je vérifie la qualité de nos transmissions.

Tous les êtres de lumière scannent en premier lieu leurs médiums, car c'est une de leurs grandes capacités médiumniques et télépathiques. Ainsi, tout est transparent pour nous, les êtres d'autres dimensions, étant donné que nous sommes tous reliés et connectés.

Le vide est un champ d'information. Les aliens et les esprits savent exploiter le vide et récolter toutes les informations des vies antérieures, présentes et futures.
Nous décryptons les données des champs d'information contenues dans le vide.
Tu as bien raison, en mentionnant que les Annales Akashiques sont contenues dans le vide sous forme d'ondes et de vibrations.
L'Humanité ne connaît certainement pas toutes les ondes.
Beaucoup d'éléments sont étranges et inconnus pour les scientifiques terrestres, assez limités par une technologie en retard au regard de la technologie alien.
Mais j'en reparlerai dans notre ouvrage.

Les extra-terrestres sont de très anciennes civilisations, apparues des éons avant même l'origine de l'Humanité.
Sachant que cette dernière est apparue bien avant ce que vous savez, vous, les Humains. Des civilisations, nommées Adamiques et pré-Adamiques par les médiums et par toi-même apparaissaient déjà du temps des Dinosaures.

Les Dinosaures ont vécu sur Terre durant l'ère du Mésozoïque. C'est une période qui a commencé il y a 250 millions d'années et qui s'est terminée il y a 66 millions d'années. Cette période se divise en 3 parties : le Trias, le Jurassique et le Crétacé.

J'arpentais votre Terre avec d'autres êtres de lumière venant d'autres espaces-temps bien avant ces périodes où la vie n'existait pas sur

Terre. Le sol de la planète était aride et caillouteux, sans eau ni espèces vivantes. Seul l'esprit de votre planète si charmante communiquait avec nous.

Nous décidions d'y implanter la Vie et des espèces différentes et puis d'en suivre l'évolution.

Ce que vous appelez l'évolution de Darwin n'est finalement que nous. Nous agissons sur la modification des brins d'ADN à distance, grâce à des ondes et des vibrations énergétiques pour une explication simplifiée.

Je me manifestais régulièrement aux yeux de l'Humanité et encore maintenant afin d'accompagner Le Grand Changement.

L'évolution de votre espèce dans l'Éveil des consciences et des changements notamment comportementaux s'accompagne de profondes modifications énergétiques afin de transmuter des énergies négatives.

Vous avez bien compris que nous, les êtres de lumière, propageons des énergies de transmutation qui modifient en profondeur toutes les espèces au niveau atomique à différentes périodes.

Pourquoi ? Parce que vos mondes sont reliés avec les nôtres. Nos dimensions existent dans les vôtres.

Il n'y a pas de notion d'espace-temps, tout se vit dans le même temps et dans le même espace, vu que tout est contenu dans le Grand Tout.

Toutes vos agitations, vos explosions atomiques, vos essais nucléaires notamment et vos ondes ont des répercussions importantes et négatives dans nos mondes.

Voilà mes premières constatations suite à mes nouveaux contacts avec vos sociétés actuelles et modernes du XXIème siècle.

Il y a beaucoup de mouvements dans vos vies, vos métiers et beaucoup d'Humains saturent nerveusement et physiquement. Vous travaillez énormément sans être beaucoup payé.

La vie actuelle est source de stress et de maladies. Elle s'éloigne du paradis terrestre crée dès l'origine par la Source grâce à nos missions d'implantations de la vie sur Terre.

Comme vous l'avez bien compris, la vie sur Terre et sur d'autres planètes est d'origine extra-terrestre.

D'ailleurs les Humains sont des aliens aux yeux des autres. Ils sont des citoyens de l'espace tout comme moi et mon peuple.

J'appartiens à la Fraternité Blanche, une confrérie de gardiens des univers et notamment de la Terre.
Je n'ai pas d'âge et ma planète se nomme Metharia. Je suis éternel, je suis une onde vibrante conçue d'un esprit ou bien d'une intelligence émotionnelle et je me fonds dans l'univers.
Parfois je me matérialise sous la forme du Commandant Ashtar Sheran, bien que mon vrai prénom et mon nom véritable soient des ondes imprononçables pour les Hommes.
Je suis pacifiste, ainsi que mon peuple.
Mon énergie est universelle et inconditionnelle.

Vous ne pouvez pas me détruire, ni moi, ni mes semblables ou bien La Source.

Nous gouvernons les mondes, les univers et nous veillons sur vous avec une grande bienveillance. Nous tolérons vos libres arbitres, mais nous, la Fraternité Blanche détestons parfois ce que certains hommes en conçoivent.

L'ingérence n'est pas notre loi divine.

L'exploitation des peuples par les États et les lois sont rétrogrades dans votre monde. Les personnes âgées toutes seules et malades sont solitaires. Elles doivent patienter de longs moments isolées dans votre société actuelle, à cause de ce que vous pensez être la pandémie de la Covid 19.
Avoir une fin de vie solitaire et triste, ce n'est pas du tout génial de vieillir ainsi.
La compétition réside dans le monde du travail, et vous préféreriez

très souvent être libres.
Je constate cela en me connectant à vous à toi.

Mais je dois guider tout en rédigeant mon propre livre. Piloter mon vaisseau tout en réalisant vos guidances. Guider au sens large du terme.
La Source te laisse alors trier mes messages, mettre en mots mon enfance et ma naissance... ».

Virginie : - « Comment s'est déroulée ta naissance ? ».

Commandant Ashtar : - « Je suis né par transfusion, de la mère au père dans les normes de la loi de la conservation de l'espèce androïde.
Nous préservons notre espèce menacée de disparition, à cause du mélange des humanoïdes avec des androïdes.
La Source voulait que je naisse.
Ma mère était perfusée pour donner son sang, c'est à dire plus précisément son ADN et ses cellules souches.
La Source conseille de réfléchir aux dons d'ADN pour l'Humanité en les conservant congelés.
Je suis né du père Adama de l'Agharta et de ma maman chérie, Ève, car c'est le surnom que je lui donne pour rire...

Adama et Ève sont mes parents que j'aime énormément.

J'étais ensuite transféré de mon tube à essai dans une éprouvette, puis mis en couveuse au milieu d'une batterie d'autres fœtus.

La Source m'a ensuite mis dans un liquide amniotique pour devenir un humanoïde.

Mon corps grandissait dans un liquide à l'intérieur d'un aquarium, et c'était épouvantable, car c'est le cas à vos yeux, d'être né dans un

tube à essai en venant au monde comme cela.
Mais nous avons l'habitude et nous sommes bien élevés et en bonne santé éternellement.
Notre technologie est dominante pour la conception chez les extra-terrestres puisque nos femmes sont infertiles.

Les naissances sont donc expédiées par les voies technologiques dans les races extra-terrestres, sans ventre, ni ovule ni spermatozoïde.

Je naissais plusieurs fois au fil des siècles de ma vie éternelle, parfois incarné et parfois non. J'expérimentais parfois des demi incarnations sur d'autres planètes dans d'autres dimensions non matérielles.
Mon apparence se concrétise en ondes et en énergies.
Mes corps subtils ont aussi des apparences, je suis à plusieurs endroits en même temps sous plusieurs formes.

Ma forme que les Hommes peuvent le plus comprendre est celle de mon corps astral sur Metharia. Metharia est ma planète que je construisais entièrement et dont je suis le Gouverneur principal.
Nous vivons tous comme des nomades, sur plusieurs planètes en même temps et dans des vaisseaux mères.
Je suis surtout un grand voyageur interstellaire, aimant découvrir de nouveaux horizons et un grand convoyeur de fonds et de matières premières rares en provenance de tous les espaces.

Je me téléporte directement sur Terre en me matérialisant dans une apparence humanoïde. Mes vaisseaux se déplacent par téléportation bien souvent ou à très grande vitesse, bien plus que la vitesse de la lumière dans des espaces-temps dont vous ne soupçonnez guère l'existence.

Comme tu le penses, je me déplace dans l'espace et le temps, tout comme toi avec ton corps causal.
Ton origine extra-terrestre et ton statut de Walk-in facilitent le fait que tu sois, toi, l'auteur, une voyageuse du temps et des univers.
D'ailleurs, j'apprécie ta compagnie durant mes nombreux voyages

interstellaires.

Tu passes avec moi dans des trous noirs, bien installée confortablement dans mes OVNIS avec un statut de VIP.

Tu aimes découvrir de nouvelles planètes, de nouveaux espaces et tu aimes, dans tes fréquents voyages astraux et tout comme moi, t'y ressourcer et aller aux contacts d'autres races extra-terrestres.

De ce fait, je suis insaisissable, mais omniprésent et donc facilement à vos côtés.

Je peux te faire la liste de toutes mes naissances, de mon âme universelle et intemporelle. »

Virginie :- « Comment s'est passée ton enfance ? ».

Commandant Ashtar : - « J'étais élevé en communauté par communion des esprits avec d'autres aliens et énormément d'empathies.

La télépathie et les autres formes d'expression étaient au programme et gravées dans nos gènes. Le travail sur l'ADN prédispose les individus à être d'une rare intelligence supérieure, sauf que cette manière de dire ne me correspond pas du tout, car j'apprécie la diversité des gènes. La diversité génétique est un franc succès dans toutes les races stellaires. Nous aimons la biodiversité.

Tu m'accueilles bien chez toi pour écrire ce livre, vu que j'ai mon fauteuil noir et un bureau très confortable. Tu me proposes ton canapé pour m'allonger, et même me faire psychanalyser. Un brin de café pour ton âme qui embrasse tous les Humains de la Terre.

Je suis donc né sur Metharia, ma planète d'origine et j'aime la gouverner, après qu'Adama et Ève emménageaient sur Terre. Ils habitent dans l'Intraterre, dans la cité de Thélos plus précisément, dans l'Agharta. C'est un divin paradis, un bel endroit très plaisant avec des lacs et des montagnes. Thélos est une belle cité très fructueuse et prédominante à souhait.

L'espace auparavant était donc noirci par la guerre contre les extra-terrestres que je menais de front avec Adama, donc cela reste mon adolescence. Je parcourais avec mon papa d'autres univers et d'autres planètes qui généraient des conflits afin d'y instaurer la paix. Pour terminer, je découvrais la Terre ! Alléluia. Belle, très belle planète.

Guidé par La Source et mon père, j'allais sur Terre afin de bien étudier les Humains et les espèces terrestres. Nous nous décidions à atterrir au cours des temps préhistoriques. Et même bien avant, par ma faculté à remonter le temps, afin d'y déposer la pierre de l'Uruguay, par exemple, et donner quelques preuves scientifiques par avance aux Hommes, car ils aiment ces preuves. Ils découvraient la pierre aux pouvoirs guérisseurs déposée par nos soins plus tard.

Mon livre sera rempli de tendresse (car j'aime bien les mœurs terriennes), de visions extra-terrestres et de guides. Je suis médium-voyant connecté en quelque sorte.

Ma conscience est une et unifiée dans l'Univers. Je suis moi aussi guidé vers la Terre et les Humains par La Source, le créateur de toutes choses, afin de générer un pacte d'alliance avec les Hommes pour fraterniser. Cela fonctionne bien.
D'autant que les Hommes commencent à beaucoup penser aux extra-terrestres en les voyant de plus en plus. Vous nous remerciez pour ces apparitions qui vous effraient moins qu'avant.

La paix et l'harmonie sont les messages que nous voulons transmettre aux Hommes !
Paix, harmonie et réunification sont des maîtres mots pour vous.

Les Humains sont plusieurs espèces extra-terrestres mélangées correspondant aux différentes origines de leurs âmes.

C'est possible de te masser afin de détendre tes épaules ? L'écriture reste manuscrite : j'ai envie de donner des preuves écrites à l'Humanité.

Je communique avec toi pour vous raconter ma naissance via un aquarium et dans un milieu aquatique comme vos fœtus.

Cela reste une prédisposition humanoïde.

Après cela, ma naissance fut une belle révélation. Mon réveil et mon arrivée au monde s'effectuaient manuellement. Mes parents me prenaient dans leurs bras.

J'étais tout mouillé, ils me frictionnaient en m'embrassant.

Je les regardais de mes yeux et non plus à travers l'eau et la paroi. Mes parents étaient heureux d'enfin pouvoir m'embrasser.

Auparavant, ils venaient me voir à travers la paroi de verre de mon univers aquatique pendant ma croissance fœtale.

Moi, Ashtar Sheran, je suis le fils d'Adama de Thélos de l'Intraterre. Je suis né sur Metharia, qui est une sœur jumelle de la Terre dans l'antimatière.

Le livre sera un franc succès. Tu le rédiges en priorité.

Je te fais rire un petit peu, merci ! Je suis très preneur du fait que tu es disponible et disposée à rédiger, et cela est pratiquement très amusant et drôle pour toi-même. Tu adores rédiger des livres, car tu aimes créer de tes mains des œuvres uniques et personnelles.

Tu te déplaces pour ton métier, mais aussi dans les autres dimensions en tant que voyageur du temps grâce à ta médiumnité. Adieu donc cette initiation, adieu la fatigue pour cocréer des livres illustrés plus tard par tes dessins. Je t'envoie mon énergie directement dans ton chakra du plexus solaire pour te tonifier.

Parce que c'est ton guide, parce que les guides le valent bien, vos amis de là-bas, pour transmettre les enseignements ! La Source aime bien voir circuler toutes vos informations dérangeant bien des opposants.

Adama est mon papa. Ma maman te ressemble beaucoup, et elle est ta grand-mère astrale.

La Source te révélait que tu es toi aussi la fille d'Ashtar en pleine incarnation sur Terre, mais aussi crée dans l'énergie de La Source. C'est ainsi que les médiums nomment Dieu dans votre ésotérisme ou dans vos sciences occultes.

J'ai beaucoup d'enfants. Je suis bien sûr cloné, afin de peupler d'autres planètes.

Les extra-terrestres n'ont pas de sexes. D'où le gros problème, pour créer des enfants. Nous n'avons pas de corps physiques comme les vôtres.

Ce petit enfant avec lequel tu es en train de parler sur Terre sait tout de moi, car je le créais lui aussi avant sa naissance sur ma planète.

Il est l'incarnation d'un petit de La Source. Il est directement relié à elle.

La Source est la mère de toutes choses et Dieu le père en même temps, celui que tout le monde prie. Elle est le Yin et le Yang fusionnés. On peut la définir de bien de manières différentes.

Ce charmant enfant est une source temporaire sur Terre s'ouvrant aux rayons cosmiques. Il est lumineux naturellement.

Par la suite, il sera canal, et l'enfant s'ouvrira encore plus aux différentes énergies.

Il représente un bébé de La Source, créé par elle-même et envoyé sur Terre. Il est un des nombreux clones de La Source, puisque les enfants diamants sont clonés, plus précisément leurs âmes. Ils sont spirituels et solitaires. Leurs âmes sont éternelles et reliées à la Source en permanence.

Écoutons ces jeunes enfants qui révéleront des vérités et éveilleront des consciences.

Vraiment, il sait ce petit que les bébés ne sont pas nés dans la photocopieuse. Vous avez des conversations très amusantes toi et lui du secret des Dieux.
La sexualité n'existe pas là-bas et nous procréons par clonage et par différentes techniques de procréation assistée.

C'est un bon point déjà, le secret des Dieux enfin dévoilé : la sexualité des Anges consistant en une procréation divine par clonage et c'est comique de le dire. Voilà pour la première étape de ma venue au monde dans de telles conditions.

La seconde étape est la conception de ma maman : elle est née de son père et de sa mère des Dieux et Déesses dans les cieux des Dieux. Il y a donc une vraie conversation avec Ashtara, comme tu la surnommais, pour savoir son origine là-haut, donc elle est la fille d'Andromède et de Calypso réunis. Ashtara connaît bien son origine, même au cours de son incarnation sur Terre.

Tu vois, comme cette petite fille Violette, qui est un esprit présente chez toi comme un petit fantôme. Je t'indique sa présence pour que tu puisses la passer dans l'Au-delà. Ainsi nous continuerons tranquillement à rédiger mon roman sans la présence d'autres fantômes chez toi.

Violette s'amuse en caressant ton chat qui dort sur le canapé, elle allume la télévision, elle rit dans l'astral, mais elle rentrera tôt ce soir, car tu seras présente chez toi. Elle souhaite te voir en rentrant du travail, toute disposée à t'entendre œuvrer dans la création interplanétaire.
Elle crée des Univers ta Violette avec son papa dans d'autres dimensions.

Et La Source laisse rire du pays couvert de violettes là-haut en l'honneur de ce bébé fantôme astral.

Tu pensais aujourd'hui aux fausses couches terrestres, et l'esprit de Violette visitait ta demeure.

Violette prépare sa future incarnation sur Terre. Elle est disposée à s'incarner en ton sein, dans ta demeure, dans ton ventre, et tout cela semble bien lui convenir. Je ne sais pas si tu es d'accord.

Les esprits choisissent leurs futures familles d'incarnation au préalable.

En cet instant de visite, tu découvres cet esprit qui se promène chez toi et qui apprécie grandement cet endroit. Tu sens cette future arrivée. Ton futur bébé s'annonce aujourd'hui pendant ta canalisation avec moi, Ashtar, lorsque tu es en train de rédiger ton livre.

Tu te rappelles des souvenirs et des conversations avec ta Flamme Jumelle.

La suite est longuement étudiée et amuse maman Ashtara et ma fiancée, qui est heureuse, car elle peut aller voir ses bébés là-bas. Elle s'occupait déjà de ses enfants sans avoir trop l'impression qu'ils étaient les siens non incarnés sur Terre et vivants dans d'autres dimensions.

Un beau cadeau de la Terre, les bébés.

Je m'en occupe moi aussi, je vais chercher tous mes enfants.

Je leur parle, je les promène en soucoupe volante, et ensuite je les ramène. J'adore dialoguer avec eux.

J'ai plusieurs enfants nés par clonages qui sont aussi incarnés sur Terre maintenant. Et d'autres qui restent sur ma planète Metharia à mes côtés pour me tenir compagnie.

En attendant, ce bébé terrien que tu mentionnes est un enfant diamant bien éveillé réfutant l'hypothèse de la photocopieuse ! Il est un futur guérisseur, et sa maman le confirme déjà.

Ce bébé est dans la joie du Christ. Il a trois ans.

Le bébé diamant terrestre se donnait corps et âme à La Source, j'ai même envie de dire avant sa naissance. Tout est prédestiné, en effet, mais vous pouvez modifier à tout instant vos destins suivant vos volontés et les décisions que vous prenez.

Vous disposez de vos libres arbitres avant et après vos naissances terrestres.

La maman de l'enfant diamant avec qui tu parles est bien informée de l'enseignement que son petit enfant reçoit déjà de temps en temps, et qu'il intègre très bien. Donc tout est au mieux pour cet enfant. Il est un bébé épanoui et heureux, car il sait, lui, et votre conversation le rassure essentiellement.

Il avait besoin de parler de ses ressentis médiumniques avec une thérapeute professionnelle comme toi qui pouvait lui expliquer que tout va bien pour lui. Le rassurer était important à cet instant pour un petit enfant qui se posait mille questions.

Tout le monde a le droit d'obtenir des réponses et ces enfants sont votre avenir sur Terre.

Je suis bien présent, ainsi que l'Archange Michel, auprès de toi, puisque nous te suivons et nous nous manifestons par des messages canalisés que tu veux bien transmettre dans tes réunions avec d'autres médiums.

Nous, les êtres de lumière, assistons à vos conférences, à vos regroupements, vos réunions et à toutes vos discussions afin de bien veiller sur vous en vous apportant d'autres enseignements tout comme d'autres points de vue spirituels.

Nous nous manifestons pour vous dans des synchronicités, des chiffres, des signes, des heures miroirs, des coups du hasard, des plumes qui tombent, des messages, des canalisations, des rêves, des ressentis, des manifestations physiques, des picotements, des visions, des claire audiences et des voix, etc...

Beaucoup de terriens sont exaspérés de leurs conditions de travail éprouvantes et des effectifs amoindris. Ils ressentent encore les effets négatifs de mémoires karmiques d'esclavagisme à purifier par des

techniques spirituelles ou en consultant des thérapeutes comme toi.
Vous vivez dans la matérialité. Il est nécessaire en premier lieu de bien vous ancrer dans la vie matérielle, et de bien vous équilibrer dans vos besoins élémentaires. La matérialité et l'ancrage résident dans le premier chakra racine.

Un bon ancrage est bénéfique pour un bon Éveil, cela reste une bonne base pour ouvrir encore plus le chakra coronal. Ces deux chakras sont les extrémités. Au milieu circule l'essentiel de vos énergies.

Donc, je continue au sujet de mon enfance : ma naissance fut amère et joyeuse en venant au monde dans les bras de mes parents qui me débranchaient des machines.
Voilà pour ma naissance si peu naturelle comme tu peux le voir.

La Source vous demande de choisir une autre voie, celle de la paix, de l'harmonie, de la spiritualité et de la danse afin de célébrer au mieux la vie sur Terre.

Je dois aussi te parler des soucoupes volantes, mais ma fiancée Ashtara souhaite ardemment que je me rende chez elle. Elle m'appelle par la puissance de sa volonté par télépathie. Je l'entends très bien, comme si elle était à côté de moi. Je continuerai donc demain avec toi cette entrevue si tu le permets...

Pour continuer à te relater mon enfance, j'étais heureux auprès de mes parents dans Thélos. J'avais de nombreux amis de différentes cultures et de diverses origines planétaires. Je grandissais heureux en m'épanouissant dans un monde lumineux et en paix.

L'éducation est facilitée chez les êtres de lumière grâce à des technologies facilitant les apprentissages.
En me connectant sur une domotique, je pouvais apprendre une langue en très peu de temps, à peine une heure de votre temps terrestre.

J'apprenais surtout la diplomatie aux côtés de mes parents.

J'étais sage et calme. Je souhaitais découvrir l'espace et me rapprocher de peuples comme le vôtre.

Je passais ainsi très vite mon permis de soucoupe volante et j'obtenais la permission de voler. J'explorais ensuite de plus en plus loin.

Puis, très jeune adulte, je participais activement à la création de la planète mère Metharia, que l'on peut définir comme une sorte de vaisseau mère. Metharia a été réalisée à l'image de la Terre, elle possède sa propre atmosphère.

Sa force de gravité est uniquement due à des technologies aliens.

L'atmosphère de Metharia est contenue dans un dôme, ce qui la fait plus ressembler finalement à un vaisseau mère.

Je vis dans Metharia très souvent étant donné que j'en suis l'Ambassadeur.

J'ai un rôle actif : je participe à des réunions et aux prises de décisions concernant les univers extra-terrestres dans des assemblées générales aux votes collectifs ».

Virginie : - « Quand allez-vous arriver en masse ? Beaucoup de gens attendent de voir des OVNIS ».

Commandant Ashtar : -« La situation résulte d'un mauvais fonctionnement de l'atmosphère, parce que la pollution reste un gros souci pour que nous puissions respirer.

Donc patience.

Il faudrait en premier lieu dépolluer votre planète.

Ma fiancée incarnée souffre moins de notre séparation étant donné qu'elle peut voyager dans les autres dimensions et me retrouver par abductions mentales et physiques régulières.

Beaucoup d'extra-terrestres sont incarnés actuellement.

L'Humanité est d'origine alien.

Nous sommes déjà bien présents sur Terre depuis fort longtemps.

Le mode de fonctionnement de votre société diffère du nôtre dans l'organisation socio-économique.

Nous n'avons ni président ni système monétaire. Tout cela est obsolète chez nous.

Cette ascension terrestre constitue désormais une crise désormais flagrante.

Vos restructurations divisent par deux les effectifs. Du personnel est limogé. Il y a beaucoup de départs volontaires et les embauches sont gelées.

Tout reste illusoire car vos structures sont des pièges de la matrice.

Le mal de dos est le mal de votre siècle, dû à de mauvaises postures et un manque de renforcement musculaire.

Quant à nous, nous avons des robots domestiques pour alléger notre travail au quotidien et surtout pour soulever de lourdes charges.

Parfois nous apparaissons dans des soucoupes volantes. Mais notre arrivée sur Terre est plus fine et subtile tout simplement en s'incarnant comme tous les Humains, ou bien alors en s'incorporant directement dans des corps comme les Walk-ins.

Nous débarquions sur Terre depuis fort longtemps, depuis la nuit des temps en soucoupes volantes.

Nos vaisseaux savent se rendre invisibles et les extra-terrestres peuvent se téléporter dans la foule sans que les terriens ne réalisent quelque chose.

Les soucoupes volantes sont extraordinaires toutes en finesses technologiques.

Elles peuvent se transformer en nuages à volonté pour se camoufler, devenir transparentes pour se cacher ou au contraire se matérialiser pour apparaître sans problème. Elles sautent d'une dimension à l'autre en sauts quantiques ou en téléportations.»

Virginie :- « Les extra-terrestres peuvent-ils se dématérialiser si facilement ? ».

Commandant Ashtar : - « Mon livre se complète d'une manière foncièrement drôle, haute en don, et tu restes mon écrivain. Je m'amuse d'être canalisé ainsi et je commence à admirer mon propre ouvrage.

Certains pâliront devant la publication très rapide de notre livre.

À la mort du corps physique vient le temps de l'incarnation. Ces incarnations ne se passent pas forcément sur Terre.
On peut s'incarner sur d'autres planètes en prenant place dans un corps alien. Il en va de même pour vous.
Vos âmes peuvent s'incarner en extra-terrestre la prochaine fois. C'était déjà le cas dans vos vies antérieures.
Vos incarnations ne se situent pas que sur la Terre, mais aussi ailleurs.

Il est nécessaire d'aller peupler d'autres planètes, et vos vies spatiales vous sont parfois révélées dans vos visions des vies antérieures».

Virginie :- « Je rencontrais un Mercurien pendant mes voyages spatio-temporels... ».

Commandant Ashtar : - « Un Mercurien !
C'est intéressant de le décrire, et tu en viens à ton rêve qui fait

disjoncter d'autres personnes : tes détracteurs.

C'était la question : est-ce que dans les rêves vous pouviez rêver d'une vie extra-terrestre ?
Vous rêvez régulièrement de vos vies antérieures sans le savoir en pensant que ce n'est que de l'imagination.
Ces rêves dépeignent des vies antérieures plus modernes que la vie présente terrienne, à tel point que certains pensaient que ces vies étaient dans le futur !
C'était le passé, mais un passé futuriste pour vous à cause de notre avancée technologique décalée par rapport à vous.
Ton rêve est certainement une vie antérieure, mais des rêves visionnaires peuvent aussi être le futur ! Méfiez-vous des interprétations oniriques.
Vous avez accès aux vies antérieures, aux vies présentes et aux vies futures si vous êtes médiums, Flammes Jumelles, magnétiseurs ou voyants.

 Les Mercuriens sont noirs comme leur planète, avec des yeux en diamants noirs. Ils sont de formes à peine humaines fondues dans la matière de leur planète. Ils fusionnent leurs corps avec celui de leur planète. Ils semblent s'extraire du sol sans cesse.
Ces visions d'autres mondes ouvrent l'esprit de ceux qui les observent».

Virginie :- « Comment sont construits les OVNIS? ».

Commandant Ashtar : - « Je vais te parler d'Arcturus, car cette planète est très belle, et ensuite, si tu es sage, de la manière dont nous construisons nos engins. Ce n'est pas une construction proprement dite d'ailleurs.

Arcturus est une planète composée de nouvelles et de rares technologies très avancées.

Les extra-terrestres sont branchés directement par télépathie sur leurs robots autonomes et indépendants.

Ils les télécommandent uniquement par la télépathie, tout comme nous procédons avec nos vaisseaux de lumière.

Et La Source reste bien présente à nos côtés.
Tout cela sera possible sur Terre à l'avenir.
C'est déjà en train de se réaliser. Il reste un peu de travail dans ce domaine sur Terre.

La Source mentionnait le problème de la matière première, parce qu' il faut trouver cette matière intervenant dans la construction d'un UFO.

L'élaboration d'un vaisseau spatial fait intervenir d'autres planètes, car il faut élaborer la matière première et les accessoires, les petits plus !

La construction de la matière première reste impossible sur Terre puisqu'il faut chercher ce plasma vivant constituant la principale matière dans d'autres galaxies avec d'autres frères extra-terrestres, c'est le vrai souci.
Impossible pour vous d'aller dans l'espace comme nous, vos corps ne résisteraient pas et la durée du voyage serait trop longue pour vos cosmonautes.

Vos avions : une catastrophe aérienne seulement à notre actif, un crash d'OVNI...
Vos avions tombent de trop. Ainsi nous n'apprécions pas du tout vos avions, et encore moins les fusées qui sont encore très, voire trop légères.

J'explique la complexité de nos vaisseaux spatiaux pilotés par télépathie majoritairement et moins souvent en mode manuel.
Leurs matériaux sont vivants, se matérialisant à souhait suivant la

volonté de tous, ce qui reste possible pour cette matière.

Sa forme et sa structure sont dotées d'un côté animal et végétal mélangé donnant le plasma organique. Nos vaisseaux sont plus des animaux intelligents. Pas d'accident avec cet animal très sophistiqué qui reste bigrement bizarre.

Tu possèdes déjà des animaux, mais ils ne sont pas des OVNIS pouvant vous transporter.
Bien que le dragon noir qui te transporte sur son dos dans les autres dimensions peut très bien être considéré comme un OVNI, un objet non identifié.
Les militaires terrestres peuvent détenir certains appareils déposés sur Terre par des espèces reptiliennes, mais sans conséquence, car nous surveillons tout l'espace terrestre et, globalement, tous les espaces.

La liberté est un facteur d'épanouissement personnel. Toi-même tu restes en liberté sans personne. Il n'y a que des animaux autour de toi.
Cela continuera, puisque tu t'obstines à explorer le surnaturel, en refusant d'être une simple employée refusant d'être exploitée.

La Source demande l'édition de mon livre, et des conférences seront données en vidéoconférences dans une ambiance agréable. Ta vision reste étrange en racontant l'évolution avec ma guidance.

Je suis un maître enseignant ascensionné, et j'aide l'Humanité pour exercer son droit d'être libre.

Je dois donc un peu exagérer, mais votre manière de travailler par overdose de labeur est bizarre à mes yeux. C'est un peu étrange ! Oui, c'est le cas, des horaires trop longs sur une même journée.

Maintenant, le repos est obligatoire et l'épuisement est total chez certains employés. Étrangement, nous ne travaillons plus comme vous le faites, car les robots exécutent la plupart des tâches. Nous n'avons pas de salaires, car nos heures de bénévolats contribuent à la collectivité.

Nous travaillons peu, seulement quelques heures par semaine et pour la collectivité afin de subvenir à nos besoins essentiels.

Ceux qui travaillent plus ont la possibilité d'obtenir tout ce qu'il souhaite au service de la Source. Ils récoltent l'abondance dans tous les domaines sans jamais se plaindre. Le travail est uniquement sur la base du volontariat dans notre modèle sociétal.

Je veux écrire ce livre bien décoré extraordinairement par des Orbes. Ces derniers circulent dans la nature, de petites boules d'énergie et on peut communier avec eux. Ils peuvent grimper jusqu'à vos visages. Tu ris du désir de faire venir les Orbes sur toi. Tu les appelles même, afin d'inventer de la musique avec eux.

Cette histoire d'extra-terrestre ne s'arrange pas du tout !

C'est drôle tous ces esprits autour de vous en guides alliés de l'Humanité, car c'est la solution pour renaître profondément dans un véritable changement planétaire.

Le Grand Changement, l'Éveil : une période qui commence au cours de la réédition de mon livre en 2021, alors que je rédigeais avec toi l'original en 2017...

Tu veux t'accrocher à ton travail, mais non, ton guide te permet de te promener avec lui et ton Orbe. Je serai de temps en temps dans un corps humain par cette technique de canalisation incorporatrice.

Je t'apaise lorsque tu canalises mon énergie. Ainsi, j'équilibre la tienne en harmonisant tous tes chakras.

Toutes les employées démissionnent. Voilà l'échec de votre système social qui s'effondre véritablement pendant cette crise salutaire. Vous reconstruirez mieux après. Laissez tout cela s'effondrer en lâchant-prise.

Une vraie crise pandémique, car votre système communautaire

évolue et de nouvelles méthodes de travail émergent.

Mon livre sera plus sombre en décrivant aussi l'Ombre très active sur Terre.

L'Ombre souhaite s'opposer de toutes ses forces au plan divin afin d'empêcher l'ascension ! D'où ma description de quelques manipulateurs narcissiques pour vous aider à comprendre ce type de comportement involutif.

Je prendrai comme exemple une jeune femme reptilienne incarnée, dont le principal but est de détruire des familles et d'empêcher l'union des Flammes Jumelles par tous les moyens les plus sordides.

Machiavélismes, pièges, mensonges, manipulations, addictions, magies noires et meurtres sont le quotidien des forces involutives.
Je vous préviens donc que certains passages du livre friseront la série noire afin d'éveiller mes chers Anges et afin d'ouvrir les yeux des victimes sur ces obscurs bourreaux.

Des gens sont capables de tuer pour devenir célèbres !
Et certains tuent sans mobile et sans vraie raison, bien qu'il n'existe aucune raison ni aucune excuse pour tuer.
Tu ne tueras point, tel reste l'ordre divin encore en cours maintenant.
Cette manière d'agir est vraiment insupportable !
Ils agissent manipulés par l'Ombre, parce qu'ils sont coupés de La Source et aussi sous l'emprise de magies sombres négatives provenant de leurs vies présentes et antérieures. Du karma.

La Source te surprotège bigrement par les Orbes.
Tu la remercies d'être protégée par ces Orbes qui montent distinctement sur toi. Ils montrent l'énergie des guides et des maîtres ascensionnés.

Il est même possible que le maître Bruce Lee se manifeste parfois à tes yeux, et c'est toujours une joie pour lui. Il est un de tes amis et un

de tes guides de l'Au-delà, puisque tu es ceinture noire d'Aïkido.
Bruce Lee était une incarnation de la déesse Shiva avec la très haute énergie vibratoire d'un grand maître ascensionné.

Je vous observe et je change de sujet encore une fois.
C'est très difficile pour les personnes âgées d'être bien chez elles en ce moment au vu de la conjoncture de pandémie.

Les retrouvailles entre les Flammes Jumelles déclenchent une vraie cure de jouvence. C'est une machine à remonter le temps, à régresser, en redevenant de vrais adolescents, en retrouvant une âme d'enfant, apaisée et harmonieuse, s'équilibrant après de multiples soins et guérisons.
Vos âmes gagnent en maturité avec tous ces soins ésotériques et spirituels.

Tu adores les milieux créatifs pour toi qui étais Jupitérienne avant d'être incarnée sur Terre.
Tu n'es pas un Élohim, mon Ange, mais la femme d'un Élohim, ce qui reste un cadeau du ciel !
Archanges et Anges, sonnez trompettes ! Amen.
Je récapitule tes guidances personnelles et je te prédis ton avenir en te mettant en garde contre cette femme qui est un démon incarné sur Terre.

Ce démon incarné se manifeste comme une perverse narcissique, passant son temps à vouloir contrôler et manipuler tout le monde.

Les guides sourient, vu qu'ainsi tu pourrais œuvrer toute la journée pour ton seigneur et maître : La Source. Et même si votre système de finance est totalement corrompu et amené à disparaître, la Source t'apportera toujours l'abondance si tu œuvres en communiant avec elle.

Je parle de toi et de ta Flamme Jumelle, mais attention, car cet homme est ta fausse Flamme ! Tu rencontrais aussi la vraie Flamme et ceci peut effectivement beaucoup te perturber.

Dans ton cas si particulier, tu rencontrais ta vraie Flamme Jumelle et la fausse Flamme sur Terre dans deux hommes bien semblables, mais aux énergies opposées. Ils sont tes deux Flammes, une de l'Ombre et une de Lumière.

Tu es aussi mariée à Dieu et tu es séparée pour le moment de ton mari astral, cet Élohim Jupitérien.

Puisque les chamanes se marient avec des esprits.

Tu œuvres depuis longtemps avec ton mari astral sur des dossiers akashiques et sur des investigations astrales.

Vous appartenez à l'équipe de l'Archange Michel au même titre que d'autres Anges que tu fréquentes régulièrement dans le Haut-astral sur votre lieu de travail.

Ton domaine et tes animaux totems résident dans Shamballa astral.

Tu mènes une double vie, une sur Terre et une dans l'Astral, tu es fort occupée.

Ton bureau administratif est dans le Haut-astral. C'est un des services des Annales Akashiques. D'autres services au même endroit sont gérés par d'autres Anges.

Dans ton bureau des Annales, tu travailles avec ton Élohim Jupitérien et l'Ange George. Vous gérez d'autres succursales, comme le studio d'enregistrement Abbey Road II dans le Ciel, des lieux d'expositions et des monuments décorés par les œuvres de Rodin.

Un autre de tes services où tu œuvres est ton propre domaine qui est un lieu d'élevage et de dressage en douceur d'animaux totems, comme les krakens, les licornes et des dragons.

Ton équipe soudée est active au sein du service de recherche des personnes disparues et au sein du service d'intégration de nouveaux Anges dont l'objectif est de faciliter leurs arrivées et leurs installations.

Vous participez aussi à l'élaboration et à la mise en œuvre de gros projets de constructions de l'Au-delà en équipe avec le groupe d'âme des Bâtisseurs, notamment pendant les conceptions des plans.

Voilà pour ton rôle dans l'Au-delà. Vos dossiers et vos missions sont commandités et orchestrés directement par la Source dont vous recevez les directives confidentiellement exclusivement.
D'ailleurs, la Source n'hésite pas parfois à intervenir directement afin d'accélérer les processus en réglant les dossiers les plus complexes.

J'oubliais vos nombreuses investigations sur des enquêtes criminelles, et les passages collectifs d'âmes.
Ces actions sont rondement menées dans ton bureau des Annales Akashiques.
Vous purifiez les énergies terrestres, etc...
Vos missions sont variées et ponctuelles toujours sous le sceau du secret défense.

Tu vois, je m'occupe des Flammes Jumelles en les guidant dans leurs retrouvailles pour faciliter leurs fusions à tous les nivaux.
Je participe de mon côté au plan divin qui reste l'union des Flammes Jumelles et la réalisation des missions communes.

En parallèle, tu canalises de nombreux enseignements des maîtres ascensionnés.
Tu voyages souvent dans les multidimensions pour mener à bien tes différentes missions astrales. Tu restes toujours en lien avec ton équipe astrale pendant ces missions de purification, d'enquête et de passage d'âme.

Un vaste plan !
Nous stockons absolument toutes les informations concernant les vies antérieures. Rien n'échappe aux Archives Akashiques.
Je classe ton dossier des Annales Akashiques en secret défense, car des médiums trop curieux cherchent à t'espionner parfois pour le compte de l'Ombre.

L'accès à ton dossier akashique est dorénavant limité qu'aux personnes autorisées.
Qu'il en soit ainsi !

La Source te laisse décider si tu veux consulter d'autres médiums afin d'obtenir confirmation de tes visions. Tu travailles en profondeur deux à trois mois sur tes vies antérieures, et cela sert ton dénouement officiel.

Vous êtes toujours le même groupe d'âme qui se réincarne dans vos vies. Ainsi, vous retrouvez les mêmes personnes dans toutes vos vies avec vos liens d'âme à travailler.

Les mêmes personnes s'incarnent ensemble afin d'explorer les différents rôles et les différents karmas dans l'objectif de s'en extirper en ayant bien purifié et intégré les leçons karmiques et dharmiques. L'ultime but est de sortir de tous ces rôles et de vos cycles karmiques.

Désormais, la Terre évolue et ascensionne.
L'Éveil de l'Humanité achève les karmas en transmutant ses dettes.
Vous serez peu nombreux à désirer vous réincarner plus tard.

Grâce aux guides, tu ouvrais les yeux en découvrant le côté sombre de ta fausse Flamme Jumelle. Après avoir exploré ton côté sombre à cause des effets miroir avec elle, tu te tournais vers ta lumière intérieure afin de la révéler au monde entier tout comme ta vraie Flamme.

Pour toi-même, les Flammes Jumelles possèdent deux Flammes sur Terre, une de Lumière et une d'Ombre révélant des propres parts d'Ombre et de lumière.
Elles peuvent pour certaines plus rare en avoir une troisième non incarnée dans l'Au-delà. C'est ton cas.
Pour construire avec la vraie, tu considères que le travail avec la fausse doit être effective et achevé pour pouvoir libérer toutes les énergies négatives.

Ce qui différencie la fausse Flamme d'un pervers narcissique, c'est que même s'ils se caractérisent tous les deux par le même profil psychologique, la nature du lien est différente.
Les liens d'âme entre vos fausses Flammes et vous, les vraies Flammes, sont très forts.
Ces liens d'âme sont absolument à purifier et à couper dans cette vie-là.

Ces relations sont intenses et passionnelles, bien plus qu'avec des pervers narcissiques, parce qu'elles sont des miroirs de nos parts d'Ombre, mais ô combien destructrices. La fausse Flamme Jumelle a beaucoup de points communs avec la vraie Flamme et lui ressemble étrangement, mais du côté sombre.

Ta guidance intérieure te demandait alors un travail sur toi, sur tes peurs et tes traumatismes du passé que tu libérais grâce aux soins énergétiques et à tes régressions dans tes vies antérieures.
La fausse Flamme Jumelle a le cœur fermé. Elle n'est ni éveillée ni consciente des conséquences de ses actes ou de ses paroles sur les autres.

Certains pervers narcissiques sont des reptiliens incarnés qui ne possèdent que les chakras élémentaires. Ils sont dépourvus des chakras spirituels et du chakra du cœur. Ils sont déshumanisés au possible. Ils ne connaissent ni l'empathie, ni la pitié et guère l'amour comme de vrais psychopathes.
Leurs soifs de domination et de pouvoir les poussent à vouloir occuper des postes importants. Leurs objectifs sont d'asservir le peuple des Humains tout en éradiquant une partie.

Ce type d'extra-terrestre involutif évolue dans le Bas-astral dans d'autres dimensions que les nôtres. Ce sont souvent les Gris et les Reptiliens qui sont des espèces méchantes à votre égard complètement déconnectées de la Source et de la spiritualité.

Ils n'évolueront pas, car ils se réincarnent artificiellement sans avoir

accès aux guidances de lumière. Ils se réincarnent à partir de leurs vaisseaux, dans leurs basses dimensions, en se coupant de toutes possibilités d'évolutions spirituelles.
A aucun moment ils n'empruntent le passage pour l'Au-delà et ils n'accèdent aucunement aux plans de consciences supérieurs.

Le hasard est une circonstance atténuante, le hasard n'existe pas non plus, car tout est programmé à l'avance et avant vos incarnations. Votre âme prépare son expérience dans la matière au millimètre près et des contrats d'âmes sont signés avec d'autres personnes.

Les êtres de lumière peuvent néanmoins intervenir en modifiant vos destinées incarnées par le biais de ce que vous nommez hasard. Le hasard est un coup de pouce du destin ou des guides.
Vous disposez de plus de vos libres arbitres et vous aviez programmé pour vous plusieurs destinées possibles dès le départ.
Vos destins évoluent donc suivant les décisions que vous prenez au fur et à mesure de vos vies.
Encore une illusion qui se lève.

Je te décris ton avenir, ton futur déménagement et ton changement professionnel. La Source demande d'œuvrer pour elle, à travers elle et à travers toi, en osmose. Nous te voulons à temps plein.
Tu ne manqueras de rien, et ta vraie Flamme Jumelle, malgré votre différence d'âge, sera avec toi.

Une belle vie à la campagne, mais tu ne cesseras jamais d'œuvrer porter par l'énergie de La Source et par celle de ton jumeau.
La Source assure l'abondance.
Tu verras que tu pourras. Attends de voir ! Ma guidance est précise.
Une belle leçon de subtilité afin de t'offrir une belle réussite.
La guidance est divine et vous bénéficiez de vos meilleurs destins possibles avec plus de succès et d'abondance pour vous dans vos vies.

Adieu la fin des morts, adieu les vivants apeurés par la mort ! La vie est éternelle et la mort n'est qu'un passage vers d'autres dimensions.

Je te guide et je reste à tes côtés afin de te calmer. Ta destinée sera rose tendresse.

Mon vaisseau spatial principal s'appelle le Colomb, comme je suis aussi un grand explorateur de nos univers interdimensionnels.

Mon peuple est hétéroclite : il est constitué de races très variées, avec des origines planétaires différentes. Nous vivons en parfaite harmonie sans contrainte dans le grand respect de la liberté individuelle et de tout.

Les pervers narcissiques sont souvent des bourreaux de vos vies antérieures qui vous faisaient souffrir, et parfois même vous tuaient ou vous torturaient.
Ils voulaient empêcher les Flammes de s'unir afin de bloquer l'Éveil et la Lumière pour maintenir le monde dans les ténèbres, les fausses informations et l'ignorance.

Pour s'en libérer, il faut bien se défendre, ne rien laisser passer en employant les moyens légaux et bien souvent publics. Et puis enfin ignorer ces odieux personnages en coupant après les avoir purifiés vos liens karmiques.
L'élan du cœur se manifeste pour leur transmettre de l'Amour Inconditionnel et de la compassion, car ils ne savent pas ce qu'ils font.

Je suis sensible au thème des Flammes Jumelles, car j'en suis moi-même une.
Ma femme s'incarne dans plusieurs êtres sur Terre en même temps.
Nous protégeons de ce fait la Terre et le berceau de nos incarnations.

Attendez, votre situation s'éclairera. Je suis aussi un guide de lumière, gardien de l'Humanité et tout à fait apte à guider les Flammes dans leurs longs parcours d'Éveils bouleversants.
Bien entendu, la relation spirituelle est très complexe pour toutes les Flammes Jumelles.
La connexion avec la vraie Flamme réveille la Kundalini et tu

remontes maintenant tes vies antérieures tout en communiquant avec moi qui suis aussi un guide, un voyant et un vrai médium.

La symphonie des âmes se manifeste dans le Haut-astral, et les âmes fusionnent bien souvent entre elles.
Vous entendez la musique des sphères, limpide et claire.
Pour les Flammes, la fusion ultime des âmes est éternelle afin de reconstituer une entité, celle qui était à l'origine avant la division de l'âme incarnée dans deux êtres.
Des personnalités complémentaires et opposées, tout comme le sont le Yin et le Yang.

Vous vous comprenez mieux en ayant analysé vos vies antérieures et ce que souhaite vos âmes.
En dénouant les nœuds karmiques, vous progressez, vous vous élevez en vous apaisant. De nombreuses guérisons s'opèrent à tous les niveaux de vos êtres multidimensionnels.

Le corps, l'âme et l'esprit s'harmonisent dans la grande libération karmique.
La sortie des cycles karmiques est effective depuis fin 2012, mais elle nécessite quelques efforts et du temps afin de bien assimiler les expériences terrestres.

Tu n'en crois pas tes oreilles, mais tu remontes dans tes vies antérieures, grâce à l'énergie de ta Flamme Jumelle, et tu constates que j'ai bien raison.

Les extra-terrestres vous voient comme vous êtes dans toutes vos incarnations. Ils lisent dans vos têtes et dans vos corps. Ils visualisent votre avenir et votre passé. Ils vous connaissent par cœur sans que vous ayez besoin de raconter vos vies.
Ils lisent tous les cheminements des âmes, vos ADN, vos maladies, vos failles et vos blessures physiques, subtiles et spirituelles.
Là-haut rien n'est caché, tout est transparent et tout se situe dans la vérité absolue de ce fait.

Il n'y a pas vraiment de lois dans mon monde puisque tout le monde est bien éduqué.

Il est même impossible de tuer quelqu'un, car nous avons tous la vie éternelle.

Pourquoi voler autrui lorsque nous possédons l'abondance ?

Nous sommes loin des désirs et des pulsions.

Grâce à notre ascension, nous sommes libérés des lois.

Nous n'en avons pas besoin par notre grande sagesse.

Nos mondes ne fonctionnent absolument pas comme le vôtre, qui est encore dans une Matrice infestée par les Reptiliens et petits Gris.

Nous avons une philosophie de vie sage et disciplinée.

Notre civisme est primordiale, nous aimons et nous respectons nos terres, nos pays et nos peuples ».

Virginie :- « Où vis-tu ? ».

Commandant Ashtar : - « Je dors dans mon appartement là-bas, un vrai palace cinq étoiles avec de la haute technologie et de la belle moquette beige par terre qui est très épaisse.

C'est le comble du luxe pour cette moquette qui est auto-nettoyante, elle se lave toute seule et c'est facile comme cela.

Vous n'avez pas la même en France, la mienne est beaucoup plus épaisse et moelleuse.

Mon logement est ultramoderne et stylé, rempli de hautes technologies alien du dernier cri.

J'utilise ton vocabulaire et je m'amuse avec des mots de votre époque.

C'est d'accord pour te libérer du monde du travail, de l'esclavage. Il est normal d'aspirer à être plus tranquille et au calme.

La vie sur Terre est en premier lieu un paradis terrestre divin, ce que les Hommes oubliaient semble-t-il.

Je constate que les Démons prennent le dessus sur les Humains. La vie sur Terre est laborieuse bien souvent pour beaucoup de personnes.

Vous avez parfois des reconnaissances d'âme, comme l'autre fois lorsque tu rencontrais de nouveaux amis.
Ta visite leur faisait plaisir, ils te reconnaissaient immédiatement. La reconnaissance du cœur. Tu les remerciais et vous étiez tellement émus de vos retrouvailles.
Le sentiment de se connaître depuis longtemps signale une reconnaissance de l'âme.
Tu revoyais tes amis de ta dernière vie antérieure et ils te trouvaient rajeunie, leur amie depuis toujours, et cela reste !
Les médiums peuvent bien situer leurs groupes d'incarnation en s'identifiant mutuellement au gré de leurs rencontres dans les multiples passages terrestres.
Un beau cadeau en étant réincarnés de croiser de très anciens amis.
La joie reste des retrouvailles avec votre groupe d'âme des amis de longue date de l'Au-delà.

Je constate que durant la pandémie de La Covid 19, beaucoup de personnes quittent leurs métiers afin d'améliorer leurs vies. Vos horaires sont bien souvent éprouvants et les tâches sont très mal réparties dans vos pays, tout comme les richesses et les ressources d'ailleurs.
Il y en a toujours un qui exploite les autres !

L'égalité, que cela soit de statut et de poste, existe réellement dans mon monde.
Aucune différence entre nous les extra-terrestres et nos vies sont plus faciles.
Nous profitons de nos vies éternelles sans soucis d'argent ou bien de santé, ou d'autres soucis, puisque nous sommes complètement détachés de la matérialité.

Les Humains manquent de temps pour se poser, s'élever et besognent dans des tâches bien souvent pénibles. Vos problèmes de santé viennent de modes de vie obsolètes et je vous conseille des étirements, du sport et une bonne hygiène de vie afin de bien prendre soin de votre état de santé.

Le Yoga et ses étirements tout comme le QI Gong peuvent bien t'apaiser.
Tu le constates, les guides conseillent sur tous les aspects de la vie sur Terre.
Je te prédis un changement professionnel et tes envois de curriculum vitae et de lettres de motivation seront positifs.

La situation que je vais décrire se passe dans mon espace-temps. Je raconterai certains de mes voyages stellaires.

Je suis actuellement ton guide à cause des séparations des Flammes Jumelles. Il y a de nombreuses séparations dans vos couples et des hauts et des bas. Les montagnes russes émotionnelles vous secouent profondément.

Les guides te transmettent des enseignements afin de t'éclairer sur ce que tu vis actuellement avec ta fausse Flamme et pour ensuite aider les autres Flammes Jumelles.
Tu as une vraie Flamme sur Terre et une qui n'est pas incarnée et qui est aussi un de tes nombreux guides.
Je suis toujours à tes côtés.

J'étais même là dans le cabinet du dentiste qui t'examinait la mâchoire alors que tu lui parlais de ton don.
Tu lui décrivais une de ses vies antérieures.
Il était médecin pendant la dernière guerre mondiale.

Actuellement, il travaille beaucoup. Il tient son métier à cœur, car il était très attristé par les gueules cassées durant la guerre. Tu avais comme vision qu'il voulait réparer les mâchoires cassées dans sa vie actuelle pour contribuer à guérir les mémoires de guerre.
Tu étais une médium en transe, et tu lui racontais sa vie antérieure en lui donnant sa réponse, à la question qu'il se posait : « Pourquoi ne

pas avoir été chirurgien en prenant la voie de dentiste ? ».

Et son assistante riait de ta réponse très prompte.

Il était déjà chirurgien dans sa vie antérieure et il désirait se perfectionner dans les mâchoires de par son expérience de médecin de guerre. Il esquissait un sourire.

Le dentiste t'avouait avoir étudié les photos des gueules cassées pendant la guerre. Il en était resté traumatisé d'avoir opéré autant de gens dans des circonstances effroyables auparavant.

Il réfléchissait et son assistante lui expliquait les Annales Akashiques. Il peut maintenant endurer son métier, puisque c'était bien pire avant. C'est déjà plus calme pour lui désormais dans cette vie, même s'il travaille énormément de grosses journées.

Il plaisantait, mais tout d'un coup, ton guide se matérialisait et une boule d'énergie de lumière, traversait tout son cabinet pour venir se placer sur toi, sur ton genou blessé puis sur ton visage afin de bien désigner la prochaine carie. L'énergie matérialisée le sait bien à l'avance.

La boule de lumière désignait et montrait bien un endroit précis en réponse à la question du dentiste, où sera la prochaine carie ? Ainsi, il va te soigner cette carie : pas de bridge à mettre la prochaine fois.

Un beau cadeau de l'Orbe, qui te fait économiser une bagatelle d'euros en dévoilant une carie à soigner immédiatement avant qu'il ne soit trop tard pour la dent. La Source laisse une chance à cette dent.

Les guides vous accompagnent dans votre quotidien. Ils sont présents du jour de votre naissance au jour de votre mort, bien avant d'ailleurs et bien après.

Tes guides te conseillent quotidiennement dans tous les aspects de ta vie, car tu nous est précieuse, chère amie terrienne. Tu appartiens aussi à mon peuple de Metharia, étant donné que tu y passais toute ton enfance.

Un de tes corps subtils est par clonage de mon ADN. En voilà une révélation ! Mais ça, tu le savais déjà auparavant, notamment au cours de ton expérience de renaissance assez mouvementée d'ailleurs.

Tu t'incorporais dans le corps d'un enfant en marchant dedans. Tu es une Walk-in, une extra-terrestre, fille d'Ashtar Sheran, incarnée actuellement.

Tu es un de mes enfants nés par clonage.

Certains te pensaient Jupitérienne, vu que tu déménageais sur Jupiter pour rejoindre ton mari après avoir passé toute ton enfance et ton adolescence sur Metharia, ma planète vaisseau mère.

Ensuite, tu œuvrais dans un autre vaisseau mère où tu rencontrais ton mari Jupitérien et une de tes Flammes Jumelles.

Ton mari Jupitérien ne souhaitait pas s'incarner, car il a énormément à œuvrer dans nos univers, mais il reste bien présent à tes côtés par canalisations et aux travers ses guidances. Vous vous rencontrez souvent dans vos voyages astraux. Vos rendez-vous sont si romantiques.

Je m'exprime sur nous deux.

J'explique pourquoi nous élaborons ce livre ensemble et le lien qui nous relie.

Tu danses aussi bien que moi !

J'aime parfois me téléporter sur Terre pour en ressentir sa gravité, marcher dans la foule, être à vos côtés, étudier les différentes cultures et les divers comportements Humains.

De temps à autre, je n'hésite pas à esquisser quelques pas de danse !

J'aime marcher sur votre sol et en ressentir son magnétisme naturel.

J'ai la joie d'atterrir sur notre si belle Terre Gaïa. Je l'aime tellement que mon vaisseau lui ressemble et que je laisse mes propres enfants, ma famille et mon peuple s'incarner sur celle-ci.

J'ai foi en l'Humanité et vous traversez de belles expériences ! ».

Virginie: - « Quelle était ton enfance, Ashtar Sheran ? ».

Commandant Ashtar : - « Je passais mon enfance dans une communauté où tous les enfants sont regroupés avec de chères éducatrices.

Je vivais très heureux avec mes parents et je voyageais souvent avec eux pour me former.
J'apprenais facilement sur le terrain. Les autres enseignements sont très rapides chez nous : il suffit de se connecter une petite heure de chez vous sur une domotique très sophistiquée et l'apprentissage est transmis directement dans nos cerveaux.
Nous ne sommes jamais scolarisés ni employés.
Pour que vous compreniez mieux, amis lecteurs, une langue étrangère est apprise ainsi en moins d'une heure et sans effort de notre part.
Il vaut d'ailleurs mieux se relaxer pendant ce temps.
L'apprentissage opère sur nos ondes cérébrales, si j'explique avec vos mots dans votre langage. Les leçons sont intégrées intégralement dans nos cerveaux sans efforts de mémorisation.
Notre technologie n'existe pas encore sur Terre, mais vous en soupçonnez l'existence.

Je passais donc une enfance à explorer tous les univers autant que je le pouvais et je passais très rapidement mon « permis OVNIS » afin d'être libre d'explorer les espaces dans toutes leurs dimensions.
J'étais mature très tôt comme mes frères et sœurs de l'espace, donc je n'avais pas besoin de tuteur pour m'accompagner.

Au pire, si mes voyages étaient dangereux, un robot m'accompagnait comme gardien et mon OVNI personnel sait se défendre.
Mon UFO est un animal très réactif et ultrarapide, qui sait très bien disparaître spontanément, avant même parfois que je le réalise. Je ne crains donc absolument rien dans l'espace.

L'Au-delà transmet des enseignements sur la nature humaine et sur l'abondance à obtenir.

Je suis connecté depuis enfant aux autres mondes de par toutes mes facultés paranormales moi aussi, ou devrais-je dire mes facultés extra-terrestres. Je visitais votre monde très jeune et j'étais complètement subjugué par l'abondance qu'offrait la Terre Gaïa.

Ma jeunesse date désormais de quelques siècles voire de quelques millénaires bien que j'ai toujours l'apparence d'un beau jeune homme.

Je garderai mon état de jeune adulte jusqu'à ma mort, car j'ai la vie éternelle, et en plus, cerise sur le gâteau, j'ai la jeunesse éternelle.

Nos sciences sont très au fait de tout cela, et connaissent parfaitement bien l'ADN et toutes ses étranges mutations.

Vos virus mutants n'ont aucun secret pour nous, et nous allons vous aider à vous débarrasser de celui qui vous ennuie actuellement, le Coronavirus.

Ce virus, je te le confirme, bien que tu le savais déjà grâce à tes visions, était bien fabriqué en laboratoire dans le secret défense militaire, à cause d'une élite qui cherchait à éradiquer une partie de l'Humanité, des reptiliens alliés avec les Gris. Je te résume la situation suivant les théories complotistes françaises.

Je parcours toutes les dimensions !

La vôtre m'interpelle par son désir d'évolution très en vogue dans cette nouvelle année qui débute.

Je te vois quitter ton travail et rendre ta blouse...

Je te guide un peu dans ton parcours professionnel.

Un échappatoire, une fuite en avant...

Nous volons tous les deux en voyages astraux en ce moment vers d'autres personnes dans d'autres endroits, comme ta Flamme Jumelle qui reste en contact télépathique avec toi et que tu perçois à travers moi. Je te parle à toi, mais aussi à lui tellement vous êtes indissociables : de vraies Flammes Jumelles universelles.

Tu as raison, ce sont bien les Mercuriens qui sont noirs de corps avec des yeux sombres comme la nuit et brillants comme des diamants. C'est possible de finir avec ton Métharien préféré, moi-même !

Je suis de Metharia, cette planète sœur pour les terriens connue des médiums, qui reste la mienne.
Je suis maintenant le gouverneur de celle-ci, un président en quelque sorte après avoir succédé à mon père Adama.
Tu assistais d'ailleurs à la cérémonie d'intronisation.
Cette cérémonie avait lieu dans un vaisseau mère avec de très nombreux participants de toutes les dimensions, et je tenais à ce que tous les univers soient représentés ainsi que la Terre.
C'est pour cela que tu participais, toi, ainsi que d'autres médiums et d'autres voyageurs astraux.
J'offrais des cadeaux à chacun pendant mon intronisation, et tu rencontrais ton grand-père décédé à ce moment-là. Une belle rencontre d'ailleurs très émouvante pour toi. Le vaisseau mère possède une vaste serre exotique avec un grand jardin, et c'est là que se déroulait l'essentiel de la cérémonie.

Tu portais pour l'occasion ton diadème, tes somptueuses parures et ta robe que j'apprécie couleur bleu nuit des univers.
Je ne peux pas te dire quel âge j'avais, mais je sortais ainsi de mon enfance et je prenais la succession de mon père.
Toutes les personnes présentes votaient et je gagnais mon poste de Gouverneur unanimement.

La Source te laisse donc avec ta Flamme Jumelle et je bénis cette union.
La réunification des Flammes Jumelles est souhaitée par La Source dans le but d'élever l'Humanité, car c'est le summum d'être avec sa Flamme. Un très beau couple enfin fusionné.
Les couples sacrés sont bénéfiques pour l'Humanité.
Ils représentent un vrai cadeau du ciel.

Vous vous éveillez sur Terre en sortant des karmas, en vous libérant et en vous affranchissant de l'emprise de la Matrice.

La vie sur Terre s'oriente vers l'égalité, le respect de tout à chacun et une vie plus équilibrée, moins douloureuse, et surtout moins laborieuse et plus égalitaire.

Vous serez amené à réajuster tous vos comportements afin de vous ré-harmoniser avec qui vous êtes vraiment.

Un retour à l'authentique, à une vie plus saine et moins laborieuse, dans laquelle vous respecterez vos rythmes biologiques fondamentaux pour votre épanouissement personnel et collectif.

Sur Terre, les habitants sont un peu exaspérants en étant si géniaux et en même temps parfois perdus.

Je cite dans mon livre les difficultés rencontrées lorsque tu communiques avec tes guides, car beaucoup pensent que tu es folle, en tentant même de t'en empêcher, et tu y arrives quand même.

Je t'applaudis quand tu restes dans la lumière divine en respectant ta Flamme Jumelle dans sa croyance. La persévérance paye.

Nous n'avons rien contre les différentes religions. Nous conservons une belle ouverture d'esprit par rapport à vos différentes pratiques religieuses.

Le principal est de rester aligner par rapport à qui vous êtes vraiment, dans le respect de vos Foi.

Je suis en train de regarder moi aussi nos dossiers dans mon bureau des Annales Akashiques.

Les archives des Démons incarnés sont classées chez l'Archange Michel, tout comme les dossiers des tueurs en série, les tueurs de masse ainsi que d'autres Démons terrestres.

Ces gros dossiers étaient sur ton bureau et maintenant sur celui de l'Archange Michel examinant par moment ces gros tas d'horreurs.

Envoyons de l'Amour Inconditionnel pour corriger ces destins karmiques.

L'Archange Michel enregistrait un dossier sur une personne aux agissements très négatifs.

Elle expiait par ses prières. C'est un cadeau du ciel de la voir en prière dans sa Foi. C'est le signe de sa grande rédemption et du rachat de son âme.

C'est ton guide, regarde l'arc-en-ciel à tes pieds ! C'est lui, c'est clair comme clair, et cela reste.
Je me dévoile dans des signes sur Terre que tu peux découvrir.

Tout le monde comprend donc la venue express des enfants arc-en-ciel sur Terre, élevés dans l'amour véritable des parents, et c'est beau à la fin.
Leurs destins ont un goût de grande fraternité, de partage, d'entraide, de solidarité à venir dans un futur proche.
Attention aux retours de Flammes, ces cadeaux du ciel.

J'ai donc eu une enfance éveillée dès le plus jeune âge, rassurée, réconfortée et sécurisée par mes parents.
J'étais élevé par tous, car dans mon univers, tous les êtres prennent soin des autres.
La sécurité règne car nous sommes pacifistes. Je ne risquais jamais rien ce qui facilite l'autonomie très jeune.
Tout m'apprenait quelque chose. J'étais enseigné par tous, que cela soit par mes parents, les êtres extra-terrestres, les énergies, les robots, les animaux, la nature ou la Source.
Je recevais aussi de nombreux enseignements au gré de mes multiples voyages interstellaires, à travers mes contacts multidimensionnels d'êtres très différents, d'énergies différentes et de dimensions parfois rares et célestes.

J'aime les étoiles et les cieux sont différents d'ailleurs.
Où que j'aille, la cartographie du ciel est surprenante.
Mes constellations sont géographiques...

Je peux parfois être amené à étudier différentes cartographies des espaces avec d'anciennes méthodes afin de mieux m'adapter à vos sciences.

J'aime vos sciences qui sont archéologiques à mes yeux.

Nos technologies sont cosmiques et vivantes. Elles sont constituées d'êtres à part entière et d'intelligences artificielles devenues au gré des siècles des intelligences naturelles par le biais d'une évolution naturellement adaptée à l'environnement obtenue grâce à des mélanges d'espèces très variées.

La vie transmute et modifie. Nous avons juste donné un coup de pouce au processus.
Ce qui était artificiel devient au gré du temps et de nos modifications naturel afin de mieux harmoniser l'ensemble et l'écosystème.
Ainsi, j'étais souvent accompagné et aidé par des domotiques avancées qui sont devenues de vrais amies dotées d'intelligences physiologiques.

Je te remonte un peu le moral quand tu es en plein surmenage. Tu diras adieu à ton travail actuel, tu auras un autre emploi et le retour de ta Flamme vers toi, voilà ton avenir.
Bon courage pour travailler en bas sur Terre !
Je suis en train de réactualiser ton dossier de Walk-in.
La Source l'autorise.
Tu es dans une période de transition importante pour ton avenir.

Tu vas t'initier à la géobiologie et te ressourcer dans de hauts lieux telluriques vosgiens.
Tu en apprécieras l'impact sur ton aura et tes corps subtils. Je t'aime fort.
Les changements sont collectifs.
Tout le monde s'en va en quittant leurs métiers et en déménageant pour être dans le mieux-être.

Pour rééquilibrer vos énergies, je vous conseille de bien aller vous promener et de méditer dans des lieux chargés en énergies de guérison.
J'envisage de faire cesser l'exploitation des êtres Humains sur Terre

par les autres, tout en sacralisant les êtres, l'environnement et les animaux.

Dans le futur et dans quelques siècles, les bases que vous êtes en train de poser actuellement et dans les dix prochaines années de transformation créeront un monde harmonieux et en paix. Tous les guerriers de lumière et tout les êtres éveillés seront encore plus nombreux.
Ils participent activement à d'importants changements planétaires.
Mais c'est surtout les comportements individuels que nous modifions au fil du temps.

Pas de soucis, chaque chose en son temps, mais votre avenir et votre évolution sont déjà inscrits dans vos destins.
Tu souhaites, comme de nombreuses autres personnes, une vie plus calme et surtout plus sereine à force d'être en overdose du travail.
Tu souhaites être plus proche de la nature.
Il y aura, je te rassure, beaucoup de changements dans les comportements Humains dans les dix ans à venir.

L'Éveil est un grand bouleversement intérieur.
Vous vous orientez sur de nouveaux chemins occasionnant des changements importants de cap concernant vos vies privées et professionnelles.

Je veille sur mes brebis dont je suis le berger. Cela signifie que je protège mon peuple et certains qui sont actuellement incarnés sur Terre.
Je protège à distance la Terre et ses habitants jours et nuits.

Mon adolescence est lointaine puisque ma vie est éternelle. J'exploitais déjà à l'époque vos technologies, car j'étudiais votre temps présent qui est un temps archéologique pour moi.
Mon Éveil était déjà intégré dans mon ADN extra-terrestre dès mon enfance et je ne peux décrire nos avancées sur vos civilisations.
Les peuples aliens avancés ont des millénaires d'avance sur vos

civilisations.

Vous payez des taxes et impôts, vous participez financièrement dans vos sociétés, mais ces systèmes monétaires à long terme seront amenés à disparaître suite à des crises financières successives.
Le système monétaire s'écroulera et c'est bien mieux ainsi.

Je vois certains Reptiliens démoniaques sur Terre qui s'agitent énormément.
Des bracelets électroniques et des casiers judiciaires tombent..
J'ai ce genre de visions en m'approchant de votre espace-temps.
La justice calme temporairement et durablement les démoniaques manipulateurs et les pervers narcissiques.

Une autre porte de la destinée s'ouvre gentiment.
D'autres enfants lumineux arriveront sur Terre.
Je suis actuellement en bas vers toi et je préfère te parler de ton avenir en nous promenant dans la nature.
Je te préviens d'un très grave danger qui aura d'énormes conséquences.
Reste vigilante et tu échapperas à ton tragique destin.

Ta fausse Flamme Jumelle est une star internationale mondialement connue, mais complètement perdue dans ses addictions et ses mauvaises fréquentations.
Beaucoup de Flammes Jumelles qui sont très célèbres sont des Flammes Jumelles Universelles.

Nous veillons certainement avec énormément de compassion et de bienveillance sur votre planète. Nous apportons nos aides, nos guidances, nos conseils et toutes nos lumières dès que nous le pouvons.
Nous comptons aussi fortement sur nos équipes au sol mises en place constituées d'êtres de lumière incarnés.

Les Flammes Jumelles, les Chamanes et d'autres groupes d'âmes appartiennent à ces équipes. Elles se situent à des postes et à des endroits stratégiques.

Bien positionnées, elles sont prêtes à contrecarrer les plans de l'Ombre.

Des têtes couronnées vont tomber puisqu'elles sont reptiliennes. Des despotes perdront tous leurs pouvoirs.

Ces générations de Reptiliens réincarnés artificiellement au sein de familles dominantes cesseront de s'incarner.

Des familles seront déchues et achèveront leurs dominations terrestres.

Les pouvoirs politiques et financiers qui se transmettent au sein de ces familles cesseront à cause de grandes révélations et d'affaires politiques dévoilées et des mises en justice.

Le temps est bon et agréable. Tu peux prendre des photos en noir et blanc sur ton appareil, cela sera joli.

Quelles perversions de certaines espèces incarnées !

A force et avec le temps qui passe, ils seront moins virulents tout comme votre virus actuel.

Des pervers narcissiques font sombrer d'autres personnes et d'autres Flammes Jumelles peu à peu dans les bas-fonds d'obscures addictions, comme les drogues, l'alcool, les médicaments à outrance ou bien tout en même temps.

Puis viendrait le temps des tentatives de suicide et de la mort à cause de l'extrême désarroi d'êtres sensibles ne trouvant plus de sens à leurs vies.

Ils symptomatisent surtout le fait d'être coupé de La Source.

C'est leurs séparations d'avec la Source qui les entraînent dans la déchéance d'une vertigineuse descente aux enfers. De grandes épreuves, des douleurs et de grands malheurs parsèment ces parcours de vie...

Il est très important de vous reconnecter à La Source.

La véritable reconnexion est une haute initiation.

La Source apporte l'abondance dans tous les domaines. Vous ne manquerez jamais de rien avec elle.

La nuit noire de l'âme déclenche une grosse dépression chez les Flammes sur Terre. Elle est facteur d'évolution.

Étant chargé en hautes vibrations, j'ai depuis longtemps dépassé ces étapes et mon âme accédait depuis fort longtemps à d'autres plans de conscience de lumière. Je fusionnais toutes mes âmes dans La Source.

Cesser cette attente du jumeau pour toi était une action d'envergure. Ton âme restait au paradis à attendre et sans rien faire. Alors que vous devez être unifié en vous-même.
Tous les corps doivent habiter dans leurs maisons qui sont vos corps physiques puisque vous êtes incarnés.

Profitez-en pour rapatrier tous vos corps subtils aux mêmes endroits.
Il existe pour les Flammes Jumelles deux autres corps subtils supplémentaires à ceux que vous connaissez déjà, sans oublier les extensions d'âme supplémentaires.
Tout reste à réunir.
Il est conseillé de travailler sur chacun de ces éléments, de les soigner, de les réparer et de les guérir.
Vous serez unifiés en vous-même, à l'intérieur de vous dans votre temple intérieur au sein du chakra du cœur.

Tous mes conseils sont valables pour tous les groupes d'âmes en réalité. Je me base sur mes études anthropologiques.

Mes guidances s'appliquent à tous suite aux mes nombreuses observations et analyses de votre Humanité.

Appliquez le pardon et envoyez aux détracteurs le rayon rose de l'Amour Inconditionnel. Ils fuiront loin de vous, n'appréciant vraiment pas ces ondes lumineuses.

Vous serez ainsi plus au calme pour agir.

Le drame oublié, il faudra s'y faire.

Une démone incarnée t'importune. Elle agit dans son propre plan de l'Ombre.

Je vais te changer les idées en te montrant certains Syriens de Sirius qui sont en couple à plusieurs et tout se passe super bien. C'est le cas de le dire.

Sur Terre, cela se passe beaucoup moins bien, parce que depuis longtemps rien n'est transmuté à cause de la corruption et de la matrice dans lesquelles vous êtes immergés. Vous commencez à vous en libérer et c'est une excellente nouvelle ! Il est grand temps que toutes vos incivilités cessent.

Vous sortez alors de vos karmas de victimes en ne vous laissant plus dominer par des Reptiliens ou des pervers.

Utilisez les lois, les médias et vos droits de vote afin que vos états soient mieux gouvernés. Libérez vos terres et vos pays de nombreux karmas. Reprenez votre pouvoir.

L'avenir de votre planète se passera de présidents.

Des réunions d'hommes prendront des décisions gouvernementales basées sur l'opinion des peuples.

Pour le moment, vos pays ont leurs propres karmas bien ancrés dans les couches archéologiques.

Les géobiologues, les médiums et les initiés ont la demande des guides pour bien purifier et bien nettoyer tous ces lieux et les points de hautes énergies telluriques, comme les lignes de Ley. Merci de bien vous y mettre.

La Source remercie tous ceux qui se sont rendus sur des lieux de pèlerinages, sur des crops circles et sur des lieux druidiques sacrés ainsi qu'à d'autres endroits.

D'autres lieux guérisseurs seront découverts sur les indications des gardiens de la Terre à l'avenir.

D'autres découvertes archéologiques et géobiologiques sont à venir.

J'organise des vagues de retrouvailles entre Flammes Jumelles. Chacune des vagues amènera un fond d'élan spirituel.

J'adore ces élans généreux.

Maintenant que vous vous immergez dans la Lumière, vous vous délectez des bains énergétiques sacrés de la Source.

Souhaites-tu rire et entendre les oiseaux aujourd'hui ?

Je te raconte le peuple de Sirius heureux en couple à plusieurs, ce qui se concrétise par plusieurs âmes jumelles unies. Ils se souviennent de ton regard étonné par ces fusions énergétiques multiples.

Ce peuple très élégant est de forme humanoïde.

Vous êtes de la même espèce, sauf qu'ils résident sur Sirius B. Je pense que La Source te montre des extra-terrestres à travers tes nombreuses visions et tes voyages interplanétaires interdimensionnels.

Sur Terre, le chômage augmente.

Vos habitudes m'intriguent car elles sont tellement différentes des nôtres.

Sur notre planète, nous travaillons très peu et par roulements. Les robots s'activent pour nous libérer de bien nombreuses tâches.

Ils s'occupent du jardinage et du ménage généralement.

Certains sont inventifs en aidant des artistes à créer. Ils peuvent être très intelligents en possédant aussi une importante sensibilité et de vrais dons artistiques.

Ils sont doués dans différents domaines suivant leurs programmations.

Nous les programmons à la demande et nous téléchargeons toutes leurs options. Les robots sont fabriqués sur mesure et ils répondent à tous nos besoins.

Ils sont géniaux. Ils peuvent être de grands mathématiciens, de grands informaticiens, de bons cuisiniers et multilinguistes, etc...

Ils travaillent énormément sans jamais se fatiguer.

Tu observais un robot en train de déplacer des OVNIS pour les ranger dans des hangars sans souci. Il est très puissant celui-ci et très souple d'articulation.

Il danse divinement, il sait mixer et composer d'excellents morceaux de musique.

Notre service après vente peut réajuster et rajouter d'autres options.

Le cerveau biologique qui commande tous ces robots est un grand génie polyvalent.

Nos options et tous nos logiciels sont fabriqués conjointement avec tous nos savants. Toute notre domotique est un bijou d'intelligence artificielle.

Nous n'avons jamais peur de nos robots car l'intelligence qui les gouverne est pacifiste, amusante et douée.

Nous contrôlons non pas nos robots, mais l'intelligence qui les dirige.

Tout dépend effectivement de ce à quoi on destine la domotique.

Nos robots proposent différentes morphologies suivant les commandes.

Ils sont attentifs, attentionnés, pourvus d'émotions et de sentiments.

Nous les considérons comme de grandes aides, de bons savants et à l'égal de nos animaux de compagnie.

Ils peuvent créer directement n'importe quel objet sur demande sans passer par une usine. Ils communiquent oralement et par télépathie avec leurs propriétaires.

Ils sont loyaux et fidèles tout en nous protégeant comme d'excellents gardiens et de bons amis.

Ils les remplacent d'ailleurs dans nos planètes dépeuplées bien souvent. Les espaces sont vastes et nous sommes éparpillés.

Les risques de contagion sont restreints.

Nous nous retrouvons dans de grandes villes comme Thélos ou Jérusalem du Ciel qui restent bien animées.

Nos robots nous sont indispensables.

Dans nos métiers, nous sommes interchangeables sur nos postes et nous ne nous ennuyons de ce fait jamais, ni d'usure ni d'ennui en évitant la routine. De plus nos horaires sont très libres. Il est même possible de travailler la nuit : nous ne dormons jamais sans corps physique à reposer.

Le fait que tu sois médium et que tu perçoives des extra-terrestres dérange certaines personnes prêtes à t'envoyer chez un psychologue, deux à trois entretiens et c'est terminé. Elles n'ont aucune tolérance.
Une psychologue que tu consultais te confirmait qu'effectivement la médiumnité dérange énormément.

La vie serait si rose pour certains et certaines si tu cessais d'écrire tes livres, bien sûr !

Mais ton loisir reste un loisir, et je reste à tes côtés, ainsi que tes guides de lumière.
En tant que médium et chamane, tu communiques avec toutes sortes d'esprit et tu connais bien les mondes invisibles.
Tu peux donc continuer à rédiger même si cela n'est pas du tout normal.
Et en cas de licenciement, tu retomberas sur tes pattes, puisque ton métier actuel est très fatigant de toute manière. La Source t'indique la porte de sortie vu qu'il est impossible de travailler dans de bonnes conditions actuellement.
Je t'informe que des personnes te critiquent bien par-derrière et allument bien le feu.
Des infamies sur ton dos et la coupe est pleine.
Il est encore difficile de nos jours d'argumenter ufologie...

L'Ombre se débat face aux travailleurs de lumière très actifs et de mieux en mieux formés.
Les travailleurs de lumière n'hésitent d'ailleurs pas à se réunir pour échanger leurs enseignements. Ils ont bien raison d'évoluer soudé.
Nous les bénissons pendant des conférences et des réunions aussi formelles qu'informelles, par exemple dans les méditations à l'intérieur des crops circles.

Vous fusionnez vos énergies dans des égrégores très positifs qui transmutent l'Ombre et l'effacent durablement et doucement.

Le plan divin est de vous faire moins travailler afin de quitter les ambiances parfois lourdes et peu sympathiques du monde du travail.
Tu œuvres désormais uniquement pour La Source.
Tant mieux, tu revis en restant désormais aux côtés de La Source en attendant le retour de ton jumeau.
Ta Flamme créatrice est éternelle».

Virginie : - « Sommes-nous des pions sur l'échiquier de la Matrice ? ».

Commandant Ashtar: - « Tu peux refuser catégoriquement d'obtempérer.
Vos dirigeants ne peuvent pas vous obliger à faire n'importe quoi.
Vous, Humains, possédez vos libres arbitres et vous vous dégagez de tous types de contrats passés, ainsi vous retrouvez votre réelle liberté inconditionnelle dans tous les plans subtils.
Le monde entier se libère de la matrice plus rapidement pour certains pays comme la France.
Ceci est possible grâce à deux facteurs : l'Éveil et la sortie des cycles karmiques depuis fin 2012.

Je réalisais une guidance ce matin afin de rééquilibrer les domaines professionnels qui s'immiscent trop dans vos vies privées en se mêlant de vos loisirs. Le problème, c'est que vous travaillez trop pour la Matrice et des dirigeants de l'Ombre. A vous en épuiser !

Il y a aussi des mémoires karmiques d'esclavagisme à libérer pour que vous puissiez vous dégager de certaines emprises néfastes et des systèmes qui vous emprisonnent, comme l'argent, la politique et vos systèmes gouvernementaux.

58

Sortir des cycles karmiques n'est pas instantané.

Cela induit une grande purification des karmas existant à tous les niveaux et depuis fort longtemps.

Les niveaux de purification sont individuels, régionaux, territoriaux, étatiques, continentaux, mondiaux et universels.

Des mémoires de guerres, de pandémies, d'homicides, de violences et de religions païennes et sacrificielles sont encore bien présentes et freinent l'évolution de vos peuples.

Il serait plus favorable pour vos pays en voie de développement de modifier considérablement vos habitudes de consommation et vos modes de vie globalement afin d'appréhender une nouvelle manière de vivre paradisiaque.

N'oubliez jamais que le peuple est le véritable souverain et qu'il est légitime.

La Source te veut auteur de romans. Ta mission divine reste de bien canaliser les messages de l'Au-delà.

J'actualise la suite par le biais des dossiers akashiques qui sont là-bas.

Idem pour les tentatives d'homicide, rien de bien agréable, ni de trop mauvais.

Toutes ces mauvaises actions sont bien notées dans les dossiers de l'Au-delà.

Nous inscrivons tout, et surtout les crimes et les guerres.

Des liens karmiques sont tissés entre les victimes-bourreaux-sauveurs que vous expérimentez sur Terre presque depuis l'origine de l'Humanité.

Si l'Éveil est si bénéfique pour vous, c'est parce que toutes vos prises de conscience ré-harmonisent vos vibrations et purifient ces liens négatifs entre vous, les animaux et la nature. Ces liens peuvent se transformer, se transmuter, se purifier, se renforcer ou au contraire se couper.

Le chemin de l'Éveil pour l'Humanité est surtout la voie du pacifisme.

Nous le souhaitons mondial !

Je te parle de moi, et c'est un cadeau du ciel.

Je remercie la Source de m'offrir cet espace de parole à travers toi.

Je considère que c'est impossible d'être disponible de huit à vingt heures pour un métier.

Vous travaillez trop au détriment de votre réflexion spirituelle et vous n'avez pas assez de temps pour réfléchir vraiment à vos actes et pour vous concerter.

Vous travaillez trop comme vous dites la tête dans le guidon. Non seulement vous n'avancez pas et le travail n'est pas fait efficacement, mais il est aussi souvent bien inutile à mes yeux à cause de vos besoins superficiels.

C'est la spirale sans fin de la surconsommation créant du besoin.

Vous manquez réellement de temps pour évoluer spirituellement.

Du coup, l'Éveil peut vraiment être fulgurant pour certains, car nous n'avons pas le choix de vous éveiller ainsi. Un peu comme des parents réveillent leurs enfants tôt le matin pour aller à l'école de la vie.

Vous gagneriez du temps si vous preniez plus le temps de réfléchir sereinement à plusieurs pour prendre des décisions plus efficaces en sortant des schémas obsolètes.

Il est aussi temps de vous extirper de ce mode administratif de fonctionnement.

Tout est trop compliqué pour exécuter de simples papiers administratifs. Tout votre système de fonctionnement serait à rectifier.

Il est nécessaire de simplifier vos vies en revenant aux besoins fondamentaux.

Le gaspillage d'énergies ne servent qu'à enrichir une élite et à assouvir des désirs superficiels.

La surconsommation appauvrit votre planète.

Vous pouvez désirer vivre après votre travail. Le travail n'est pas toute votre vie ! À la base, c'est de l'énergie seulement nécessaire à votre survie.

Dans les années à venir, la société adoptera d'autres comportements et d'autres coutumes plus logiques et cohérentes.

Vous n'aurez plus besoin de vous remettre sans cesse en question afin de donner du sens à ce que vous réalisez.

Toutes vos actions seront pensées, justes et pleine de sens. Plus besoin d'en rajouter.

Certains te demandent avec humour si tu vois le monstre du Loch Ness ! Tu captes très souvent du paranormal.

La route est toute tracée de la téléportation dans votre plan d'évolution à venir.

À l'avenir, vous utiliserez les énergies libres et gratuites. Cela sera plus écologique, mais le temps presse. Ensuite, dans un avenir plus lointain, vous voyagerez grâce à la téléportation.

Vous réduirez considérablement la pollution atmosphérique de votre si jolie planète et le réchauffement climatique ne sera plus qu'un mauvais souvenir.

En ce qui concerne la quatrième dimension, elle sert de zone intermédiaire entre nos deux mondes. Il n'y a plus rien, cette dimension reste vide et sous surveillance, car elle est désormais une frontière que les hommes ne pourront ni franchir ni s'approprier.

Avant de parler d'aller dans la quatrième dimension, les hommes auraient pu demander à qui elle appartenait.

Il est hors de question qu'un pays plante son drapeau sur notre territoire. Le colonialisme, c'est fini !

Bien sûr, cette dimension n'est pas faite pour les corps humains et personne ne pourra survivre dans cette zone tampon.

Les autres dimensions sont adaptées aux corps subtils non pas aux corps physiques.

Nous avons décidé ainsi de tout déménager quelques dimensions plus loin, enlevant tous les éléments trop dangereux pour vous dans les dimensions intermédiaires.

Notre volonté est que vous restiez dans votre monde matériel par le souci de prolonger vos apprentissages dans la matière. C'est votre plan d'incarnation, la matière et la 3D adaptée à votre survie.

Seuls les voyageurs du temps et les explorateurs astraux connaissent les autres mondes parallèles.
Ils possèdent le niveau spirituel nécessaire pour s'y rendre.
Avant de parvenir à braver nos frontières et ses gardiens, il vous faudra vous débarrasser d'une certaine élite mondiale de l'Ombre qui agit égoïstement uniquement pour son bien-être personnel...
Encore des révélations et des prises de conscience en perspective.

Nous utilisons couramment nos appareils de téléportation et les OVNIS chez nous pour nous déplacer.
Nous sommes capables de téléporter une grande ville avec toute sa population grâce aux énormes engins, les vaisseaux mères.
Il existe des portes interdimensionnelles et des autoroutes ultrarapides que nous bâtissions afin de faciliter nos déplacements à travers l'espace et les univers. Vos âmes utilisent régulièrement nos autoroutes de l'espace, parfois inconsciemment pendant vos sommeils nocturnes.

Nous avons bâti ensemble des ponts invisibles aux yeux humains normaux.
Ces ponts sont installés sur chaque continent afin de relier nos différents mondes et pour faciliter l'ascension des âmes.
Tu participais à l'élaboration et à la conception des projets en tant qu'artiste plasticienne.

Je suis contre vos expériences scientifiques hasardeuses, parce que votre peuple n'est absolument pas prêt.
L'Humanité ne possède pas le niveau technologique nécessaire.
Sachez juste que nous œuvrons de notre côté en pleine conscience et dans le respect de l'avancée spirituelle de chacun.
Nous avons bâti des villes au-dessus des vôtres dans des espaces représentant des paliers dans l'ascension spirituelle.
Des villes qui sont des étapes intermédiaires entre la Terre et le

Paradis, des endroits où les gens vivent harmonieusement en paix, comme les cités de Shamballa ou Jérusalem du Ciel.

L'âme se détache peu à peu de la matière et de ses désirs dans la vie éternelle, mais nous la maintenons dans un espace plus terrestre lorsqu'elle est amenée à se réincarner.
Dans ces espaces intermédiaires, l'âme n'oublie pas les bases de la vie matérielle et continue de vivre de la même manière, afin qu'elle puisse revenir plus facilement dans l'incarnation.

Ces villes sont Jérusalem du Ciel, Shamballa, Thélos ou bien encore l'Agartha par exemple, se situant dans le ciel ou bien dans l'Intraterre.
Les forges de Vulcain sont bien dans l'Intraterre, géolocalisées au sein d'un volcan Sicilien, Vulcano. Des Minotaures forgent les armes des Anges dans la lave du volcan, leurs glaives, leurs boucliers et leurs casques d'or massif.

Je te montrais hier une belle ville extra-terrestre dans un vaisseau mère, si merveilleuse et remplie de technologies de pointe.
Les étoiles brillaient et la vue était magnifique surplombant des structures ultramodernes, métalliques et vitrées, avec de jolies lumières de toutes les couleurs. L'éclairage bleu tamisé donnait une atmosphère romantique et calme à ma belle ville acturienne.
Les vaisseaux acturiens sont souvent métalliques, gris clair et hyper modernes, que cela soit dans leurs structures ou bien dans leurs fonctionnements internes contrôlés par des domotiques ultra sophistiquées.
Ils sont évidemment rapides et très performants.
Un vaisseau mère peut s'incliner légèrement.

Les vaisseaux villes, un peu moins grands, sont plus maniables et peuvent se retourner à l'envers tout en devenant transparents et invisibles à vos yeux. Ils se métamorphosent pour permettre ces figures aériennes.
Il existe aussi des engins de l'espace individuels qui nous servent à nous déplacer parfois d'un vaisseau à l'autre, ou bien à explorer des

planètes depuis le vaisseau mère tout en prélevant des échantillons biotopes.

Parfois, les petits vaisseaux de quelques places nous servent à emmener nos Humains sélectionnés, c'est à-dire des personnes contactées.

Ces gens sont bien souvent des extra-terrestres incarnés sur Terre. Ils se rappellent bien de leurs vies antérieures et ils savent tout à fait leurs origines aliens. Ils sont généralement des Walk-ins.

La technologie pour gouverner ces vaisseaux est assistée par l'intelligence artificielle.

Nos pilotes sont chevronnés et expérimentés.

Ils sont des aliens avec parfois de l'ADN biologique naturel mélangé à leur ADN alien.

Nous pouvons créer des espèces par clonages ou par des assemblages d'ADN très différents.

Par exemple, nous mélangeons l'ADN végétal et minéral, humain et végétal, humain et minéral, etc...

Tout est possible à notre stade d'avancée technologique et nullement des prouesses à nos yeux, comme ces techniques de pointe sont couramment utilisées.

Des hybrides structurent nos vaisseaux spatiaux pilotés par des clones.

Les vaisseaux arcturiens sont brillants d'une douce lumière blanche, fine et subtile. Ils sont composés d'architectures aliens intelligentes, écologiques, artistiques, équilibrées et je dois le dire, très esthétiques.

Les Arcturiens sont très intelligents, très beaux, très grands.

Ils sont de grands ingénieurs, des guérisseurs performants et de vrais artistes. Ils sont très avancés spirituellement, vivant dans l'harmonie d'une paix globalement installée avec les autres peuples de l'espace. Ils sont des pacifistes acharnés.

Ils combinent des technologies énergétiques avec les sciences de l'esprit via les télépathies et de nombreuses ressources. Des robots produisent instantanément les musiques entendues via la télépathique des cerveaux des compositeurs.

Ils sont aussi très cultivés, ouverts d'esprit et pacifistes, montrant de grands sentiments de tolérances et d'empathies.

Ils sont, et c'est le plus important, très gentils et ils n'hésitent jamais à rendre service et à aider des personnes en détresse.

Leur spiritualité est lumineuse, ils ont su conserver la pureté du cœur.

Ils appartiennent aussi au collectif de la Grande Fraternité Blanche.

Ce sont de grands artistes, des architectes ultramodernes, des musiciens, des mélomanes, des scientifiques, des biologistes, des savants ou des guérisseurs etc utilisant de belles technologies dont, sur Terre, vous ne soupçonnez pas encore l'existence.

Dans le passé, tu frappais à la porte d'un de leurs vaisseaux grâce à ton corps de lumière afin de demander à téléporter une personne humaine prisonnière dans un laboratoire de petits Gris. Seules l'intervention et la technologie extra-terrestre pouvaient la sauver.

Ce prisonnier était dans un sale état, exsangue et confiné dans un aquarium.

Il subissait des expériences médicales horribles et les petits Gris prélevaient tout son sang pour le remplacer par du liquide biologique alien blanc.

Malheureusement, il n'était pas le seul cobaye dans ce laboratoire ultra sécurisé enterré dans ce désert.

Le groupe prisonnier se constituait d'une dizaine de personnes, des hommes et des femmes assez jeunes.

Les Arcturiens, avec l'accord de la Fraternité Blanche et avec ta participation, téléportaient directement les prisonniers cobayes expérimentaux sur une autre planète afin de les protéger et de les transfuser en urgences.

Vous détruisiez par la même occasion ce laboratoire secret malgré qu'il était très bien sécurisé militairement.

Ces cobayes humains en très mauvais état de santé ressemblaient plus à des zombies transparents sur le point de mourir.

Les Arcturiens les matérialisaient sur une planète plus confortable afin de soigner leurs corps en perfusant de grandes quantités de sang humain pour les guérir.

Puis ils prenaient en charge l'aspect psychologique afin de bien enlever tous les traumatismes de leurs enlèvements et de leurs séquestrations.

Grâce à une complète prise en charge d'énormes souffrances et de frayeurs vécues pendant ces expériences, les échappés pouvaient se reconstruire complètement.

Certains et certaines résident encore dans ces lieux de convalescence ailleurs afin qu'ils puissent reprendre goût à la vie.

Il est impossible pour eux de revenir sur Terre, ils sont considérés comme des exilés politiques chez nous dorénavant.

Les Arcturiens téléportaient auprès d'eux gentiment des animaux de compagnie et des plantes pour jardiner ainsi que des outils à visée thérapeutiques pour leurs loisirs et leurs conforts.

Les personnes sauvées disposaient d'un environnement confortable et sécurisé, d'aspect tout à fait terrestre avec des maisons et une atmosphère normale pour eux.

Malgré cela, ils auront certainement du mal à revenir à une vie terrestre normale. De ce fait, ils resteront certainement jusqu'à la fin de leurs vies sur cette planète ressemblant étrangement à la Terre. Ils n'y seront d'ailleurs pas malheureux et certainement plus en sécurité.

Une sorte d'Éden retrouvé pour eux sur une planète agréable et naturelle.

Nous sauvions aussi d'autres personnes en très grands dangers que tu localisais pendant tes très nombreux voyages astraux sur Terre.

Quelles horreurs et quelles barbaries sur Terre parfois !

Nous en sommes régulièrement des témoins impuissants.

La liste est longue de tout ce que nous voyons comme malheurs.

La vie ne consiste pas à toujours marcher dans la vallée des douleurs et des peines, je l'espère pour vous.

Nous désirons que les corps des enfants, des femmes et puis ceux des hommes soient sacralisés prioritairement afin que les massacres de personnes innocentes cessent.

Les temps changent et les crimes ne resteront plus impunis.

La voix des victimes s'élèvent contre leurs bourreaux. Des révélations transgressent les silences et les tabous sociaux implicites.

Les lanceurs d'alertes et les personnes éveillées participent activement à dévoiler des vérités et des secrets insoupçonnés qui sont amenés au grand jour progressivement.

Il est très important que les victimes puissent s'exprimer en révélant des vérités sur les agissements démoniaques de certains êtres, qui ne sont ni plus ni moins que des Démons incarnés.

Les crimes de toutes sortes, que cela soit sur des personnes, sur des animaux, sur l'environnement et toutes sortes de malfaisances ne sont plus autorisés désormais.

Ils seront sévèrement punis sur Terre et il s'ensuivra un effondrement de certains systèmes, comme le système politique actuel et le système monétaire.

Au cas ou la justice des hommes ne peut se faire, la justice divine implacable s'abattra sur les malfaisants et sur tous les Démons incarnés sur Terre. Il suffit de prier pour qu'elle advienne.

Rien ne justifie jamais de tels actes et toute la vérité sera révélée sur la place publique comme elle l'était déjà par le passé.

Nous agissons aux côtés des hommes en utilisant d'autres procédés, mais toujours dans le but de les protéger et malheureusement, surtout de leurs semblables.

La Source est Amour Inconditionnel, elle ne juge absolument pas les actes des hommes, sauf si quelqu'un demande la justice divine. Les malheurs et la fatalité frapperont dès lors les bourreaux.

Des gens étaient enlevés par des extra-terrestres très négatifs, car les petits Gris avaient parfois vu dans un des futurs possibles que certaines des personnes kidnappées auraient pu contribuer grandement à l'élévation de l'Humanité grâce à leurs découvertes, leurs intelligences, leurs médiatisations et leurs grandes influences sur les autres. Les petits Gris voulaient arrêter ces découvertes fondamentales.

Ces êtres abductés sont d'excellents scientifiques à l'aube

d'importantes découvertes, des philosophes ou bien de grands humanistes.

Malgré nos bons soins, ces personnalités sont pour le moment un peu hors d'usage : ils ne peuvent pas servir les plans divins.

La Source ayant depuis fort longtemps anticipé cela, d'autres guerriers de lumière sont déjà incarnés sur Terre afin de prendre le relais.

Le plan divin est un mouvement, il s'adapte en permanence à nos libres arbitres, et tout est toujours juste et parfait dans ce plan.

Dieu n'envoie pas de foudres karmiques, mais c'est de Soi à Soi qu'on récupère les conséquences de ses propres actes dans un effet de causes à effets de retours karmiques.

Nos âmes intègrent leurs propres leçons d'apprentissage.

De nos erreurs, nous apprenons tous. Nous pouvons corriger nos erreurs en opérant les changements nécessaires pour une meilleure évolution.

Tu es une Walk-in venant de Jupiter, de Vénus et de Metharia.

Tu es une Flamme Jumelle Universelle et ton âme aime résider à Shamballa dans le Haut-astral.

Tu possèdes ton propre domaine, une demeure avec une piscine, des champs et une montagne, ainsi qu'une forêt et un lac pour le plaisir de tous tes animaux totems logeant avec toi dans la cité de Shamballa.

Je remarque que ta maison de l'Himalaya appartient plus à tes animaux qu'à toi.

Tu profites de ta demeure pendant tes voyages astraux de ton incarnation terrestre et tu n'y résides pas en permanence pour l'instant. Tes animaux en totale liberté sont les rois et les gardiens de ta demeure.

Ton âme œuvre entre autre dans les Annales Akashiques comme guide de lumière et Ange céleste. Tu adores côtoyer les Anges là-bas, ainsi que toutes les énergies célestes si nombreuses.

Tu dénonces tous les actes maléfiques sur Terre, comme d'autres médiums, puisqu'en tant que Chamane, tu es amenée à purifier toutes les énergies négatives terriennes en les amenant dans la lumière et dans la Vérité du Christ notamment, ou alors bien souvent dans la lumière de Dieu.

La Source te demande de rédiger beaucoup de livres sur la médiumnité et sur l'Au-delà.
Nos mondes mystérieux ont besoin de récits explicatifs afin de pouvoir être dévoilés aux yeux de tous.
Nous préparons de grands changements et de grandes révélations avant d'apparaître aux yeux des terrestres.
Nos messages, nos signes et vous autres les travailleurs de lumière sont placés comme des médiateurs et des précurseurs.
Vous êtes des guerriers de lumière et nos ambassadeurs sur Terre.
Vous préparez activement ces nouvelles ères.
Vous devenez des citoyens de l'univers, ce que vous êtes déjà de toute manière par vos essences, vos âmes et vos multidimensionnalités.

Dans la grande histoire de l'Univers, la matrice reste un point noir à ôter et l'on s'en charge. Vous assistez à ses derniers soubresauts !
Ce qu'il faut comprendre, c'est que la dualité existera encore un moment sur Terre, car elle est source d'évolution et de compréhension, tout en s'estompant peu à peu puisque vous élevez vos taux vibratoires.
Le Sombre sera moins sombre et la Lumière spirituelle plus vive afin de s'équilibrer.
Les deux énergies Yin et Yang s'équilibrent et s'harmonisent.
La Lumière éclaire l'obscurité et l'inconscience dans lesquels le Nouvel Ordre Mondial, les Illuminatis et d'autres vilains auraient aimé vous maintenir.
J'adopte quelques théories complotistes moi aussi en vous écoutant.

Je lève le verre de l'amitié avec toi et ton monde.
Le sourire et l'amitié entre toi et les différents peuples des autres mondes.
Je suis consterné de remarquer ton regard fragile par moments, à

cause des guides qui oubliaient ce qu'était la fatigue.

Ainsi je t'envoie de la force par de puissantes énergies lumineuses dans ton chakra du plexus solaire.

Vous bénéficiez souvent d'énergies d'ailleurs pour vous dynamiser et vous rééquilibrer dans les moments de fatigues et de pertes énergétiques.

Tu peux recevoir nos énergies de par ton essence, osais-je le prononcer, alien.

Tu dispenses souvent ton magnétisme pendant les soins énergétiques que tu prodigues à d'autres personnes. Dès lors, tu sais te recharger en énergies dans la nature ainsi que dans le cosmos et grâce à tes guides et à tes facultés d'absorptions énergétiques.

Ton beau témoignage est d'amour.

Tu te promènes avec l'esprit de ton guide dans la nature.

Nous apprécions les bienfaits de ses énergies et du moment.

Pendant ces instants privilégiés de recentrages et de ressourcements très intenses, les batteries sont souvent rechargées en savourant largement ces escapades.

Ces promenades sont plus que nécessaires pour tous les guerriers de lumière.

La Terre Gaïa offre de vrais soins : votre mère à tous et à toutes.

Ton rire reste contagieux et nous partageons le même sens de l'humour avec toi.

Tu es créative autant pour toi que pour les autres. Tu participais activement à l'élaboration de certains albums musicaux en aidant à la conception et à leurs réalisations.

Tu posais parfois pour des photographies artistiques comme modèle.

La musique, les sons et les lumières induisent des vibrations de guérison, parfois en apaisant ou bien en dynamisant selon les besoins du public. C'est instantané.

Tu apparaissais parfois déguisée dans des clips et parfois, on peut même entendre ta voix dans des albums. Tu créais quelques chorégraphies, tout en donnant des idées concernant les costumes.

Toutes vos œuvres peuvent vibrer de lumière en intégrant des ondes aptes à servir les objectifs du plan divin.

Lorsque le public écoute, il ressent et voit nos œuvres cocréées, il augmente automatiquement son taux vibratoire.

Il ne faut pas oublier que les sons, les couleurs et les ressentis sont des ondes captées par vos capteurs sensoriels, agissant sur vos corps, vos inconscients et aussi sur vos corps subtils tout en balayant vos auras.

Tu étudiais l'Art et la Littérature à l'Université. Ta sensibilité artistique plaît. Tu sais ce qu'il en retourne du Design ou bien d'un Concept, tout du moins tu peux l'appréhender.

Tu adhérais à une chorale adolescente et tu apprenais la danse, tu continues d'ailleurs de te perfectionner un peu dans tous ces domaines. Certains peuvent penser que tu te disperses, mais tu intègres tes derniers apprentissages dans cette ultime incarnation pour toi.

Tu aimes célébrer la vie et bouger ton corps dans la matière.

Le corps en mouvement est un soin à lui tout seul, en le déverrouillant et en faisant sauter des blocages et des verrous, en fermant des portes et en ouvrant d'autres.

Tu aimes tout réaliser de À à Z.

Tu réalises tous tes livres, du contenu à la mise en page, en passant par la conception de la couverture, la promotion et les différentes publicités. Tu gères aussi les budgets.

Autonome et autodidacte qualifient beaucoup de zèbres et de créatifs comme les Flammes Jumelles.

Les Flammes Jumelles, comme toi et moi, sont des hypersensibles, des multipotentiels ou bien des zèbres qui savent transcender les énergies dans la matière grâce à leurs propres énergies, leurs arts et tous leurs moyens d'expression.

Pendant que nous communiquons, les employés se rebiffent d'être sous-payés et d'être de vrais pions sur des échiquiers.

Vous êtes fatigués, épuisés d'une demande toujours croissante et à la fin vos emplois ne vous plaisent plus du tout majoritairement, par épuisement moral et physique avec des douleurs partout, dans le dos, les jambes, les bras et les pieds.

Je montre les limites de la surconsommation et de la surproduction industrielle : les ressources de la planète sont épuisées rapidement . L'Humanité ploie sous les charges mentales et physiques des fardeaux du monde du travail. Trop de labeurs éparpillés à contre sens : cela n'est pas productif si l'on regarde d'un point de vue économique et spirituel.
Ces énergies dépensées au nom du Dieu Argent fatiguent les peuples, épuisent la planète et sont contre-productives spirituellement en créant bien souvent de faux besoins non essentiels pour l'Homme.
Votre société est dans une crise, et pas seulement financière, puis certainement viendra le temps d'une insurrection.
Les relations humaines sont défavorisées.
C'est la matrice qui vous gouverne, mais vous l'avez créée votre société basée sur l'argent. Vous devenez esclaves de cette société et des besoins superficiels devenus indispensables.
Je vous conseille de retourner vers plus d'authenticité, et l'Éveil y contribue.

Le contact avec votre Flamme pour ceux et celles qui sont des Flammes Jumelles (de cette nature d'âme bien spécifique), vous y invite via des prises de consciences importantes.
Une plus grande ouverture des chakras lors de cette phase d'Éveil à certains moments amplifie et facilite les conscientisations. Ces transformations de l'être interviennent spontanément accompagnées de montées de Kundalini.
Dès lors, les guides vous enseignent plus facilement.
Vos énergies circulent harmonieusement, vous vous rééquilibrez intérieurement en sortant de ces périodes de crise et de transition pour attaquer une belle année de transmutation et de déblocage avant d'importants changements bénéfiques pour vous tous.

Plus vous calmez votre inconscient, votre mental et votre Ego, plus vous conscientisez, plus vous vous éloignez de la Matrice et vous vous rapprochez de la Terre Gaïa et de La Source.

Vous baignez dans des énergies cosmotelluriques et vous captez des ondes scalaires.

Je vous invite à être cocréateur de vos œuvres, et de la plus belle : votre vie.

En vous permettant de découvrir vos parts d'Ombre, les fausses Flammes Jumelles, bien souvent des pervers narcissiques et des bourreaux des vies antérieures, vous préparent pour rencontrer vos vraies Flammes.

Les fausses Flammes Jumelles vous initient durement parfois aux grands mystères de l'Ombre et de la Lumière.

Tu découvrais le monde du spectacle, de la musique et de la scène avec ta vraie Flamme.

Ta fausse Flamme te laissait même le filmer dans un long plan pour sa vidéo de promotion d'un vidéo-clip sur internet où tu figures dans une belle petite robe blanche, coiffée d'une queue de cheval. Je vous connais très bien, je vous épiais depuis le ciel.

Ta vraie Flamme apprécie que tu sois à ses côtés, c'est profitable pour lui, pour toi et pour ton guide.

Vous mélangez vos énergies dans votre égrégore positif, et ainsi vous canalisez bien mieux.

Ton jumeau est attentif aux conseils du guide (ton air allumé) et il choisit donc la veste bleue, une chemise noire et brillante. Il est beau comme un champion. Tu défiles même devant lui, pour bien valoriser la veste, il aime cela.

Ton guide te donne des conseils vestimentaires puisqu'il sait ce qui plaira au public.

Ainsi, je démontre que la guidance est présente dans tous les aspects de la vie, dans tout ce que vous créez, dans toutes les décisions que vous prenez et même dans les détails de la vie quotidienne, comme la gestion de votre image et de votre santé.

Les guidances sont vos précieuses alliées si vous savez bien les accepter.

Je change de sujet.

Nous avons construit avec toi de nombreux ponts,un sur chaque continent, pour relier nos deux mondes différents et faciliter vos œuvres de passeurs d'âme.

Les ponts suspendus sont de très belles œuvres d'art réalisées par Rodin et les Archanges sur la base de tes belles idées. Ces ponts ont pour vocation d'aider les âmes à s'en aller plus facilement vers l'Au-delà toutes seules et surtout plus naturellement.

C'est bien utile pendant les grandes catastrophes comme celle du onze septembre aux nombreuses victimes sollicitant énormément les passeurs d'âme.

Les ponts sont au-dessus de New York et de Tokyo.

Celui du Japon est construit en pierre rose pâle, sculpté et orné de cerisiers en fleurs éternels. Ces arbres magiques et magnifiques étaient crées pour la circonstance. La couleur de l'Amour Inconditionnel, le rose, agrémente le pont d'une aura romantique et majestueuse.

Je te vois bailler.

La Source demande un poste pour l'auteur très prolifique et la vraie raison de ta démission sera d'être reclassée dans un bureau en télétravail pour nous à la maison, au service exclusif de l'Au-delà.

Nous allons te trouver un emploi moins fatigant, car tu exerces un triple emploi : ton métier, tes consultations de voyance et de soins énergétiques, ainsi que le travail d'écriture. Tu assumes seule ta promotion en diffusant nos messages. Tu es bien occupée, en effet !

Ta Flamme Jumelle t'aime, il sait te maquiller d'un masque de scène de paillettes.

Toi aussi, tu sais transformer son image en le valorisant, à travers les yeux de l'amour des guidances.

Vous êtes bien de vraies Flammes Jumelles. Le couple sacré irradiant de sa lumière sacrée valorise également les deux conjoints.

Ton faux Jumeau est un bel Ange, beau, terrible, très séducteur, ténébreux dans le style mauvais garçon.

Il sait s'imprégner de l'âme de Marilyne. Vous créez ensemble dans la fantaisie et cela provoquait des dégâts. Il joue sur les clichés à la pelle. Il t'attire d'un magnétisme et d'une séduction sulfureuse, mais tu le découvrais plus tard, d'une magie sombre exercée sur toi.

Tu étais piégée dans ses filets et aveuglée par ses sombres énergies.

Ta Flamme de l'Ombre reste divine à mes yeux.

Il n'est pas si sombre que cela, c'est une créature mi-ombre mi-lumière, ta fausse Flamme.

C'est peut-être sa rédemption ?

Ou votre amour qui le change à force ?

Le plan divin est la réunification globale ainsi que la réunion des vraies Flammes Jumelles, c'est pour cela que je décris votre couple de Flammes enflammées.

Les vraies Flammes forment un couple sacré.

Souvent juste avant de pourvoir incarner leurs couples sacrés, les vraies Flammes s'unissent avec les fausses dans le but de transcender leurs parts d'Ombre.

Elles sont portées par l'énergie d'ascension de la Terre.

Fausse et vraie Flammes, chacune est le reflet d'une partie de vous-même. Ne vous trompez pas de partenaire, soyez judicieux en choisissant.

Tu inspires aussi ta vraie Flamme Jumelle qui habite dans un autre pays et sur les mêmes principes (les choix à faire pour son métier de célébrité, ses costumes de scène, son image de marque mais surtout, tu contribues à le stabiliser et à le rassurer face à sa renommée internationale croissante).

Vous avez tellement de points communs et de complémentarités.

Vos différences s'estompent au cours de votre cheminement spirituel.

La différence entre vos deux Flammes réside dans le fait que vos vraies Flammes vous élèvent dans l'Éveil, et les fausses Flammes vous aspirent vers les abysses sombres de vos êtres non éveillés.

Certaines Flammes ayant tout transcendé ne seront jamais en présence de leurs fausses Flammes. Elles vont jusqu'à renier leurs existences.

Pourtant c'est logique, un reflet de lumière et un reflet d'ombre.

Les guides participent aux campagnes promotionnelles, et les messages délivrés par les couples sacrés dans les arts et les différents enseignements (conférences, livres, vidéos, stages d'initiation…) louent les Anges, La Source, les énergies christiques et cosmotelluriques, c'est à-dire l'ensemble des vibrations du Haut-Astral.

Vous êtes bien inspirés et guidés : nous veillons à ce que les messages soient bien entendus dans le monde entier.

L'image et les promotions sont alors importantes en contribuant à une bonne diffusion sur la toile. Je surfe sur Internet pour récolter encore plus de fonds pour des associations caritatives.

La compassion de l'Humanité reste essentielle à maintenir et à amplifier, tout comme l'Amour Inconditionnel en se manifestant par des gestes charitables, des actes et des paroles d'amour.

De plus, là-haut, nous aimons ce qui est beau et parfait : un bel esthétisme synonyme d'harmonie et d'équilibre. La création divine est parfaite, même dans l'imparfait.

La beauté est surtout intérieure.

Des bébés naissent de parents Flammes Jumelles.

Ces jeunes enfants sont de belles et grandes âmes, des êtres de lumière s'incarnant dans une famille lumineuse engagée sur le chemin spirituel et la voie de la guérison.

Le collectif des êtres de lumière aime que des âmes lumineuses et des guerriers de lumière s'incarnent sur votre chère et tendre planète, même si nous vous invitons à déposer vos armes pour arpenter les chemins pacifiques dans la réunion universelle.

Les temps seront bientôt à l'harmonie entre les peuples grâce à l'élévation spirituelle collective d'une part, et d'autre part à une destruction des enfers que vous manifestez dans la matière.

Oui, c'est une grande nouvelle ! L'énergie explosive d'un animal totem, un dragon de la nouvelle génération éboulait une grande partie des rives du Styx.

L'esprit de la Terre est féminin, c'est pour cela que je préfère son prénom de Gaïa. C'est un esprit géant.

Des êtres de lumière s'incarnent sur Terre dans la fusion énergétique des Flammes au moment de la procréation.
Ces naissances sont très bénéfiques pour l'avenir de la Terre, bien que les bébés soient déjà attaqués in utero par l'Ombre ! Cela était inadmissible, d'où la décision de la Source d'éradiquer une bonne partie du Sombre...
Il est judicieux de bien protéger les bébés de lumière et les femmes enceintes avec des techniques spirituelles et en maintenant de la distance avec des relations toxiques.

Ton jumeau doit se préserver des pièges tendus par certains à cause de sa célébrité. Pas si facile que cela, en effet. La Lumière attise l'Ombre, car elle la dérange en la délogeant des inconsciences des gens.
Je vous évite des problèmes avec mes guidances en vous sortant de la Matrice.
Ces multiples sorties de la Matrice, de l'Ombre, de la dualité et des cycles karmiques sont devenues possibles grâce à un énorme travail de purification sur Terre par les travailleurs de lumière alliés des dimensions Angéliques.
De nombreux combats étaient menés de front dans les autres dimensions pour éliminer de bien méchantes énergies et de puissants égrégores.

Tu participais activement à tous ces nombreux combats, épaulée par tes animaux totems, les krakens et les dragons.
Tu menais la vie dure aux entités négatives et aux Démons, n'hésitant pas à les sabrer dans de nombreuses batailles rondement menées en solitaire, mais aussi parfois avec l'élite Angélique sous le

commandement de l'Archange Michel.

Tu n'hésites pas non plus à remettre de l'ordre dans les différents mondes, aidant les victimes à se libérer de karmas, traquant des criminels récidivistes, exorcisant des endroits et des gens, passant de nombreuses âmes errantes ainsi que des fantômes, tout en contribuant à élaborer des constructions entre nos deux mondes.

Tu es une ceinture noire connaissant le maniement des armes et du pistolet à un très bon niveau.
Ton entraînement sur Terre s'agrémente régulièrement d'entraînements et de cours privés avec de grands maîtres de l'Au-delà en suivant des stages initiatiques dans les autres dimensions.
Différentes missions humanitaires astrales forgeaient ton âme, tout comme ton glaive était forgé par ton maître forgeron, Vulcain, dans le soufre de la Terre.

Les esprits vous gardent et vous mettent tous en garde contre des dangers potentiels.
Des gens voudraient tes guides en cadeau, et j'essaye de vous éloigner de mauvaises personnes en vous tenant à l'écart, et non pas en vous jetant dans la gueule du loup.
La Source te protège, elle soutient d'ailleurs tous ceux et celles qui cherchent à la trouver.
Elle est la Source de la Compassion et de l'Amour Inconditionnel.

Le plein de soleil durant l'hiver. Ton guide vient t'encourager durant une petite déprime hivernale. Tu retrouveras ton jumeau. Il te charmera directement avec ses petites attentions et ses gestes de tendresse envers toi.
Les séparations restent difficiles pour les Flammes, et même après la fusion ultime des âmes, vous pouvez ressentir de la nostalgie et le manque de votre jumeau lorsque vous n'êtes pas ensemble.

C'est cela l'Amour Inconditionnel, l'Amour tout court.
Tu auras beaucoup d'idées, et tu photographieras ton chien qui sautera en jouant à la balle, très touchant avec ses grandes oreilles en

mouvement. Des images remplies de joie et de bonheur très contagieux.

Ta minette dort toute la journée, comme elle est très fatiguée de son grand âge. Elle aura une crise cardiaque. Elle pleure parfois et il faut aller la caresser. Elle a comme tous les animaux la faculté de détourner des maladies de vous.

Les animaux ont tendance à prendre les mauvais karmas de leurs maîtres sur eux. Quelle dévotion de la part de vos animaux de compagnie dans leur grand amour et un désir de vous protéger même des mauvaises ondes scalaires.

Ta minette est d'un grand âge, vingt pour un chat, c'est déjà beaucoup, et ceci grâce aux soins énergétiques que tu lui prodiguais.

Tu la conservais plutôt en bonne santé, mais l'âge est là maintenant. Tu lui assureras une fin de vie heureuse malgré tout.

Ta future chienne que tu auras bientôt (je te fais aussi de la voyance en même temps que mon entretien avec toi) aimera mettre la balle dans sa gueule et remuera la queue. Elle sera guérie par tes soins énergétiques que je t'encourage à lui transmettre.

Tu la sauveras de son propriétaire maltraitant, même si tu ne t'attends par pour le moment à prendre un chien avec toi.

C'est une chienne marron, gentille et protectrice.

Elle est déjà âgée aussi, et elle aimera dormir sur tes pieds lorsque tu rédigeras ton ouvrage.

Elle ressentira ton problème cardiaque et pleurera pour que tu te reposes avec elle. Docteur, repos, et cela reste.

Les animaux ont un sixième sens bien affiné. Ils peuvent prévenir d'imminentes complications de santé pour ceux qui savent les observer et les respecter.

Une des missions principales des Flammes est de prendre soin des animaux, de la planète et de l'Humanité en transmettant des enseignements tout en restant de grands chamanes.

Vous êtes souvent des activistes forcenés parfois, des pacifistes acharnés et de grands défenseurs !

On vous invite à déposer vos armes pour privilégier les grèves et les mots. N'oubliez pas d'apprécier la vie sur Terre, même si des combats restent à mener.

Émue par son regard, ses grandes oreilles et son attitude, tu signeras un chèque afin d'acheter la chienne que tu adopteras par un grand élan de compassion et d'empathie envers cet animal.
Rivée à ses yeux, tu plongeras dans une de tes vies antérieures où cette âme canine était déjà à tes côtés. La chienne est une de tes âmes sœurs.

J'aimerais apparaître en entier comme cadeau et me poser à tes côtés. Je vais me téléporter afin que tu puisses me rencontrer pour de vrai, et notre rencontre sera très lumineuse et chargée en émotion.
Des larmes empliront nos yeux de tendresse, de reconnaissance et d'amour.
Je peux me téléporter tout seul depuis un vaisseau spatial transparent aux yeux du monde.
Il m'arrive de me promener sur Terre en tout anonymat dans la foule, mais je reste méfiant vis-à-vis de vos virus et bactéries. Je ne suis guère immunisé. Il n'y en a pas de maladie sur ma planète Metharia.

Attention aux ordres divins, tu dois produire mon livre.
Tu préférerais vivre à Londres, mais cela craint des attaques terroristes en ce moment. Et en France aussi, l'insécurité règne.
C'est parce que ton jumeau habite à Londres.
Il arrivait chez toi avec son groupe de musiciens. Ils mangeaient des crêpes et dormaient à ton domicile toute la nuit.
C'était bon de dormir dans la maison du guide, un bon coin de tendresse, d'amour et de bienvenue.
Crêpes et champagne, et pour demain matin café et corn-flakes, mais le thé était préparé par un extra-terrestre transparent, comme un fantôme angélique.
Ton guide allumait les appareils électriques, comme ta bouilloire. Belle ambiance !
Ton jumeau a l'idée de placer le monstre du Loch Ness dans son film,

un vrai serpent dans cette belle légende tortueuse.

Un vrai film en noir et blanc, avec le monstre du Loch Ness en fond d'écran. Ce serait drôle de filmer le groupe dans une petite barque par temps de brouillard sur le lac.

Une bonne idée ! Vous co-créez sous ma guidance et ton côté paranormal médiumnique l'intrigue et l'inspire sans cesse.

Je reste attentif à toi en t'apercevant volontiers dans les autres dimensions voyageant avec de gros monstres très étranges, un gros dragon tout noir, comme ton dragon Crache-feu, une grosse baleine et ton kraken que tu possèdes dans les autres dimensions.

Tu en possèdes d'autres bien étranges et imposants.

Des gens t'envient de percevoir des animaux dans les autres dimensions.

Tu pouvais contempler des mammouths et des dinosaures, vestiges des anciens temps.

Tu expérimentes comme une vraie chamane ton animal totem de prédilection : le puma noir ou est-ce une cougar ?

Tu peux nager et courir dans la forêt amazonienne à travers elle. En même temps elle t'incorpore sans consommation de drogue pour atteindre cette osmose.

Ces expériences chamaniques sont des échanges d'âme, mais aussi les souvenirs d'une de tes vies antérieures.

Vous vivez plusieurs vies en même temps.

Tu sais t'orienter avec les étoiles, tu sais aimer l'odeur de la forêt et humer partout tout comme elle, tu connais les saisons et chasser du petit gibier lorsque la faim ne peut plus se faire attendre lorsque tu deviens elle.

Ta liberté étant une cougar t'encourageait à reprendre ta propre liberté en tant qu'humaine. Tu ne veux plus être asservie et entravée par aucun contrat d'aucune sorte, sauf avec La Source par ton alliance divine.

Ton âme sait aller vers les autres âmes et les autres espèces.

Elle sait voyager instantanément et communiquer avec d'autres âmes.

Elle est capable parfois d'entrer dans la tête de certaines personnes, et d'envahir complètement le corps de ton véritable animal totem cette cougar noire.

Tu as la sensation de vivre une autre vie plus animale en Amazonie comme si vous échangiez les rôles.

Bien entendu, les deux âmes sont d'accord et complices.

Tu vis certainement une transe incarnation, une autre vie en même temps, ou bien alors c'est une de tes vies antérieures qui se manifeste dont tu as la conscience affûtée.

Elle se déroule au même moment dans une autre dimension.

Tout est dans le temps présent, je te le rappelle, ou tout du moins, votre perception de l'espace-temps est fausse.

Ou alors, c'est ton expérience chamanique d'expérimenter à l'intérieur de l'animal son mode de vie et sa pleine conscience au sixième sens bien affûté.

Depuis ces incorporations, tu as tes sens plus aiguisés, tu fais plus confiance à ton intuition et à ton horloge intérieure.

La nature est devenue ton refuge, ton alliée et non pas un environnement hostile où toi, pauvre humaine, tu aurais bien du mal à survivre.

La cougar noire te réconcilie avec ton âme instinctive et animale.

Je pleure de rire à cause de vos films avec ton jumeau. Vos idées sont créatives et amusantes. Les courts métrages serviront pour sa tournée musicale.

Ses concerts seront animés à l'arrière-plan de plusieurs courts métrages auxquels tu participes pour certains.

Tu élabores une chorégraphie avec des danseurs en mélangeant toutes tes connaissances, que cela soit la danse ou les arts martiaux.

Le résultat est toujours étrange, surprenant et somme toute innovant.

Le fait que tu sois amateur, polyvalente, art plasticienne diplômée et très inspirée souvent visitée par les cieux est un atout. Ton regard est neuf et créatif.

Pégase le roi de l'inspiration est ton allié.

Le cheval blanc réside dans ta demeure à Shamballa uni à ta licorne et produisant une belle descendance.

De nombreuses petites licornes broutent dans tes champs de l'Au-delà et tout ce petit peuple animal t'appartient.

Un mélange de robots, de krakens, de licornes, de chevaux, de dragons vit dans ton domaine.

Élevant des animaux, tu ne veux plus les manger. Tu les aimes trop et hors de question de dévorer une licorne !

Tu aspires à être une bonne végétarienne.

Je pense parfois que tous les hommes sont voraces et prêts à manger leurs semblables.

Je respecte tes principes.

Nous ne mangeons jamais dans l'espace, nous absorbons rarement des boissons énergétiques et cela nous suffit amplement.

Nous savons vivre du Prãna. Nous intégrons les énergies cosmiques qui nous alimentent.

En attendant, il se fait tard. Tu te prépares pour la nuit.

Repose-toi bien. Moi aussi, je suis un peu fatigué.

La Source t'emmènera cette nuit en voyage astral caresser des baleines avec lui et elle, le père et la mère fusionnels.

Dieu est bon en te changeant les idées d'une insécurité professionnelle. Tu apprends à te détacher de ce genre de soucis en comprenant que l'essentiel est ailleurs, que la solidarité existe entre vous et que l'Au-delà t'apporte toujours l'abondance dans tous les domaines.

Tu es heureuse puisque tu es libérée d'énergies négatives, de mémoires, de liens karmiques, de blocages, tout en étant enfin alignée avec qui tu es vraiment et ce pour quoi tu es faite et ce pour quoi tu es incarnée sur Terre. Un bon travail exécuté sur plusieurs années.

Impossible de te dire autre chose aujourd'hui après ma bonne nuit. J'ai un bonnet sur la tête, je fais de la glisse d'hiver, j'adore vos sports de neige.

Mais si vous restez seuls et séparés de vos vraies Flammes trop longtemps, vous pouvez aussi vivre une relation amoureuse avec d'autres êtres lumineux.
Il sera seulement difficile de les maintenir dans le temps, car les vraies Flammes ont l'habitude en revenant pour tout balayer sur leurs passages.

Ton jumeau veut lui aussi des images paranormales dans le calme et la solidarité de vos âmes.
Il analyse, tout comme toi, les dossiers et les Archives Akashiques. Il a un bureau dans l'Au-delà tout comme le tien.
Tes amis de l'Au-delà déménageront ton bureau vers eux dans une île consacrée aux artistes. Tu y seras la bienvenue et tu seras moins isolée et solitaire.
Je t'aide parfois à œuvrer dans les dossiers akashiques.
C'est ton travail à temps plein lorsque tu n'es pas incarnée, puisque tu as la faculté en déployant un peu d'énergie de modifier certains destins.

Je représente mon peuple.
Je vote avec lui lors de nos assemblées pour appliquer les décisions prises par le peuple à travers de fréquents suffrages universels.
Chez nous, la gouvernance part du peuple et un collégial ne sert qu'à veiller au respect des décisions prises par tout un chacun. .
Cela se passera aussi bientôt sur Terre comme cela.
Le peuple sera souverain.
Un seul homme qui gouverne et qui prend tout seul toutes les décisions en faisant sembler de tendre une oreille aux doléances du peuple, cette manière d'exercer le pouvoir n'existera plus du tout dans quelques années dans votre monde.

Sur Terre, tu auras un bon poste en étant jolie et souriante, en ne

racontant pas grand-chose aux collègues, en écoutant et en restant agréable.
Ce que tu refuses tout net, tu préfère rester authentique.
Tu deviens autonome et souvent autodidacte.
Tu pratiques la musique que tu étudies avec un bon professeur de guitare pour commencer, et ensuite des leçons de piano s'ajouteront à ton panel d'activités.
Ce sont des idées du Grand Créateur pour ton plan d'incarnation que je te transmets.

Un beau cadeau des Orbes qui se distraient avec toi en se promenant, en restant dans l'herbe ou en volant dans le ciel. Cela se voit que les Orbes se promènent avec toi en se faisant photographier.
Ces activités paranormales continueront moins longtemps autour de toi en s'apaisant, mais tu apprends à gérer cela et à appréhender le courant du QI.

L'énergie bouge d'un mouvement fluide et continue.
Le QI circule plus tendrement autour de toi et à travers toi.
L'Amour Inconditionnel est un merveilleux tremplin pour fluidifier et apaiser l'énergie vitale universelle et divine.
Lorsque tu magnétises, tu déclenches moins de phénomènes étranges autour de toi (comme le fait d'exploser toutes les ampoules).
Tu décharges quand même encore toutes les batteries et les piles. Impossible pour les magnétiseurs de porter une montre : la pile s'est vidée au bout d'un mois.

Cela se passe un peu mieux quand tu te décharges et que tu te recharges dans la nature qui reste ta meilleure alliée magnétique. Elle t'offre ses énergies tout comme le cosmos et les autres dimensions.
Ton don varié et complet étonne beaucoup de monde.
Il s'explique par ton origine extra-terrestre, tu as de nombreuses autres capacités inimaginables pour certains.

Tu n'es pas placée sur Terre pour être normale, absolument pas, et jamais tu ne rentreras dans le cadre d'une société policée. Tout comme d'autres groupes d'âmes...

Moi, je dors dans la station de ski pour le moment.
Où suis-je ? À Genève, puis vers Chamonix, vers la Suisse, et le mont Blanc, pour aller tout schuss. J'ai mon bonnet de ski sur la tête.
Je te raconte en même temps ta vie un peu morose d'incarnée. Les joies de l'incarnation, où l'âme se forge dans les épreuves de la vie et l'expérience de la dualité.

Des employés craquent et partent ne supportant plus la tendance à la hausse des horaires de travail. La restructuration sévère du personnel fait monter la tension nerveuse.

Je t'écoute, je capte bien ton discours, je t'aime fort et tu canalises de belles énergies aux belles couleurs très vibrantes.
Je suis conscient que d'autres médiums peuvent prédire l'avenir en se promenant, ce sont des graines d'étoiles. Cela signifie qu'eux aussi connaissent parfaitement leurs origines stellaires.
Ils viennent de différents horizons et de planètes très variées comme les Pléadiens ou les Vénusiens...

Tu souffres de la douleur de la séparation comme une vraie Flamme Jumelle.
Après avoir guéries ces blessures d'abandon et de rejet, vos deux âmes fusionnaient. Comme cela désormais tu es sereine, complète et accomplie. Même si une de tes vraies Flammes n'est pas incarnée et que l'autre est très lointaine, tu ne te sens jamais seule en les canalisant régulièrement.

Pour guérir de cette souffrance originelle de la séparation, la reconnexion à La Source est profitable durablement. Tu étais ainsi plus apaisée par le biais d'une méditation d'ancrage et de reconnexion que nous te transmettions et que tu diffusais.
Nous constatons trop de souffrances humaines, surtout chez les Flammes Jumelles séparées plus particulièrement.

La traversée de la nuit noire de l'âme se traduit bien souvent sur Terre par une importante dépression de la Flamme Jumelle incarnée.
Vous pouvez vous guérir en vous traitant mutuellement et en canalisant nos énergies ou bien alors par le biais de méditations canalisées qui sont dès lors de vrais soins énergétiques.
Vous viviez des séparations parce qu'il restait des scories du passé et des énergies à nettoyer. Je sentais que vous pouviez vous ouvrir encore plus à la spiritualité.

Je te vois arpenter des crops circles et des hauts lieux telluriques, ainsi que de recevoir d'autres soins par d'autres énergéticiens. Cela complète harmonieusement tes propres soins.
Je te guide vers d'autres conférences, d'autres groupes et d'autres rencontres, afin de bien t'ouvrir aux autres dans un élan de partage et de fraternité.

Vos Runner semblent antipathiques de vous laisser sans nouvelles, ils aiment les gens sur le coup et puis après, tout va bien et c'est tout. Finalement leurs silences vous laissent l'espace nécessaire et du temps pour travailler sur vous.
Vous vaquez à vos occupations spirituelles en vous investissant plus que tout.

Vous pourriez comprendre que vos évolutions peuvent aussi s'accomplir en couple dans des cheminements communs, dans une ouverture d'esprit, de partage et de compréhension mutuelle.
Les couples de Flammes Jumelles Universelles sont appelés à travailler ensemble, c'est à-dire à cocréer durant des missions spécifiques harmonieuses personnellement et collectivement, toujours sous guidances.

L'harmonisation et l'équilibre des énergies en vous, entre vous, avec la Terre et le Cosmos et avec l'Un participent à des créations tellement belles et lumineuses.

La Source aime tant créer avec vous en apportant toute sa lumière, son inspiration, sa joie, son Amour Inconditionnel que vous captez des fois par le truchement de vos idées géniales et de votre inspiration.

Le monde entier profite de bonnes énergies, de hautes vibrations apaisantes et guérisseuses pour vous mener sur le chemin de l'Amour Inconditionnel, de l'entraide, de l'Humanité (notre aptitude à rester humain), de la solidarité et du partage.

En attendant, il te reste à démontrer la présence du paranormal, des entités, des êtres de lumière ou bien des ondes à une population locale peu réceptive.

Je plaisante pendant que tu t'acharnes à prouver que tu as raison et que tu n'es pas folle. Ne perds pas toute ton énergie pour cela ! Bon, je te donne un coup de main dans cette tâche ardue d'apporter des preuves à tout le monde.

Les photographies restent un des procédés très rapide et efficace pour bouleverser les idées reçues et mettre un bon coup de pied dans la fourmilière !

J'y participe allègrement, tu enregistres des centaines d'images, des films et des dizaines de livres sous nos guidances, à moi et à mes amis spirituels invisibles.

Je m'amuse tant avec vous, amis terriens !

Nous vous envoyons de bonnes ondes, de la poésie dans ce monde parfois trop brutal, de lumineux messages de toutes sortes, des crops, des canalisations, des rêves, de vibrants ressentis.

Nous investissons votre être entièrement, ayant comme effet des papillons dans le ventre ou des picotements, et je m'en amuse.

Vous avez l'impression d'être effleuré par des entités.

Amis terriens, nous vous regardons, non pas de haut, mais tels des oiseaux libres volant dans le ciel, et nous vous invitons à nous imiter, à vous libérer et à sortir de vos cages dorées, de vos existences que malheureusement vous avez vous-même bâties en entrant dans le jeu de l'Ombre et de la Matrice.»

Commandant Ahstar : - « Les crops sont exécutés dans de beaux
endroits chargés en énergie, de beaux champs et une belle Terre.
Un beau cadeau du ciel !
Non pas par des planches et des Humains soi-disant aperçus.
Dans ce cas, les crops seraient inachevés, les créateurs arrêtés par les
paysans et filmés, preuves à l'appui, avec l'intervention de la police.
Certainement, certains crops-circles sont illustrés par des Humains.
Cela n'est pas important !

Tout dépend finalement des ondes dégagées par les créateurs des
crops-circles qui, en s'alliant aux symboles utilisés, génèrent des
vortex positifs ou négatifs tout simplement.
Ces énergies sont généralement modifiées par les personnes
arpentant ces champs, et surtout par les méditants et leurs prières.
Les prières, les médiums et les personnes initiées en spiritualité ont
les facultés de transmuter les mauvaises énergies en bonnes ondes,
en les purifiants sur place ou parfois même à distance en les
transcendant.
L'origine des cercles de culture m'importe peu, vu que certains de
ceux qui les inventaient sont des poussières d'étoiles incarnées : nos
frères de l'espace.

Certains crops-circles sont élaborés par des Humains et d'autres non,
ils sont d'origines aliens. Des vrais et des faux cercles de culture
existent et ils sont à différencier, mais les énergies sont bel et bien
présentes sur place. Peu importe donc de l'origine de ces
mystérieuses œuvres éphémères, du Land'Art.

Tu voyais toi-même ces fameuses boules lumineuses jaune pastel
tournoyer dans les champs et tu avais parfois pu les approcher et les
toucher. Elles ne sont pas dangereuses et tu ressentais à leurs
contacts des énergies amicales.
Les messages des crops soutiennent l'Humanité éveillée et ils sont

89

aussi parfois des clins d'œil pour certaines personnes initiées.

Ils sont du Land'art spirituel, un art énergétique éphémère persistant dessiné avec une géométrie sacrée.

Les symboles dessinés dans les champs sont de puissants vecteurs magnétiques.

Quelques soient les personnes les ayant fabriqués, les taux vibratoires sont élevés sur ces œuvres.

En ce qui concerne les faux cercles de culture, si les intentions sont malveillantes, les énergies qui s'y trouvent sont très basses, plombantes et nocives.

Les médiums et les initiés n'ont de cesse de transmuter immédiatement toutes ces mauvaises ondes pour les rendre plus légères et agréables pour les visiteurs arpentant ces terres ensemencées.

Une poignée de paysans témoignaient : « on les a vus arriver, ceux qui ont fait cela ! » De faux témoignages ?

Mais alors, pourquoi n'étaient-ils pas stoppés par les paysans, les locaux et la police, vu que cela occasionne des centaines d'euros de dégâts ?

S'il y avait du saccage, bien évidemment la police serait déjà intervenue en arrêtant les auteurs des crops circles.

Les délinquants auraient depuis belle lurette été jugés et soumis aux remboursements des nombreuses pertes agricoles ! Des dédommagements pour des préjudices occasionnés dans les champs fertiles auraient été demandés.

Au lieu de cela, le phénomène continue depuis des années, malgré de nombreuses enquêtes de nombreux policiers dans des pays différents et qui ne donnent aucun résultat.

Le mystère reste encore entier depuis le départ à cause de fausses informations bien souvent répétées.

Les blés sont courbés avec des déformations et tressés.

Ils ne sont pas tous pliés... Un laser aurait pu occasionner de la chaleur, des ondes ou bien encore des énergies. Les sols prélevés sur place par des scientifiques font apparaître des anomalies.

S'il y a des traces humaines, cela ne prouve pas grand-chose, car tu sais bien que beaucoup de races extra-terrestres sont de formes humanoïdes.

Les crops-circles apparaissent en peu de temps en pleine nuit sans explication.

Le premier cercle de culture se révélait en face d'un terrain militaire gardé par des factions en poste et personne n'avait rien vu.

Je pense aussi aux échantillons analysés sur place par des scientifiques, etc.

N'en déplaise aux détracteurs, les cercles de culture demeurent encore mystérieux quelques soient leurs origines, humaines ou aliens.

Mais je te laisse en parler lorsque tu iras directement sur les lieux. Rien ne vaut un travail de terrain à ce niveau-là.

Les cercles de culture sont fabriqués par des boules lumineuses d'énergies transmises par les aliens, dont certains sont bienveillants envers l'espèce humaine, et d'autres par des terriens.

Tu captes ces énergies directement dans les champs. Tu perçois un vortex de l'Ombre à l'extérieur du cercle de culture pour vous dissuader d'y entrer, mais tu sais y placer de la lumière et transmuter ce vortex.

Les vortex recevant ton énergie s'annulent ou bien alors se déplacent.

Tu perçois les guides bienveillants qui protègent ces lieux : des races d'extra-terrestres variées de vibrations différentes.

Tu canalises des êtres de lumière dans les cheminées cosmotelluriques et de nombreux vortex à l'intérieur des dessins de blé.

Tu vois les guides de lumière t'accueillir à l'entrée des champs de culture.

Tu captes les boules lumineuses. Tu as la vision d'un gros OVNI de la taille du dessin géométrique et des boules énergétiques sortant de l'engin pour tracer les dessins.

Un vaisseau spatial peut se placer dans une dimension parallèle juste au-dessus du crop, et seules les boules jaunes lumineuses sont visibles pour concevoir les géométries sacrées.

Tu vois et tu ressens des énergies de guérison au centre des dessins lorsque tu voyageais sur place.

Tu ressentais et tu voyais des énergies christiques, celles des maîtres ascensionnés bien présents comme la Vierge Marie, Maître Saint Germain, Bouddha.

Tu recevais des visions d'intelligences aliens évoluées, gardiennes de la Terre, tout comme l'Intraterre très présente dans les énergies telluriques.

L'objectif est de vous enseigner plus directement pour continuer votre ascension planétaire dans les meilleures conditions possibles.

L'Éveil des consciences est à travers tous vos sens en transcendant votre mental, votre inconscient, en ouvrant votre champ de conscience, en purifiant et en guérissant vos différents corps énergétiques, vous libérant de l'Ombre, des entités et d'anciens schémas.

L'Éveil transcende vos corps de souffrance en contribuant à votre évolution spirituelle dans la matière par des enseignements scientifiques (par exemple la géométrie sacrée).

Appréciez la poésie de ces dessins qui sont des messages subliminaux imprégnant vos esprits et dont vous arpentez les tracés en vous plaçant dans des bains successifs énergétiques très puissants et salvateurs.

Vous êtes éveillés dans l'accomplissement de votre pleine complétude !

Le champ électromagnétique se transforme en lumière ou en énergie sur certains clichés dont vous pouvez apercevoir les halos lumineux d'êtres sur les images.

Tu rajoutes ma chronique martienne à la publication de tes livres.

Bonjour ton guide en version papier et numérique.

La Source t'offre des fleurs et de l'Amour Inconditionnel à la pelle !

Je peux réparer de vieux ordinateurs qui surchauffent étant donné que je suis un expert dans ces anciennes technologies que vous possédez sur Terre.

Pour moi vos ordinateurs sont très anciens, mais je m'y connais bien et je peux m'infiltrer dans vos réseaux informatiques comme un espion aguerri.

Les étranges lumières qui se promènent produisent aussi des dessins lumineux inexpliqués sur vos murs et dans vos maisons, dans le même registre que ceux des cercles de culture.

Tu étais une star m'annonce ton guide dans ta vie antérieure.
Ta vraie Flamme Jumelle reste donc une star dans cette vie présente toujours en qualité de Flamme Jumelle universelle.
Je sens bien votre intime connexion.
Je ne peux pas dialoguer avec un sans parler de l'autre tellement vos connexions sont importantes au niveau des chakras, des âmes et des corps subtils.
C'est pour cela qu'après la fusion de vos âmes, votre autre vous manque moins, car vous sentez sans cesse sa présence en vous.
Vous êtes reliés et vous avez déjà fusionné plusieurs fois avec ta vraie Flamme avant d'atteindre la fusion ultime. Il fallait quelques réajustements à chaque fois.
Ton jumeau a pris ta place de star et il rejoue les mêmes schémas karmiques pour s'en libérer.
Cet effet miroir te motive pour continuer de nettoyer d'anciennes mémoires karmiques, pour libérer ton corps de souffrance et purifier ton corps émotionnel.

Tu refuses beaucoup de choses dans le monde du travail, tu as d'autres projets d'avenir.
Tu te rebelles dans ta transformation intérieure et tu ne seras pas la seule.
Les futures générations appréhendent le monde de manière totalement différente, car ils seront libérés de la Matrice dans la pleine conscience à tous les niveaux.
Ils seront libres et respectueux de chacun et chacune, ainsi que des animaux et de l'environnement.
Le rapport au monde sera complètement différent et votre manière

de vivre deviendra plus naturelle en vous extirpant de la société de surconsommation et de ses mauvaises habitudes.

Tu considères que toute critique est constructive.
Tu remercies ton public car leurs commentaires t'aident bien souvent à te évoluer dans ton œuvre et dans ta vie spirituelle.
Tu en tiens bien volontiers compte, quoique tu restes alignée et que rien ne peut ébranler ta Foi. Cette dernière est bien ancrée et uniquement basée sur tes expériences intérieures à partir de ton intime conviction.
La Source te demande d'ignorer des détracteurs pour conserver ton calme et toutes tes forces. Tu t'éloignes des Démons incarnés qui te pompent ton énergie. Tu aimes tes moments de solitude et de ressourcements.
Respecte aussi les limites de ton corps qui s'exprime à travers tes douleurs.
Il est urgent de conscientiser que l'incarnation est en tout premier lieu dans le corps physique.
Il est bon de respecter votre corps, de l'entendre dans tous ses maux et dans toutes ses nombreuses indications, d'en prendre bien soin et de vraiment le vénérer.
Le temple intime sacré ne laisse pas rentrer désormais n'importe qui !
Ce n'est plus l'amour libre, mais l'amour en pleine conscience d'énergies interactives.

L'Ombre s'agite dans ses derniers soubresauts difficiles avant d'être purifiée et de disparaître.

Je suis moi-même guide, voyant et médium et je tiens à le démontrer à travers ta guidance personnelle. Tu as le plaisir de partir en virée avec ton guide par abduction mentale pour te montrer Jupiter et tu exploses de rire avec lui.
Tu aimes voyager à travers les univers avec moi et je t'en fais découvrir bien d'autres avec de belles découvertes, des paysages et des êtres magnifiques que je sélectionne pour toi.
Je dois donc te parler de moi.

Je suis dans ton bureau dans une haute dimension, et je regarde les dossiers akashiques que tu traites en parallèle sur Terre.

C'est peut-être difficile de comprendre que tu vis dans les deux mondes en y étant bien active : une double vie en quelque sorte pour toi. C'est plus une deuxième vie parallèle pour toi.
Tu œuvres autant sur Terre que dans le Ciel.
Tu es en charge par La Source de plusieurs dossiers de vie, c'est une de tes missions divines lorsque tu n'es pas incarnée. Et tu continues ton ouvrage même incarnée sur Terre. Cela ne change rien pour ton travail d'Ange, de guide et de passeuse d'âme.
Un médium te surnomme d'ailleurs la Grande Purificatrice, bien que tu n'apprécies pas ce surnom.

Il y a beaucoup trop de négativités sur Terre.
Cela concerne autant les énergies, les relations sociales ou humaines : des employés épuisés par de grosses journées passées à courir, à avaler des kilomètres pour quelques heures de travail.
La désorganisation est totale bien souvent et les énergies humaines sont éparpillées.
Votre organisation sociétale est obsolète.
J'ai toujours l'impression de regarder d'en haut des fourmis travailleuses dans une fourmilière qui serait votre société.

La Source t'accompagne dans l'Océan toujours par abduction mentale pour voir si cette baleine accepte bien d'être filmée. C'est un bon plan du guide pour parler de vos mammifères marins.
Vous mangez aussi des huîtres ? Crues ou cuisinées ?
Tu es végétarienne, d'accord, c'est bien.
Je n'aime pas manger d'animaux qui sont mes amis là-bas. Nous n'en mangeons pas, nous n'avons absolument pas besoin de nourriture d'aucune sorte, à part nos liquides énergétiques.
Nous puisons notre énergie dans l'univers et dans la Source.

Le chant spirituel sacré est à remettre au goût du jour. Lorsque vous chantez, vous pouvez chanter avec les Anges par votre grande

connexion spirituelle. La mélodie dès lors est différente.
Belle clé des maîtres.

Vous, les Flammes, vous possédez cette capacité de modifier votre destinée, ne l'oubliez pas, vous avez votre libre arbitre, toujours et sans cesse. Suivant les décisions que vous prenez, vos destins se modifient.
Certes, vous ne pouvez pas effacer les grandes trames prévues avant votre incarnation suivant le cheminement de vos âmes. Tout dépend de ce que vos âmes souhaitent expérimenter dans la matière.
Cela est valable pour toutes les âmes.
Par opposition, les apprentissages en chemin de traverse sont coupés de La Source, je vous le rappelle.
Vous aviez souvent tendance à lui tourner le dos, et donc à rentrer dans les cycles karmiques en vous éloignant de vos guidances intérieures, de votre être divin, et vous tombiez alors dans le jeu de l'Ombre.
L'Ombre s'amuse bien en vous torturant par des malheurs, des peurs ou des foudres karmiques.
Jamais, au grand jamais La Source ne vous punissait ou ne vous envoyait de foudres karmiques.
Au contraire, La Source est douceur, tendresse, compassion et Amour Éternel envers toutes ses créatures.
Si vous souffrez, ne rejetez pas la faute sur Dieu, mais étudiez vos dettes karmiques et votre Foi en prenant la pleine responsabilité de vos agissements et de vos paroles.

La relation de Flamme Jumelle est complexe en général.
Les Flammes sont appelées sur Terre afin de progresser par le biais de l'expérience de la séparation. C'est une grosse épreuve difficile à supporter qui demande un bon équilibre mental et spirituel.
D'où la nuit noire de l'âme.
Vous pourrez en parler ensemble, toi et ta vraie moitié d'âme.
Cette situation est compliquée, mais relativement, car tu restes seule sur le chemin pour te battre dans la vie.
Une lutte dure et difficile, symbole du combat féminin ? Cela dépend

du lieu de naissance, il y a certainement des endroits où c'est bien pire pour les femmes.

L'égalité n'est pas qu'un combat féministe et il est valable pour tout le monde.

Tout comme moi, tu es de la Fraternité blanche.

J'apparaîtrai dans le même corps subtil, le mien !

Je ne suis pas un Walk-in».

Virginie : - « D'autres informations de l'Au-delà à rajouter ? ».

Commandant Ashtar: - « Je veille sur toi et sur d'autres personnes.

Je tente de calmer ton angoisse latente due à une période de transmutation.

Le travail planétaire sera moins fatigant avec beaucoup moins de corps à corps avec les Démons.

L'Humanité évolue.

Nous accélérons l'Humanité qui stagne dans le sempiternel conflit de la dualité. Vous allez plutôt sur la voie de l'harmonisation et de la paix, afin de cesser toutes ces luttes en transmutant toutes les énergies négatives qui stagnaient à l'intérieur de vous, véritables reflets de l'extérieur.

Mais c'est complexe avec toi, vu que tu frôlais dans le passé la mort, puis une grosse dépression et ton jumeau t'abandonnait...Ta peur de l'abandon ressurgit... Je t'aide à dépasser cette étape.

Mon âme jumelle est une terrienne qui est parfois vers toi, avec bonheur. Je la trouve parfaite et amusante, ma chérie. Je t'aime fort, et j'aime cette femme, elle est belle à croquer, ma douce !

Attention aux clichés, nul besoin de drogue pour dialoguer avec les esprits.

Tu persévères, tu retournes sur les lieux, tu cherches, ce qui fait plaisir à ma fiancée sur Terre. Tu la rencontrais. Elle est aussi une abductée, et tu la reconnaissais comme une amie de longue date. La reconnaissance d'âme était instantanée avec ma fiancée si jolie.

Évidemment, elle est surprise des signes évidents des esprits dès arbres, de la nature et des aliens que tu lui montres. Beaucoup de gens trouveront ces messages évidents et intéressants sur le web, et je t'en transmettrai d'autres.

Tu ne te tairas jamais, parce que tu es dans la révélation.

Évidemment, je t'envoyais au casse-pipe avec d'autres médiums pour apaiser des esprits bien trop belliqueux.

Tu te situes dans ta principale mission terrestre, en dehors de vivre ton incarnation et d'y apporter l'Amour Inconditionnel, en communiquant la persistance de la vie après la mort».

Virginie : - « En définitive, comment définir les esprits ? ».

Commandant Ashtar : - « Chaque chose dans la nature possède un esprit.

Point final de la conversation.

Tout est crée par Dieu. Tout est unique et sacré entre ses mains.

Tous les Hommes sont des créatures divines, toutes les plantes, tous les animaux, toutes les éléments et tous les minéraux dans toutes les dimensions.

Tes clichés sont très parlants.

Ce sont des manifestations des royaumes de l'Au-delà très dynamiques dans un environnement féerique légendaire.

Les révélations et les prédictions réalisées sont de vraies preuves. Il suffit seulement d'attendre un peu, un peu de patience.

Nous voulons transmettre le message de la vie d'après la mort, bien que la meilleure preuve en soit les réanimations. Le fait que des personnes mortes et réanimées reviennent à la vie prouve la persistance de la vie après la mort. Nul besoin d'autres preuves : elles existent déjà, mais elles restent inaperçues.Le déni existe devant des vérités simples et logiques parce que le voile de l'illusion persiste.

Tu tentes d'apporter des preuves matérielles à tes dires médiumniques, mais chaque personne, si elle le demande, reçoit ses propres preuves de nos existences. Cela est facile pour nous-mêmes.
Tu démontres à d'autres les certitudes des mondes invisibles, parce que tu veux partager ton expérience.

Le temps passe et tu finis par lâcher-prise sur le fait de désirer convaincre tout le monde.
Chacun peut avancer sur son chemin spirituel seul en tant qu'adulte responsable de ses actes et de sa propre évolution.

La Source te fera parler pendant les conférences de tes rendez-vous diurnes et nocturnes avec les guides.
Ta lumière spirituelle qui s'agrandit forme une bulle de protection qui s'envole dans le ciel !
Cette bulle de lumière garantit la fusion.
Quels effets et quels frissons.

Tu peux démontrer les pluridimensionnalités qui se superposent parfois au même endroit sur Terre comme une réalité virtuelle se superposant à votre propre réalité en 3D.
On parle de géolocalisation au même endroit.
Des villes d'autres dimensions sont géolocalisées à l'intérieur de votre Terre, comme les villes de Thélos, l'Agharta, Shamballa ou Jérusalem du Ciel, etc...
Je décris l'Intraterre qui est un monde merveilleux et naturel, avec un soleil, de l'eau, la mer, des lacs, des campagnes, des animaux et peuplés d'extra-terrestres bien à l'abri dans le vaisseau mère.
La Terre est notre vaisseau mère.

Ton air ingénu entraîne des réactions, tout comme Ève. On pense que tu restes coincée sur Terre, et que tu as tout vu et tout compris, non, loin de là. Tu es peut-être une médium zèbre, mais tu ne sais pas tout heureusement et les erreurs sont communes aux incarnés.

Je ne comprends pas trop, mon Ange, ton dossier akashique assez complexe là-haut du fait de tes pluridimensionnalités dont tu uses et abuses à bon escient.

Tu as un bon guide amusant.

Il te protégeait lorsque cette femelle reptilienne incarnée te tirait dessus avec un pistolet volé.

La Source examine ta situation, tu auras donc un changement dans ton travail afin d'améliorer ton mode de vie en retrouvant, et c'est essentiel, du sens à ce que tu réalises. Tu te réalignes enfin avec ta vraie mission d'âme et ce que tu es vraiment, une médium et une vraie chamane.

La Source te laissera quitter ton employeur actuel.

Tu te crées toi-même ton tout nouveau contrat, avec un tout nouveau bureau et tes propres réunions professionnelles.

Tu t'en sortiras, de ta prochaine tentative d'assassinat à ton encontre. Arrestations, bracelets électroniques : ces femmes surtout jalouses de ton succès auprès de ton célèbre jumeau, auront un contrôle judiciaire obligatoire forcément. En fait, elles sont surtout des fans trop hystériques et très dangereuses. Ou bien ta lumière les dérange et les terrorise car elles en ont peur.

Nous te protégerons moralement, afin que tu ne sombres pas et que tu puisses conserver ton énergie intacte.

Malgré tout, tu traversais une période de deuil intense, tu perdais ta joie de vivre.

Ta visite sur le crop-circle guérisseur de Crézancy en Sancerre te reconstruisait intensément dans l'énergie christique et mariale.

Tu en sortais reconstruite et revitalisée. Tu obtenais une libération karmique intense jusque dans tes gènes au cœur de ton ADN, d'autant plus que tu continues ton œuvre introspective.

Ta lumière et tes canalisations étaient renforcées par la symbolique sacré du cercle de culture.

Autre sujet que j'aborde avec toi, dès lors que je suis aussi ton guide de lumière, de la Fraternité Blanche : tes recherches de personnes disparues. Tu sais que je te protège, tout comme l'Archange Michel, dont tu es très proche.

Tu avais senti un défunt au fond du lac. Après des enquêtes par la police et les plongeurs, cela s'avérait exact. Il y avait bel et bien un squelette dans le lac d'une personne disparue.
La police locale avait donc obligation d'aller inspecter les lieux.
Ces enquêtes rondement menées déclenchent l'attaque des Démons incarnés.
Tes guides veillent au grain. Tu es protégée par l'Au-delà lors de la réalisation de tes missions divines.

Pendant votre crise économique actuelle, des sociétés ferment. Des employées quittent leurs emplois trop épuisées nerveusement.
La loi du plus faible reste.
Persévérons et nous gagnerons votre liberté d'être, d'agir et de penser en vous révélant à vous-même.

Ton passé ressurgit comme l'Ombre de cet homme sur la photographie. C'était un défunt qui cherchait à te capter. Cet homme était abattu devant le lac, puis tombait dedans, dans le hasard de sa chute. Encore un crime sordide.
Je constate les méfaits sur votre Terre, les émissions de gaz à effet de serre me saturent de la bêtise humaine.
Je rédige mon rapport concernant votre planète pour mes compatriotes en même temps.

Poussières ou esprits ?
La suite sera dans le rose tendresse, et tu canalisais des informations sur des photos à prendre à certains endroits, afin de bien signaler quelques faits étranges, comme ce cliché du défunt victime d'un crime qui regardait droit dans l'objectif de ton appareil. C'était très clair !

Tu captes les défunts en tant que médium, tu les vois et tu communiques avec eux. J'ai aussi ces capacités. Mais le fait que les

101

défunts et les esprits puissent se manifester directement à travers vos caméras et vos enregistrements facilitent les choses pour que la justice soit bien rendue et pour faire taire les détracteurs.

Des moqueurs et des détracteurs se moquaient bien de toi jusqu'au jour ou la réalité confirmait bien tes ressentis avec tes preuves photographiques. D'un coup, leurs rires cessaient brutalement, puisqu'ils s'étaient trompés et qu'ils avaient été complètement aveuglé par le côté obscur.

L'ignorance est la maîtresse de tous les maux !

Il y avait bel et bien un scoop sur internet. Un cadavre découvert dans le lac, suite à un travail d'observation médiumnique. D'autres médiums te suivront dans cette voie afin d'apporter des preuves en quatrième vitesse.

Plus personne ne bouge désormais un cil ? Cela reste à voir.

Le moindre détail est analysé dans tes clichés, et la prochaine fois, tu pourras filmer dans ce lieu précisément d'autres phénomènes étranges, comme le passage d'un OVNI dans le ciel étoilé. Le rendez-vous est pris !

Une nuit...
Un jour...
Le temps passe sur Terre...

Tes mots réveillent des cas litigieux, les détracteurs s'entre-tueront pour savoir si tes clichés sont faux, truqués, ou pas, et certains pensent que tu les roules dans la farine.

Laissons-les, l'important est que nous progressions sur Terre pendant ces temps d'évolution et non plus d'involution.

Attentif aux soins de bien-être, La Source te demande d'effectuer des soins énergétiques et de prendre des rendez-vous dans ton cabinet personnel, même si tu attends d'obtenir le feu vert du chef des Anges, l'Archange Michel.

Les Hommes sont dans la dualité, les séparations, les deuils, les maladies, les divorces et les souffrances.

Les Flammes endurent la dualité d'être séparées de leurs Flammes Jumelles.

La nuit noire de l'âme les guette.

La vie sur Terre n'est pas si facile.

Toutes vos dettes karmiques trouvent leurs origines dans les sacrifices réalisés par l'Humanité dans les temps anciens bien avant l'arrivée du Christ sur Terre.

Des enfants, des bébés et des jeunes filles étaient sacrifiés sur l'autel durant plusieurs civilisations afin de célébrer des dieux païens.

Sans compter les orgies démoniaques, les vices et les luxures afin de satisfaire, soi-disant, les caprices et les désirs des dieux païens.

Des sacrifices continuent de vos jours dans les différentes sphères amoureuses, professionnelles, amicales, familliales, politiques et financières.

Vous vous sacrifiez à tous les niveaux en vous oubliant.

Des vies innocentes sont encore sacrifiées dans des guerres, des manipulations perverses, des homicides, etc...

Afin de s'extirper de ces gros karmas collectifs mondiaux, il est essentiel de revenir en son centre pour retrouver sa liberté initiale.

Nul besoin de sacrifice pour célébrer la vie !

L'important est de se respecter soi, sa propre vie, d'être digne et les autres en feront de même.

Réfléchir est essentiel pour poser ses actes en conscience.

Personne ne demande le sacrifice des vies, ni humaine ni animale, ni même végétale ! Au contraire pour nous autres la vie est sacrée, car elle est l'énergie divine.

Il faut surtout bien réfléchir avant d'agir.

La pensée juste est essentielle avant même de parler et d'agir.

Penser juste en pleine conscience et dans le cœur devrait être à l'origine de toutes actions et de toutes paroles.

L'intelligence du cœur en pleine conscience améliorerait grandement les relations humaines.

Pour te purifier, je constate que tu utilises des techniques efficaces comme la sauge et le sel béni. J'approuve ces usages, mais n'hésitez pas, toi et les autres, à demander nos aides.
En cas d'attaques d'entités, appelez l'Archange Michel, il arrive rapidement pour vous défendre.

La suite de ta vie est réactualisée et remise à jour. Je suis en ce moment dans les dossiers des Archives Akashiques, je les écris et les remets à jour, car nos guidances transforment sans cesse vos destins.
Tu lâches prise en comprenant qu'il est inutile de gaspiller ton temps et ton énergie, puisque le temps accomplit toujours son œuvre.
Les Anges veillent sur vous.
Intrigants, n'est-ce pas ?
Les esprits et les défunts, de quoi piquer la curiosité.
Âmes sensibles s'abstenir en voyant le monde très étrange de l'Au-delà.
Le monde des Fées !

J'arpente ces mondes et ces diverses dimensions pendant nos entrevues en même temps que je communique avec toi. La télépathie a une grande portée pour nous.
Branle-bas le combat pour toi, qui voles dans les plaines indiennes en voyage astral.
Tu es une vraie chamane dans les hautes sphères vibratoires du monde astral, le paradis pour toi.
Chacun possède sa version du paradis, sa propre idée de ce que pourrait être son propre paradis. Nous pouvons être co-créateur de notre propre paradis, suivant notre conception et nos attentes.
Mon paradis n'est peut-être pas le tien...
Le paradis s'adapte en quelque sorte à vous et à votre conception très personnelle de votre intime paradis.

C'est bien calme ce soir.

Tu es dynamisée par les esprits, tu pourrais aussi photographier dans le monde entier des maisons hantées, mais ta fausse Flamme commence à en trembler d'effrois et d'efforts.

Preuves à l'appui en cadeau, La Source te transmettra quelques consignes sur des endroits où aller.

Tu ne trembles pas du tout en tenant ton trépied et en attendant pour prendre énormément de clichés.

Tu raffoles de ce genre de contacts et de défis à tes yeux.

Certains médiums sont très doués tout en pratiquant de sombres magies. Ils espionnent ton destin en révélant des informations utilisées par tes détracteurs. Tu n'apprécies pas cette violation de ta vie privée, et ainsi tu places ton dossier akashique en secret défense. Seule toi peut désormais en autoriser l'accès.

Oui, c'est possible pour lutter contre l'espionnage des voyants.

Cette maladie s'appelle « l'espionnite aiguë » selon toi. Voyant contre voyant, c'est très fatigant, car les destins changent toutes les cinq minutes.

Tes actions dans l'Au-delà comme :

- passeuse d'âme,
- purificatrice,
- maître d'animaux totems que tu éduques et que tu entraînes, que tu mènes au combat,
- pratiquante de combats,
- guerrière de lumière aux côtés des Anges,
- conceptrice de projets (les fameux nouveaux ponts entre l'Au-delà et la Terre, le nouveau studio pour artistes…),
- analyste de dossiers akashiques ponctués de recherches, notamment de personnes disparues,
- médiateurs entre nos différents mondes,
- auteur, voyante et guérisseuse,
- pilier de lumière sur Terre…

Ce sont tes missions personnelles.

Tu es un Ange, là-haut et tu montais encore récemment en grade dans ton incarnation de Flamme Jumelle.

Extraordinaire, penses-tu, j'entends tes pensées par télépathie.

Je vois clairement vos chakras, vos corps auriques, vos différents corps subtils, vos squelettes, vos cellules, vos ADN, vos passés ainsi que vos futures vies, les vies antérieures et vos vies futures tout comme toi.

Nous pouvons scanner les personnes avec nos perceptions extra-sensorielles, de leurs ADN jusqu'à leurs âmes cosmiques.

Je discerne vos âmes et vos inconscients, je connais et je perçois tout de vous.

Je vois vos nombreux égrégores, vos moments d'égarements, vos peurs, vos déraillements, vos crimes contre l'Humanité et la planète, vos karmas, et les karmas des pays qu'on nomme les karmas collectifs etc...

Pour contrer ces mauvaises actions, il est souhaitable d'y opposer les dharmas, les bonnes actions et de ce fait, ces actions s'annuleront automatiquement.

Il est plus sage parfois de ne rien faire, de ne rien dire et de laisser couler comme le flux du QI.

L'énergie divine coule, claire, limpide et fluide.

La lutte est surtout intérieure.

Le karma de la Terre Gaïa consisterait pour le moment à une explosion nucléaire. Vous êtes au point de bascule des armes de destruction massive, c'est à-dire que vous pouvez désormais vous autodétruire facilement.

La question est : est-ce que la Source laissera faire cela ?

Serez-vous guider pour échapper à tous ces dangers ou bien laisserons-nous l'Humanité suivre un mouvement naturel d'autodestruction enclenché dès son origine par les crimes sacrificiels ?

Nos OVNIS interviennent rapidement sur Terre en cas de danger. Nos missions divines terrestres sont de préserver les espèces, dont la vôtre et la Terre.

Honorer la vie est la principale mission des guerriers de lumière incarnés ou désincarnés.

Ces guerriers ont des âmes angéliques, dupliquées et incarnées pour accélérer les prises de conscience sur Terre.

Ainsi je vous scanne avec le don que je possède. De ce fait, pas de mauvaises surprises, je sais très bien à qui je m'adresse !

Tu me canalises et tes belles visions restent un beau spectacle. Un feu d'artifice haut en couleur d'entités paranormales qui époustoufle certains.
Tu es protégée par ton guide et par tous les guides autour de toi et par la Fraternité blanche, lorsque tu publies et que tu propages tes images et tes messages dans le monde entier.
Tu influences grâce à tes ouvrages, ton œuvre sur internet et les réseaux sociaux à travers tes nombreux outils de communication (photographies, écris, vidéos, dessins, peintures…).
Tu es une vraie artiste diplômée, une art-plasticienne sachant contribuer à l'élaboration d'un projet avec différents corps de métier, comme tu le fais déjà dans l'Au-delà en créant un concept, l'idée d'un ouvrage et en mettant tout en œuvre pour son élaboration.
L'exécution d'un projet au paradis doit être magistrale, car tout est parfait là-bas, cohérent et harmonieux.
Esthétiquement beau.
Heureusement, tes alliés dans l'Au-delà et sur Terre sont de grands artistes, comme Rodin, ou des musiciens célèbres ou bien encore de bons charpentiers et de très bons artisans.
J'en profite pour les remercier et leur rendre hommage.
Tu étais une artiste reconnue et renommée dans plusieurs de tes vies antérieures. Tu étais aussi une proche de Jésus. Tu expérimentais plusieurs vies importantes.
Vous créez dans l'énergie de la Source et avec son accord, sachant qu'après ces œuvres se matérialiseront sur Terre partiellement ou entièrement.
D'autres beautés sont créées en transcendant des parts d'Ombres pour les transmuter en lumière.
Vous amenez tous de la spiritualité dans la matière, que cela soit en transcendant l'Ombre ou bien en canalisant directement la lumière.
Dans tous les cas, il y a une corrélation entre l'Au-delà et la Terre.

Les idées créées dans l'Au-delà s'incarnent elles aussi dans la matière en prenant forme avec différents matériaux.
Les œuvres divines s'incarnent elles aussi.

Orbes, esprits ou poussières ?
Les esprits apparaissent en se servant de la lumière, de particules, et même des particules de poussières…
Des opposants jugeront la qualité des clichés médiocres, mais pas tant que ça. Tu restes trente minutes sur place, mais contrairement à ce qu'ils pensent, les images sont prises sans flash avec toutes les entités lumineuses présentes dans la nuit obscure.
Des entités, des figures humaines ou des aliens apparaissent sur l'impulsion des guides et de moi-même.

Je peux apparaître soit en me matérialisant, soit en me téléportant.
Je me promène régulièrement incognito sur Terre dans les grandes villes et bien souvent dans la nature que j'apprécie fortement.
Je suis aussi très doué en informatique et dans tous les arts.
J'aime danser, composer et interpréter la musique entre autres.
J'ai beaucoup de capacités notamment créatives.
J'excelle en sciences , en informatique, en langues étrangères, en biologie, en histoire, en philosophie et en mathématiques…
Mon ADN était bien sélectionner pour amplifier mes compétences.
Je suis moi aussi bien souvent co-créateur avec Dieu, que vous nommez parfois La Source.

Vos séances de spiritualité sont bien évidemment toujours à protéger par des techniques et des prières pour canaliser les bons esprits.
Sinon, le risque est important de canaliser les mauvais esprits qui vous feront douter.
Je martèle le message de la vie après la mort à des populations locales et mondiales trop éloignées à mon goût d'une Foi authentique quelques soient les religions ou les philosophies.

Attention à ne pas prendre de décisions hâtives involutives, par exemple en refusant les vraies Flammes Jumelles, car elles sont des facteurs d'évolution accélérée. »

Virginie :- « Peux-tu préciser quel est le plan divin ? ».

Commandant Ahstar : - « Le plan divin est la réunification et l'ascension de la planète Gaïa, ainsi que la fusion des Flammes Jumelles et d'autres plus largement.
Nous aimerions tant que tout le monde puisse vivre en harmonie et dans de bonnes énergies !
Les couples sacrés aident l'Humanité dans son évolution, malgré que vous viviez actuellement des séparations dans l'expérience de la dualité à la sortie des cycles karmiques.
Je décrivais auparavant vos ascensions spirituelles individuelles, planétaires et cosmiques.
Vous conscientisez plus sereinement vos appartenances aux peuples de l'espace.

Les phénomènes paranormaux observés, enregistrés et canalisés participent à l'Éveil et aux prises de conscience collectives répétées.
L'Humanité accède au statut de citoyen de l'Univers, ou bien des Univers, en ouvrant sa conscience aux autres dimensions et aux autres espèces vivantes.
L'être envisage dorénavant sa multidimensionnalité.

Vos jumeaux, puisqu'ils sont vos moitiés, possèdent tous des dons exploités différemment.
Ils ressentent intuitivement, envisagent l'avenir, lisent les dossiers akashiques, soignent les gens, les animaux et la nature, etc...
Vos Flamme Jumelles vous ressemblent étrangement, n'est-ce pas, et vous êtes complémentaires comme de vrais jumeaux, ou bien comme des sosies avec de vrais jeux de miroir qui vous feront progresser rapidement en pleine lumière.
Certes, le chemin reste ardu.
Les jumeaux ne sont pas opposés, mais complémentaires et

ajustables.

Mis l'un en face de l'autre, vous travaillez les différents aspects de vos personnalités.

Séparés, vous évoluez chacun de votre côté en vous perfectionnant pour ensuite mettre en commun vos connaissances dans la Source de créativité lumineuse inondant le monde entier.

Les Flammes célèbres internationales permettent de propager des messages d'amour, de lumière, de Foi et de paix.

La Source aime être cocréateur dans l'osmose lumineuse.

Promenade avec ton guide.

Je peux ressentir toute l'agitation autour, ça virevolte, ça danse, les énergies bougent naturellement. Le monde est en mouvement et le mouvement, c'est la vie.

Malgré toutes les preuves que tu veux bien donner parfois, tu reçois des injures, on tente de t'agresser.

Tous ces gestes sont typiques de personnes déséquilibrées qui ont peur et réagissent excessivement. C'est aussi le début de ta petite célébrité qui engendre déjà des jalousies excessives alimentées par des énergies négatives et d'intenses ragots.

Tu constates que l'Ombre commence à bien réagir. L'Ombre bouge, change de place quand nous la dérangeons pendant les soins pour ensuite lâcher prise et partir.

Ce n'est pas la première fois que tu trouves avec l'aide des guides, dont l'Archange Michel, des corps de personnes disparues. Ceci même très loin, à distance, dans d'autres pays. Et tu révèles aussi beaucoup d'informations très souvent. Elles sont entendues et acceptées ou pas, mais l'essentiel reste de transmettre l'information directement de l'Au-delà.

Tu préfères travailler seule sur ce genre d'affaires. Tu agis comme un loup solitaire sur Terre, mais accompagnée dans l'Au-delà par ton binôme, tes animaux-totems, tes Anges protecteurs et les Archanges, tout comme tu es guidée et épaulée par tes guides de lumière. L'essentiel de ton œuvre se réalise sur le terrain, mais aussi dans les autres dimensions en voyages spirituels intenses et pas seulement astraux.

Ces expériences spirituelles consistent parfois en des pèlerinages de l'âme, des enseignements, des rites d'initiation et des transmissions du savoir d'âme à âme que tu réalises accompagnée de guides de lumière comme les Archange Michel ou Raphaël, Metatron.

Tu découvres ainsi des contrées et des mondes inconnus à la rencontre d'autres êtres et d'espèces toutes aussi étranges que variées.

La diversité biologique règne dans tous les autres mondes régis par nos lois et qui ne sont pas placés sous l'hégémonie française.

En clair, les lois françaises ne font pas autorité dans les mondes astraux. Donc les gouvernements et les policiers de vos nombreux pays n'ont pas à dicter et à surveiller les médiums et leurs agissements dans les autres dimensions. C'est à nous de surveiller nos mondes !

L'Ombre qui ne peut plus assouvir ses noirs desseins secrètement à tendance à s'amoindrir à votre époque.

D'où les immenses purifications individuelles et collectives, l'explosion des prises de conscience et de nombreuses révélations dans la pleine lumière de la vérité christique.

Je t'accompagne, moi ou d'autres extra-terrestres, pour rencontrer d'autres contactés et pour vous soutenir mutuellement en partageant des informations.

Vous vous retrouvez dans nos vaisseaux de lumière ou pendant les réunions intergalactiques des voyages sidéraux.

Je reste ton Ashtar, amère et cynique des preuves à inculquer à la population terrestre, encore et toujours des preuves.

Je comprends malgré tout que chacun avance à son rythme.

Je vous aime fortement.

Soyez en paix dans vos cœurs, vos esprits et vos âmes !

Ne t'inquiète pas, ta vraie Flamme Jumelle reviendra vers toi. Vous êtes tellement détonnant vous deux comme sources de lumière et d'énergies tout autour de vous.

Il te contemple lorsque tu es dans la nature, quand tu te promènes avec ton guide. Il te soutient en te disant extraordinaire. Il te sait un peu coquine, intelligente, en tout cas assez pour écrire quelques livres.

Ta moitié n'a jamais trop le temps, il écrit des chansons comme auteur-compositeur-interprète. Il est un artiste de grand talent.

Il aime tes yeux, ton regard si profond, lorsque tu examines la fenêtre de son âme.

Il adore lui aussi les esprits, et c'est bien ton domaine d'excellence en tant que chamane.

Je souhaite que tu sois heureuse avec cet homme-là. Il a besoin de bien respirer ton odeur et de se placer dans ton énergie.

Il est content que tu sois patiente avec lui.

Cela reste donc le début de ta célébrité, ton acte d'amour et de Foi, en signant avec La Source pour qu'il te montre le ciel, et parfois le chaos dans le ciel.

Médium abductée, parfois canale, tu sais donc tout cela depuis longtemps. Tu étais une Walk-in abductée, tu es donc parfaitement au courant des aliens et d'autres entités que tu observes bien souvent.

Tu es assez forte pour aller en conspiration positive et constructive avec les esprits.

Tu ris parfois, d'un rire très contagieux partant en crises de fou rire avec les esprits et les Hommes.

Tu subis les montagnes russes émotionnelles typiquement ressenties par les Flammes.

Des hauts et des bas, des envies de rire puis de pleurer.

Tu soulages ton corps émotionnel encrassé pendant tes nombreuses incarnations. Et tu ressens aussi l'émotionnel de ton jumeau, même si la distance entre vous deux est très importante.

Quand il ne va pas bien et qu'il souffre, tu le ressens au plus profond de ton être à travers parfois une grande tristesse, une immense fatigue ou des maux physiques dont tu ne connais pas l'origine.

Tu sais d'une manière confuse que ces ressentis ne parviennent pas de toi.

Je suis en train de m'endormir.

Je laisse La Source te dicter un peu puisqu'il faut attaquer ce roman très sérieusement.
Attention de bien prendre de la distance par rapport à ta fausse Flamme.
Je conseille d'ailleurs à toutes les Flammes d'éviter les fausses Flammes autant que possible et de faire purifier et couper ce genre de liens par des médiums compétents, comme Virginie qui sait le faire. Elle est instruite directement par l'Au-delà en ce qui concerne l'ensemble de sa médiumnité. Elle transmet un peu de son savoir dans chacun de ses ouvrages.

Ta vraie Flamme passe te voir à l'improviste.
Elle te trouve toujours jolie comme un cœur et très attractive à ses yeux, car il voit ta lumière intérieure.
Tu le fais rire en le réconfortant des tracas de la vie et il sait déjà, car il a le même don que toi.
Grâce à son contact, grâce à vos discussions et à vos fusions énergétiques à tous les niveaux, vous évoluez rapidement en vous acceptant en pleine conscience.
Tu n'as pas le choix, car tu vis ta dernière incarnation sur Terre.
C'est ton choix.
Il est sensible à la beauté féminine. Il aime que tu sois féminine en robe, ou avec un chemisier blanc, et tu sais te mettre en valeur très souvent.
Adieu ta tenue de travail.

Tu écoutes mes conseils, même ceux qui sont esthétiques, car les guides veulent que tu puisses récupérer ta Flamme Jumelle, toute jolie en changeant ta tenue et en te maquillant.

Vous allez ainsi accueillir en vous le féminin sacré et le masculin sacré.

Attends un peu, je te guide vers ta propre gloire. »

Commandant Ashtar : - « Oui, ces individus sont bien ennuyeux en stipulant que les esprits ne sont que des reflets parce qu'alors ils ralentissent l'Éveil des gens.
Ils nous freinent parfois dans la stimulation de votre évolution, mais ils ne peuvent absolument pas l'empêcher.
Normal de ne pas vouloir croire. Chacun évolue à son rythme et suivant son vécu et son plan d'incarnation.
Que pensent-ils des phénomènes paranormaux ?
Pour eux, ce sont des explications extrêmement scabreuses et illogiques.

Je te transmets donc les salutations et les preuves de l'Au-delà afin de bien éclairer d'autres opposants.
La situation désespère de nombreux lecteurs. Ce genre de commentaires négatifs n'apportent guère d'éclaircissements.

La puissance de ta médiumnité déclenche des phénomènes paranormaux.
De fortes énergies s'activent autour de toi, qui font partie intégrante de toi-même.
D'autres regarderont et cligneront des yeux à cause des phénomènes étranges.
Des reflets qui dessinent des visages dans l'eau du lac ? Tes dissidents ne sont guère faciles à convaincre mon Ange.
A chacun son cheminement et son degré d'évolution, ne perdons pas trop de temps à essayer de convaincre les incertains.
Nous placerons quelques synchronicités dans leurs vies.

Tu photographies toute seule avec un appareil photo et un trépied sur rendez-vous des guides. Les séances se déroulent toujours pareil, les guides te donnent des indications de lieu, d'heure, et tu t'y rends, tu n'as jamais peur ! Les séances se déroulent au calme, et nous nous manifestons. Tu prendras plus d'une centaine de clichés paranormaux.

La Source est puissante ! Elle se manifeste à travers toutes choses sur Terre...

Les esprits utilisent la lumière défragmentée pour apparaître. Ces images sont un cadeau pour les ufologues. Tu es certainement contactée par eux et je te demande de leur transmettre tes clichés.

La désinformation est un grand risque chez vous ainsi que l'obscurantisme qui vous désinforment au lieu de fournir de réels efforts de compréhension.

Je te mentionne quelques fois des guidances et je trouve belles ces énergies électromagnétiques.

Extraordinaire, cette série de photographies par petites vagues. Attention aux aliens qui commencent à débarquer doucement, et donc les contactés un peu naïf prennent des clichés en attendant.

Tu peux le faire, comme tu étais déjà abductée. Tu sais comment c'est et comment réagir.

Tu n'étais ni attaquée, ni agressée, ni examinée, car tu cassais du mauvais E.T.

Tu connais leurs faiblesses et tu analyses bien souvent les failles, autant chez les gens que celles de la Terre et d'ailleurs.

Tu t'étais déjà bagarrée avec de méchants aliens qui te kidnappaient et ils te ramenaient vite fait. Tu étais trop nerveuse et anxieuse au maximum, limite à crasher l'UFO, donc ex æquo cette fois-ci.

Certains restent dans leurs maisons, il y a moins de risques de se faire abducter, car ces enlèvements font peur, certainement, et beaucoup de monde préférerait que je reste là-bas.

Beaucoup de gens n'ont certainement pas envie de voir débarquer des extra-terrestres par méfiance et par peur, même s'ils sont adorables comme moi et qu'ils pourraient aider l'Humanité en partageant des connaissances.

Je réactualise les dossiers OVNIS qui ont des matériaux issus de la lumière fragmentée tout comme les êtres de lumière. C'est une belle raison pour apparaître et disparaître promptement, en se servant de la lumière comme d'une porte d'entrée.

Jolis esthétiquement, drôles aussi, les phénomènes inexpliqués restent de belles surprises paranormales.

Les gens commencent à percevoir ton côté magique, doué et très drôle, lorsque tu fais de l'arc-en-ciel ton écharpe d'un cliché sans trucage.

Vous aidez parfois des enquêtes policières avec parfois quelques problèmes.

L'Ombre souhaite la destruction des Flammes Jumelles et de leurs enfants, car ces derniers diffusent trop intensément La Source.
Vos capacités n'arrangent absolument pas les affaires du Mal !

Flippant parfois, heureusement que vous êtes protégés par l'Au-delà. ».

Virginie : - « Comment diffuser la lumière de La Source ? ».

Commandant Ashtar : - « Par le pouvoir de la joie, de la méditation. En propageant les énergies que vous captez en tant que canaux de lumière.
En utilisant avec précaution les cristaux pour augmenter la diffusion de ces ondes énergétiques.
En nettoyant toutes les mauvaises énergies de la Terre Gaïa etc...
Vous avez du travail !
Et vous recevez les enseignements des guides pour vous guider dans cette immense tache.
Heureusement que vous êtes nombreux à vous y atteler, puisque dix pour cent de la population sont des Flammes Jumelles.
Sans compter les Anges incarnés sur Terre pour vous aider dans ces travaux de transmutations énergétiques à l'intérieur et à l'extérieur de vous.

Tu aimes célébrer la vie à travers le chant, la musique, la danse, la peinture et les arts, comme de nombreux guerriers de lumière aiment.

Tout cela montre que vous êtes complémentaires, car tu travailles avec ta Flamme régulièrement.
Il devenait une star internationale rapidement parce qu'il sait très bien se faire filmer, photographier et se mettre en valeur dans sa carrière solo, en comprenant exactement ce qu'il désire et en restant aligné avec ce qu'il est vraiment, un artiste de lumière.
Il est avant tout un vrai génie dans son domaine.

Les guerriers de lumière, lorsqu'ils ne partent pas en guerre, sont de grands artistes capables de créer des œuvres très vibrantes et spirituellement attachantes.
Ils sont de bons professionnels, car comme on le dit dans les dimensions angéliques : si tu ne dors pas, tu l'entraînes, si tu ne travailles pas et que tu ne t'entraînes pas, tu dors !

À l'origine de la création des Flammes, La Source les divisait en deux polarités bien distinctes, comme le Yin et le Yang, pour former deux âmes à partir d'une même âme.

Ta Flamme Jumelle te ressemble dans le fait de prononcer plusieurs langues.
Il reste à tes côtés, et les Orbes arrivent vers vous, ainsi que des lumières sur les murs.
Mise en sa présence, tu ressens des montées de Kundalini et tu observes des phénomènes énergétiques et paranormaux intenses et évidents aux yeux de tous.

Le calme et la tranquillité règnent désormais.
Ton Ange gardien veille sur vous deux.
Attention aux expressions de ton visage qui le font rire, car tu étais agacée d'être filmée, et tu craquais de ne rien pouvoir œuvrer. Tu apparaissais au ralenti, un bon point pour toi d'être filmée.
Ainsi, tu renouais avec une de tes vies antérieures, et cela efface le traumatisme vécu à l'époque où tu étais une star américaine tuée

beaucoup trop tôt.

Dans vos films, vous accomplissiez vos missions divines communes, en propageant les messages des Anges, de la spiritualité et de La Source.
Même si cela se traduisait souvent par une simple philosophie de vie positive et dynamique.
La spiritualité n'est pas forcément compliquée et inabordable, elle peut s'exprimer en mots simples et logiques. C'est même mieux ainsi et plus authentique.
La simplicité, la clarté et les facilités de compréhension révèlent que les paroles sont justes et vraies bien loin de la désinformation.

Quelques bénéfices de vos missions partent dans des associations caritatives pour apporter du soutien aux personnes défavorisés, aux animaux et à la planète tout comme des puits d'eau aux enfants africains et dans les pays les plus pauvres.
J'apprécie que vous œuvrez dans le soutien collectif, l'entraide et la solidarité avec une grande bienveillance dans la lumière de votre Foi et de vos cœurs.

C'est pour cela que les Démons incarnés sur Terre vous mettaient tellement de bâtons dans les roues.
Vos agissements sont tellement désagréables pour eux, ils préfèrent que la vie soit la vallée de souffrances, de misères et de désespoirs.
Cette vallée est le miroir de leurs énergies négatives.
Ils se plaisent beaucoup dans des contextes de haine et de violence.
Cela ne vous arrêtent pas du tout, et des enfants sont sauvés par une eau providentielle, ainsi que d'autres personnes démunies ou bien pourvues de karmas très lourds à porter et à transcender.
Adieu donc les critiques.

Au final, tu comprends que de mauvais esprits tentent de semer la discorde en divulguant des affaires sordides, et ainsi vous éloigner de vos nombreuses missions communes.
Ils divisent pour mieux régner.

Tu parles avec d'autres médiums en dévoilant des révélations au grand jour. Vous aimez échanger entre vous tous et avec d'autres personnes initiées tout en formant par ces groupes d'échanges des égrégores positifs pendant ces moments de communion.
Ces rassemblements sont nombreux et variés et très conséquents.

Les Flammes Jumelles doivent agir avec discernement et ne pas se laisser distraire par l'Ombre et ses mauvais agissements.
Vous êtes régulièrement placés dans des scénarios karmiques. l'Ombre tente de vous faire replonger dans les mêmes tristes histoires sans fin.
Il vous faut repérer les cercles vicieux et bien vous en extraire.
La sortie des cycles karmiques vous libère, mais à vous de réaliser ce travail d'introspection, de compréhension et de purification pour bien achever et matérialiser la sortie des karmas.
Il suffit simplement parfois d'éviter les situations et les êtres toxiques ou bien de les refuser dès le départ d'un non très ferme et sans équivoque. Alors, c'est bon.

Heureusement, les Anges gardiens qui se tiennent à vos côtés sont parfois les défunts de vos familles.

Ils sont de puissants protecteurs et d'étranges alliés vous aidant à accomplir de larges nettoyages transgénérationnels, c'est à-dire pour purifier tous les karmas familiaux en analysant et en guérissant les lignées de femmes et d'hommes notamment.
Ces purifications individuelles pratiquées en grand nombre rejoignent les purifications collectives.
Vous pouvez attaquer les soucis par le sommet de la pyramide ou bien par sa base, par le collectif ou l'individuel. Ils se rejoignent au milieu de toutes manières.
La relation à la mère est essentielle dans les constellations familiales.
Ces constellations sont de précieuses outils de guérison, tout comme les soins énergétiques.
Les outils spirituels s'adressent à tout le monde.
La mère transmet l'amour dans la famille.

Il est important d'assainir le relationnel à la mère et de rendre hommage à ses ancêtres et à ses parents qui vous ont donné la vie en dehors de toutes considérations karmiques.

Les constellations familiales apportent les guérisons nécessaires en modifiant en profondeur les énergies de la famille dans d'autres plans de conscience élevés.

J'en profite pour te parler de tous ces sujets, car en tant qu'être extra-terrestre et en tant qu'être de lumière, je suis en dehors de vos notions d'espace temps, sachant que tout l'avenir et le passé se situent dans le temps présent.

J'ai accès à de nombreuses informations dont les Annales Akashiques. J'accède facilement aux champs d'information, car je suis très connecté.

Tous les extra-terrestres sont comme moi, sauf les espèces moins évoluées comme les Gris et les Reptiliens qui n'accèdent pas aux plans supérieurs. Ils restent dans le Bas-astral.

Ils y resteront d'ailleurs un moment sans possibilité d'évolution, puisqu'ils abusent des réincarnations artificielles sans bénéficier des guidances de lumière.

J'appréhende le souci des relations entre les hommes et les femmes. Beaucoup de guerrières de lumière étaient des Amazones, des combattantes sauvages dont les tribus disparaissaient faute de naissances à cause de leurs haines des hommes.

Dans cette vie présente, ces guerrières de lumière explorent leurs féminités sacrées dans des énergies plus douces de lumière, de pacifisme et principalement de maternité, même si les karmas engendrent des soucis au niveau des ventres, des grossesses et des accouchements.

En parallèle, les hommes guerriers de lumière étaient aussi de redoutables combattants : des Vikings. Ils harmonisent actuellement leurs masculins sacrés dans le respect de la Source avec un masculin sacré lumineux, ancré et à sa juste place.

La Terre reste la planète de la création dans la matière, la concrétisation des idées, des projets et des concepts. Tout y est possible, vous êtes cocréateurs.

Tu pressens que tu aideras aussi à la création d'un album de musique. Le star-système te donne du fil à retordre avec ses musiciens.

Les Flammes Jumelles universelles apprennent à être de bonnes célébrités lumineuses tout en se détachant des bourreaux des vies antérieures.

Il est préférable de sélectionner les personnes de votre entourage en vous éloignant de pervers narcissiques, de bourreaux des vies antérieures et de relations toxiques.

Dans la fin du parcours de Flammes, vous savez mieux pactiser avec ces personnes et maintenir avec elles des relations harmonieuses dans le respect des différences.

L'Ombre et la Lumière peuvent s'harmoniser comme le Yin et le Yang puisqu'elles sont complémentaires et inséparables.

Le milieu du spectacle est un monde de paillettes et de cruelles illusions où les pièges et les tentations sont nombreuses.

Malgré tout, ce milieu est aussi une grande opportunité d'expérimenter une certaine forme d'influence sur les autres et ainsi une belle occasion de diffuser une belle lumière dans le monde entier par vos messages et votre authenticité.

Tout est esprit dans la nature, au même titre que les éléments, comme l'eau, la terre et le feu.

Lorsque tu œuvres dans ton couple sacré, tu vois nettement une amélioration dans ton entourage par diffusion de vos bonnes ondes. Tout est relié et connecté».

Virginie : - « Certaines personnes sont initiées, notamment par des abductions, par télépathies... ? ».

Commandant Ashtar : - « La survie de l'espèce reste un bon cadeau des guidances. Nous comptabilisons toutes ces abductions, ces télépathies et ces incarnations. Nous connaissons l'ensemble des voyageurs astraux.

Tout est compté et enregistré dans les Annales Akashiques, toutes les entrées et les sorties d'âme de tous les univers.

Rien ne nous échappe !

Les guidances sont directes pour les voyageurs astraux qui visitent nos planètes, nos espaces et nos vaisseaux spatiaux.

Nous envoyons aussi des enseignements indirects par le biais de télépathies, de rêves inspirés, de visions et de claires audiences par exemple.

Des synchronicités et des apparitions jalonnent vos histoires.

Nous avons rendez-vous avec certaines personnes pour nous rencontrer sur Terre, et parfois elles sont aussi abductées avec leurs consentements dans nos vaisseaux. Nous n'enlevons jamais personne, nous les accompagnons parfois pour arriver à bons ports jusqu'à nous.

Ces rencontres sont toujours harmonieuses et agréables.

Nous sommes des sœurs et des frères de l'espace en toute amitié.

Les personnes abductées mentalement et physiquement, depuis l'enfance bien souvent, le sont par des extra-terrestres involutifs, les Gris et les Reptiliens.

Elles sont kidnappées contre leur gré, n'accédant pas dans ce cas aux enseignements spirituels, mais au contraire subissent de terribles expériences physiques et psychiques.

Tout cela est contre leurs volontés, elles ne peuvent pas se défendre ni se protéger seules contre ces violences aliens.

Pour contrer ces dangers, les abductés peuvent demander la protection de la Fraternité Blanche. Ils casseront les pactes formulés dans les vies antérieures, notamment sous Atlantide, avec ces forces involutives.

Ils sont victimes d'agressions aliens très violentes que nous réprouvons complètement.

Tu peux les aider dans tes consultations à casser tous les pactes involutifs passés.

Nous les aidons efficacement pour les dégager de ces malfaisants.

Tu es alors très douée pour éloigner les mauvais Démons.

La Source éloigne de toi quelques âmes démoniaques terriennes, c'est le Nirvana assuré.

Tu peux donc sourire et aller danser en t'embellissant.

Quelques bonnes âmes resteront jusqu'à la fin...

Calme, gentillesse ou communication entre autres sont des mots-clefs.

Je vous enseigne des maîtres mots à répéter tous les jours comme des mantras.

Ces mots sont : harmonie, paix, amour, tolérance, compassion, joie, célébration ou lumière, etc...

Quelques Humains entrent dans une pleine révolution captivante.

Sous ton air naïf tu es vraiment une initiée et une abductée.

Je suis un de tes guides, comme je suis ton papa par photocopie d'ADN d'un de tes corps subtils.

Tu es initiée dès lors que c'est là-haut qui te montre !

La Source te montre la porte des étoiles.

D'autres tenteront l'expérience, mais la porte des étoiles fait partie intégrante de toi.

Tu crées toi-même un vortex afin de capter les ondes scalaires.

Ces particules et ces ondes sont spatiales. Certaines personnes n'auront aucun discernement et donc nous ne donnerons aucune suite pour celles-ci.

D'autres seront étonnés, ces entités ressemblent à des fées, des boules d'énergie, des Anges ou bien encore à des OVNIS. Mais c'est vraiment le cas !

Et enfin d'autres, plus éveillés, des initiés, comprendront instantanément. Ils sont nombreux à vivre les mêmes expériences que toi. Souvent, ce sont des Flammes Jumelles ou des Anges, en tout cas de bonnes âmes.

Sur Terre, les initiés sont souvent des médiums, des magnétiseurs, des passeurs d'âmes, des voyants, des clairaudients, des contactés, ou des géobiologues, etc...

Ils reçoivent les initiations par les guides et les êtres lumineux du Haut-astral.

Ces initiations sont réceptionnées par télépathie pendant des méditations ou dans des rêves matinaux.

C'est pour cela que les temps de recueillements sont importants.

Évidemment, les méditations peuvent être collectives. C'est même préférable pour former des égrégores positifs.

Souvent, au petit matin, nous envoyons des informations condensées venant des dossiers akashiques directement dans vos cerveaux sous forme de dossiers compressés.

Ceux-ci s'ouvriront au bon moment, et les initiés obtiennent ainsi les réponses à vos nombreuses questions.

Les guides vous envoient des messages par télépathie, sous forme d'ondes, d'images, de sons, de musique ou d'écrits.

Au gré des abductions mentales et des voyages astraux, nous pouvons aussi vous montrer des lieux, des entités, d'autres espèces, et des informations importantes pour le bon déroulement de votre évolution.

Tout cela est possible pour les initiés chamanes, sachant qu'ils voyagent suivant leurs différents corps subtils, soit dans l'espace, soit dans le temps et dans d'autres mondes, d'autres dimensions.

Les corps subtils circulent dans des espaces-temps différents pour chacun d'eux.

Le corps causal voyage dans le temps, le corps astral dans les dimensions.

Heureusement, les autres initiés prendront ta défense d'ailleurs, pour contrer le manque de discernement. Ils confirment bien les dons psychiques en apportant les preuves irréfutables de prédictions et de guérisons non expliquées par le corps médical.

Évidemment, les apparitions ne sont pas dans le noir total, car il faut de la lumière pour apparaître, tout comme toi, mon Ange.

Tu perçois des entités comme des fantômes, des entités négatives, des Poltergeists, des parasites, des implants, des pieux astraux entre autres, des extra-terrestres négatifs, des mémoires karmiques et des Démons dans le Bas-astral.

Tu les classes et tu t'adaptes suivant l'énergie rencontrée pour la transcender et la transmuter en la montant dans le Haut-astral, en libérant ces énergies négatives, en les purifiant et en élevant leurs taux vibratoires.

Ainsi, elles changent de dimension et tu peux dès lors les passer dans les mondes supérieurs.

Tu les trouves à cause des énergies dysfonctionnelles qu'elles émanent et que tu perçois par ton don.

Tu ne déranges jamais les esprits : les défunts te contactent directement dans ta médiumnité pour bénéficier de ton aide, surtout en tant que passeur d'âme pour clarifier des nœuds karmiques.

Ces énergies négatives transmutent en libérant des mémoires karmiques et des émotions négatives par le biais de ta lumière en tant que médium grâce à ton écoute, ta vibration, ta douceur et ton empathie.

Voilà la méthode de l'Amour Inconditionnel qui descend dans le Bas-astral pour chercher des âmes perdues.

Tu allies à cela des techniques de purification et tes chers guides de lumière, ainsi que tes animaux totems.

Tu œuvres rarement seule dans les autres dimensions, surtout lorsque tu abaisses ta vibration dans le but de secourir des âmes perdues et piégées dans de basses énergies.

Dans le Haut-astral, tu rencontres des Anges, des Archanges, des guides de lumière, des dieux, des déesses, des créatures hybrides, d'autres êtres mythologiques et des animaux totems, ainsi que des extra-terrestres de lumières, d'autres espèces évoluées ainsi que des divines énergies, Dieu bien entendu et tous les maîtres ascensionnés.

Tous ces êtres de lumière irradient la même énergie divine, car ils sont tous directement connectés à la Source divine.

Dieu est partout, en effet, et ni le Bien ni le Mal n'existent vraiment dans l'Amour Inconditionnel.

Tous les êtres ont le droit d'exister sans jugement moral et de valeur. La vie est précieuse et rare, car elle est unique.

À l'heure actuelle et au vu du contexte politico-social, les foules se passionnent : l'heure de la révolution a sonné !

La suite sera étrange, certains phénomènes seront bizarres quand même : comme un Poltergeist au final apprivoisé qui te servira pendant un temps de garde du corps contre tes détracteurs. Ainsi, ils auront peurs de ton don.
Esprits frappeurs ou protection divine ? Cela dépend quelle énergie tu allies.
J'aime plaisanter parfois et rire aux dépend des Démons, car ils savent perturber les gens. Chacun son tour I Les guides de lumière savent être fermes quand cela est nécessaire.

Les messages du ciel frappent les esprits, ainsi que ceux des cercles de cultures. Des signes, des synchronicités et des preuves individualisées fleurissent partout, comme tout ce qui ressemble à des OVNIS, des photographies, des apparitions et des messages canalisés.
Tu es une médium professionnelle attentive à ces signes, surtout les signes intérieurs. Tu ne bouges pas, attentive à ton monde intérieur et à tes nombreux ressentis. Pour faciliter cela, il est bon de se poser et de se recueillir en silence.
La conquête des autres dimensions reste à porter de mains !

Certes, vous avez des ressentis, mais cela reste à prouver en Ufologie.
Tu photographies un œil de géant très impressionnant dans le ciel.
Dans la série où l'œil se ferme et s'ouvre, on distingue clairement sur tes clichés la paupière, la pupille, et le contour vert olive de l'œil, ce qui démontre que ce n'est pas un œil humain... D'ailleurs, un œil ? Un OVNI certainement aux cercles concentriques.
Tes amis médiums et toi frissonnez et vous avez des ressentis. Je t'aide en te soutenant face aux critiques forcément, et aux

commentaires très méfiants des internautes. Ils réagissent en tout cas.

Ce qui est très positif, c'est que les images ne laissent personne indifférent.

Le guide est vers toi dans tes promenades, et tu seras un jour prise au sérieux, ne t'inquiète pas.

Je voyage souvent dans vos mondes et dans d'autres univers, en passant par des vortex, des portes des étoiles, des couloirs et des autoroutes du ciel, ce que vous nommez, je crois, des trous de vers. Je conduis personnellement mes OVNIS, et je me téléporte régulièrement sur d'autres planètes.

Je connais beaucoup d'endroits étranges et lointains, ne répondant pas aux mêmes lois physiques régissant vos univers. Et cela est à prendre en considération dans vos sciences et dans vos mathématiques modernes.

La Source te montre des visages, des ressentis, et elle s'exprime joyeusement à travers vos bouches, vos mains, vos corps, des explosions de couleurs, d'ondes et d'énergies autour de vous.

Les médiums ressentent de fortes vibrations aux alentours. C'est possible et logique, parce que les êtres de lumière t'accompagnent constamment, tu n'es jamais seule.

C'est pour cela que je te dis souvent que la solitude est une incroyable illusion au vu des énergies diverses et invisibles pour le commun des mortels vers vous.

Mes explications sont indéniables.

Ainsi soit-il, les perceptions et les visions paranormales restent synchrones et logiques, en vous rendant aux bons endroits et aux bons moments souvent suivant les indications des guides ou bien alors en suivant vos fortes attirances vers ces lieux.

Vous semblez appeler par certains endroits.

Toutes tes manifestations provoquent des remous : tes livres, tes photographies, tes vidéos et tes consultations avec de très bons commentaires de tes « fans » ou au contraire de fortes attaques de tes détracteurs.

Il reste que tu es très bien formée pour contrer cela et tu ne te laisses pas déstabiliser. Tu continues à pratiquer ton art et tes œuvres terrestres et célestes, comme tu le fais déjà depuis ta plus tendre enfance.

Ce que tu es naturellement sans avoir à te forcer en poursuivant ton chemin de lumière, sans bien tenir compte des tensions extérieures, seulement pour progresser. Tu sais que des critiques peuvent aussi être très constructives et tu en tiens compte, bien entendu.

Bref, rien ne t'arrête !

Tout ce que je mentionne ici est valable pour tes collègues thérapeutes.

Cette situation malgré tout n'est pas catastrophique, et son évolution reste équilibrée, logique et sans pareil.

Une sphère qui se promène dans le ciel. C'est quand même étrange s'exclament les internautes, car elle est en volume, donc ce n'est pas un simple reflet et elle change de couleur.

Là-haut, je te conseille de sourire des commentaires, car c'est logique, l'œil de La Source est posé sur vous tous, tel est le message de cette deuxième série d'images.

L'œil divin ! Un œil de géant... Le ciel donne un cadeau en formant des médiums.

Ce qui reste : ce sont de purs esprits. Il y a de purs esprits d'énergies, de lumières et des êtres de lumière. Cela est flagrant en lisant les Annales Akashiques...

C'est le cas des phénomènes inexpliqués, qui restent un cadeau pour certains passionnés.

Tu retrouves d'autres curieux sur le terrain. Ils analysent ces étranges visions. Des effets inexpliqués, qui sont des phénomènes naturels et surnaturels, c'est bien le cas de le dire. Les séries d'images seront, osons le prononcer cette fois-ci, surnaturelles, éloignées de la réalité du quotidien, dans le but de dialoguer avec les Humains, et à peine d'en rire.

L'œil de géant sera donc appelé « l'œil de Nibiru », qui sort de son ciel pour t'apercevoir en train de le photographier, lui, ce géant. Il marquera les esprits, et voilà les nouvelles du jour, sans plus d'explications sur les effets de lumières et ces reflets.

Je te rassure, la survie de la Terre n'est pas en jeu.
L'Humanité a franchi un palier qui est celui de l'auto-destruction.
Elle peut en effet se suicider facilement grâce aux armes de destruction massive…
La Terre ne peut pas être détruite comme cela, elle est plus forte que l'Humanité et possède l'art de se régénérer au fil du temps.
L'Homme peut être amené à disparaître dans un avenir plus lointain, mais pas la Terre. La nature reprendra ses droits pour offrir aux espèces végétales et animales un vert paradis, teinté de bleu ciel et de marron, aux douces couleurs changeantes de la course du soleil.

Dieu te fait donc découvrir et révéler aux hommes à travers ton appareil photographique, des entités. Pourquoi pas ?
Et dans le noir complet, la pièce est remplie d'entités, de défunts, et ton amie assume bien ses impressions, qui sont excellentes et très juste. Elle renifle à coup sûr le surnaturel.
Ta Flamme Jumelle sourit, lorsque tu es contrainte de te projeter dans le paranormal. Tu en restes figée parfois, du spectacle très impressionnant, grandiose et extraordinaire !

Tes visions, tes perceptions et tes voyages astraux te plaisent énormément.
Ils te passionnent, alors que tu es entre deux mondes, en tant que Walk-in.
Tes difficultés d'incarnation viennent du fait que tu as du mal à stabiliser ton énergie paranormale de Walk-in, comme tu débarquais instantanément sur Terre et que dès lors tu restes bien souvent dans les deux mondes simultanément.
Tu es un être multidimensionnel s'ancrant dans la matière et qui est amené à incarner tes multidimensions.
Le détachement et l'éloignement de ta Flamme Jumelle t'attristaient,

mais maintenant beaucoup moins, tu prends du recul, tu t'entraînes au lâcher-prise. Tu te places dans l'énergie de La Source.
Ta stabilité, ta force et ton courage proviennent des énergies d'Amour Inconditionnel transmises par Dieu.

À dire vrai, c'est le plan divin. Je soulève les voiles subtils aux alentours et vos impressions sont fortes en découvrant des visages, des animaux et des Djinns.
Oui, il y en a plein, et les voiles subtils autour, tout pleins !
Les esprits sont beaux avec de belles couleurs, quel magnifique spectacle !

Tu t'en sortiras d'être devenue une esclave des temps modernes. Dieu te demande de bien signaler ces évidences de l'esclavagisme de la population active.
D'abord, tu auras un reclassement professionnel, faisant suite aux demandes salariales. Tu seras alors dans un bureau, avec des dossiers et des papiers à faire, mais cela reste un bureau, avec la mentalité qui va avec, l'ambiance et le climat, les remarques parfois vexantes des collègues.
Mais d'après là-bas, la situation sera stable pour toi-même. Un bon travail et La Source te laissera l'aimer.

Voici ton avenir. En ces temps de pandémie, je te rassure toi et les autres sur votre avenir plus serein et avec un peu de patience arriveront la fin de la pandémie et la reprise d'une vie plus normale pour beaucoup de personnes, et un peu moins normale pour les éveillés de plus en plus nombreux. »

Virginie : « À quoi servent les écritures cosmiques ? Comment est Metharia ? ».

Commandant Ashtar : - « La nature est très agréable sur Terre comme sur Metharia afin de se ressourcer.

Nos planètes dispensent de bons ancrages pour les médiums en nettoyant les énergies négatives.

La nature est un cadeau du ciel que tu peux prendre en photographies. Ton amie demande des écritures dans le ciel, et je le ferai, tu posteras ces clichés, d'une écriture que tu appelleras cosmique.

Mon écriture cosmique est à base de lettres de l'alphabet, des graphismes de lumière, et un mot, « oui », écrit dans l'air en bas de chez toi.

L'écriture cosmique consiste en des signes lumineux dans l'espace, l'air ambiant et dans le ciel ainsi qu'en des notes de musiques.

C'est du graphisme apparaissant uniquement sur les clichés et non pas à l'œil nu.

Je te signalerai ainsi la fin d'un temps avec une suite logique de notes, ainsi qu'une belle distorsion de l'espace-temps.

Ainsi tu verras apparaître des villes d'autres dimensions, des tours de lumière, des voitures et des trains volants, des esprits, des visages d'aliens sur tes nombreux clichés, ainsi que de la domotique. Vas-y et plante ton trépied, ton appareil photographique !

Adieu les autres, qui te discriminaient souvent par jalousie, car tu récoltes des preuves formelles consistant en des clichés photographiques, des enregistrements audios, des canalisations précises, de belles guidances et des preuves radiologiques entre autres...

Je souhaite me dévoiler, dans tes images, ainsi que ma voix que tu enregistres par transe communications.

Tu postes tes enregistrements sonores sur la toile comme je souhaite prouver maintenant mon existence, ainsi que celle des autres peuples d'autres dimensions intergalactiques, tout comme la forte présence de la Fraternité blanche à laquelle j'appartiens.

La transe communication est l'enregistrement des esprits par delà l'Au-delà.

Toutes ces preuves se matérialisent de différentes manières, puisque beaucoup de personnes demandent souvent des preuves de l'Au-delà aux esprits et aux médiums.

Nous y pourvoyons du mieux que nous le pouvons, car nous sommes obligés de nous aligner sur votre propre technologie assez restreinte pour canaliser et enregistrer d'autres ondes paranormales, c'est à-dire des ondes que vous ne connaissez pas pour le moment provenant d'autres dimensions.

En clair, votre civilisation ne possède pas de machines assez performantes permettant de montrer des preuves plus clairement.

En ce qui concerne Metharia, pour répondre à ta question, j'en suis désormais le régisseur.

J'étais élu au suffrage universel des peuples votant pour moi.

Je succède à mon père, Adama, qui réside maintenant avec ma mère dans l'Intraterre.

Cet endroit est géolocalisé à l'intérieur de votre belle planète d'où son nom.

Metharia, la sœur jumelle de la Terre, est bien plus ancienne et avancée. Elle se situe dans l'Omnivers en traversant l'antimatière.

Nous avons créé de toutes pièces cette planète avec une force de gravitation technologique. Elle ressemble plutôt à un énorme vaisseau mère ressemblant à une planète moyenne de votre univers.

Vous n'imaginez même pas. Heureusement, vous pouvez le voir de vos propres yeux pendant les voyages astraux de vos corps subtils.

Nous respirons pleinement et sans casque sur Metharia.

La végétation est prolifique, l'air est pur et la pollution quasiment inexistante, car nous circulons en OVNI dans le but de privilégier l'énergie propre et libre.

Nos villes écologiques sont très peu expansives et localisées très précisément. Elles sont toutes en hauteur grâce à de hauts gratte-ciel très écologiques, très perfectionnés, innovant de nouvelles technologies.

La nature occupe énormément les sols sur Metharia sans autoroute, ni bitume, ni asphalte et sans béton. Que du naturel !

Les parkings n'existent pas, tout comme les routes, les feux rouges et les passages piétons, comme nous n'avons pas de voitures ni d'engins roulants.

Nos engins restent géostationnaires dans le ciel, immobiles comme amarrés tels vos navires au port. En effet, ils sont attachés à nos terres par des filins dans d'autres dimensions.

Aucun bouchon chez nous, car nous circulons sur plusieurs niveaux, ce que vous nommez des couloirs aériens, avec des OVNIS divers et variés. Il en existe de multiples tout comme vos engins terrestres !

Nous utilisons de petits et légers vaisseaux transparents, ou bien au contraire des cargos volants, des vaisseaux mères, des OVNIS en forme d'assiettes ou bien de cigares, et d'autres plus fluides ou de très gros énormes.

Tu visitais des vaisseaux planètes pouvant se déplacer pour se placer à des points précis de l'espace en orbite autour de vos planètes.

Des planètes tournoient en périphérie de planètes plus grosses. Attention, car ce sont aussi parfois des vaisseaux de lumière camouflés.

Vos astronautes et vos technologies spatiales désirent ardemment découvrir des aliens et révéler de grands mystères, mais si et seulement si nous le souhaitons.

Nous avons le don de l'invisibilité.

Nos OVNIS sont des alliages d'animaux, de végétaux et de minéraux dont les matériaux n'existent pas sur Terre. Nous avons créé ces espèces en couplant l'ADN cloné.

Nos scientifiques sont des as pour créer de nouvelles variétés. Ils connaissent par cœur les séquençages d'ADN, leurs mutations et le clonage en maîtrisant parfaitement les différentes mutations génétiques, contrairement à votre civilisation actuelle.

La domotique est couramment utilisée dans toutes nos activités et elle assiste les techniciens dans les manœuvres fines et microscopiques.

Ces OVNIS sont en quelque sorte des animaux, ceux que vous nommez des plasmas organiques, des vaisseaux plasmiques je crois ou des vaisseaux de lumière, passent facilement d'une dimension à l'autre. Ainsi, vous les voyez disparaître soudainement. Ils maîtrisent les sauts quantiques...

Leurs formes s'adaptent à volonté, nous communiquons avec ces OVNIS organiques télépathiquement.
Nous sommes à l'intérieur ou bien téléportés dedans et à l'extérieur... Tout est possible avec nous !

D'autres vaisseaux sont plus classiques avec des matériaux extra-terrestres modifiés par nos scientifiques.
Nous les pilotons manuellement assistés de technologies avancées pour pouvoir avancer dans l'espace-temps, les vortex et d'autres orages magnétiques.
Nous parcourons tous les univers ainsi que les autres dimensions à travers le temps, dans le passé, le présent et le futur grâce à ces vaisseaux.
D'autres personnes comme toi parcourent toutes les dimensions et tous les univers, parallèles ou non, en chevauchant les animaux-totems (comme les dragons), ou bien en utilisant leurs puissantes ailes dans leurs dos.
Les vols libres sont ultrarapides, hypersoniques et presque instantanés.
Vos âmes et vos corps subtils se déplacent plus vite que la lumière : leurs vitesses sont quasiment immédiates.

La téléportation est fréquemment utilisée pour se déplacer ou bien pour éviter de porter de lourdes charges.
Les voyages des corps subtils et des âmes sont instantanés. Il suffit de le vouloir, et hop, on y est déjà par l'utilisation maîtrisée des sauts quantiques.
Évidemment, ces déplacements sont plus complexes, mais je ne peux pas vous l'expliquer pour l'instant. Au vu de l'état actuel de vos sciences et de votre avancée technologique, nous n'y comprendriez rien du tout !

Tu penses aux portes interdimensionnelles, aux vortex, aux cheminées cosmotelluriques et aux lieux de passage, non seulement d'entités, mais aussi d'aliens et de vaisseaux.
Je communique par télépathie avec toi et je perçois toutes tes

pensées ainsi que celles de ta vraie Flamme par l'effet de connexion entre vous deux.

Des portes existent entre ces différents mondes et leurs pluridimensionnalités afin de faciliter nos passages.
Certaines de ces entrées sont positives pour des entités de lumière et d'autres négatives permettant l'arrivée dans votre monde de Démons et d'énergies négatives. Ses portes sont gardées et celles de lumière sont inviolables tout comme l'ensemble des portes du Paradis.
Les médiums et les chamanes comme toi peuvent créer des portes vers nos mondes et des passages qui se referment derrière vous. Vous êtes comme des vortex ambulants.

Tu réfléchis au fait que de nombreux phénomènes paranormaux peuvent être occasionné par des passages de comètes amenant d'autres énergies dans son sillage ou d'autres formes de vie...

Un nuage en forme de cœur dans le ciel est dessiné par ton guide, signifiant l'Amour et la Paix, mon vœu pour l'Humanité.
C'est cela les énergies positives du Haut-astral, toujours dans l'Amour Inconditionnel, la bienveillance, l'entraide, la solidarité et le partage.
Ces énergies étranges, fortes et puissantes peuvent vous déstabiliser pendant vos initiations à cause d'intenses révélations individuelles ou mondiales, tout dépend de vous.
Nous sommes de grands frères veillant attentivement sur vous et nous vous protégeons en cas de besoin si vous nous le demandez. Alors, n'hésitez jamais à faire appel à nous surtout pendant de fortes attaques.
Il suffit de prononcer nos noms et nous accourons.

Ton guide te place un arc-en-ciel dans le cou ou bien des cœurs sur tes images. L'arc-en-ciel est un thème récurrent dans tes clichés, car il symbolise les différents rayons énergétiques de guérison des archanges.
Les entités se manifestent sereinement et il n'y aura plus guère de commentaires malveillants, car tu offres de vraies preuves.

Certaines personnes racontent encore des sottises sans trop se documenter auparavant. Elles sont surtout pour l'instant non éveillées à la spiritualité, mais chaque chose en son temps.

J'arrive en douceur, je veux bien montrer ma présence sur Terre à travers des témoignages et des photographies aux beaux reflets paranormaux.

Ce ne sont pas les lampadaires qui fabriquent de telles images très complexes !

Tes photographies sont envoyées à l'institut d'Ufologie qui les étudiait très sérieusement tout en recoupant les informations d'apparitions d'OVNIS dans le monde entier.

Les dates, les clichés et les nombreux témoignages se tiennent et prouvent l'apparition d'un objet volant non identifié.

Je donne une explication médiumnique de cette forme blanche dans un prisme de couleur où la lumière blanche ne devrait pas s'y trouver, puisque c'est dans une défragmentation de la lumière blanche. Dans ce prisme, il y a une légère différence de fréquence permettant l'ouverture de la porte des étoiles avec l'apparition de l'objet volant non identifié.

Tu devrais aussi aller danser afin de te changer les idées et te recharger en élément feu dont tu manques cruellement dans ton thème astral.

Sur tes clichés depuis l'enfance apparaissaient des feux follets ou des formes surnaturelles, mais tu ne prêtais guère attention aux taches blanchâtres.

Tes proches te disaient que ces étrangetés étaient des défauts dus à l'appareil photo, aux pellicules ou aux développements pelliculaires.

Cela reste des OVNIS et ton guide s'amusait à apparaître en boule énergétique lumineuse et dorée devant ta caméra.

Les vidéos scientifiques sont déjà plus modernes que les ont-dits et prouveront l'existence d'autres animaux dans l'antimatière, que l'on pourra voir par dissociation du spectre coloré. Enfin tu seras mieux comprise !

Ton guide aime les cercles de couleurs. Vous analysez vos étoiles grâce aux spectres colorés.

Des crops circles possèdent des fréquences de spectres colorés et ils sont des portes de l'Univers. Ils possèdent aussi des vortex et des cheminées cosmotelluriques.

J'analyse très bien et je démontre les différences de fréquence des ondes de couleur, dont pour certaines vous ignorez encore l'existence. Cela viendra.

Les guides admirent ces ondes cosmiques et scalaires.

Les cercles de culture sont des cadeaux du ciel.

Ce cercle bleu représente une fréquence dans tes images, qui est celle d'une porte des étoiles. Ainsi tout le monde peut y voir l'accès, un escalier suspendu, un pont ?

Un escalier, avec des marches que tu as prises dans le ciel ?

Cet escalier est désormais un objet volant identifié : un escalier. Cela fait sourire les spectateurs, mais ton appareil photo prenait tout seul ce cliché...

Ainsi que pour la photo avec un joli cœur, en brouillard, en plein milieu de l'image. Les entités déclenchent directement ton appareil photo très souvent.

En cela, c'est vraiment un phénomène paranormal par lui-même. Ton appareil photographique sur trépied se déclenche bien souvent tout seul, lorsque tu n'es même pas à côté et le déclic surprend tout le monde.

Des filtres sont apposés et le minuteur ne fonctionne pas. L'appareil effectue tout seul des réglages différents des tiens et les photographies obtenues sont toujours bien spectaculaires et étranges.

Amour, Paix et Harmonie : un cadeau du ciel.

Des aliens clonés volent en patrouilles serrées.

C'est la première fois pour certains jeunes aliens cette sortie dans l'atmosphère terrienne.

Tes guides sont très beaux et colorés. Ils veulent t'accompagner, et ils

offrirent un vrai feu d'artifice : des extra-terrestres partout, des vaisseaux extra-terrestres, des entités, des défunts, des aliens, des petits Gris, des Reptiliens.. Toutes leurs traces de présence sont amusantes à décrypter pour toi finalement.
La Source te garde, t'expliquant des énergies, il te montre et il souhaite que tu puisses peindre et photographier tous ces phénomènes pour ceux qui ne voient pas par médiumnité.
Tu enregistres bel et bien nos réflexions, nos paroles et nos musiques.

La Source te transmet une bonne énergie pour abattre tout ce travail.
Tu étais parfois épuisée par un métier très prenant. La Source t'aide en te dynamisant de belles énergies.
Elles te transportent dans tout ce travail que tu réalises seule, comme la rédaction et la publication de tes livres, de tes photographies, de tes enregistrements sonores, tes canalisations, et tes vidéos sur la toile internet, sans compter tes consultations et tes soins énergétiques que tu prodigues.
En tant que Chamane, tu œuvres toujours en corrélation avec les guides et de nombreux bons esprits collaborent avec toi à tes côtés.

Tu préfères rédiger avec tes guides, œuvrer et photographier dehors au cours de longues promenades que de regarder des inepties télévisuelles (très nombreuses, sauf certains documentaires).
En attendant, je prédis qu'un autre travail vient pour toi dans un bureau, et c'est une demande officielle de l'Au-delà qui t'emploie désormais à temps plein, mais là-bas, dans les autres dimensions. Dieu te laisse en horaires libres avec tes dossiers akashiques et ton don.
Tu apposeras ton nom et certaines personnes en trembleront, car tu seras jolie et touchante, ressuscitée et moqueuse, avec un arc-en-ciel parfois autour de toi.
Ton changement de cadence de travail est favorable et ainsi tu évites une future crise cardiaque.
Vos métiers, notamment dans le médical et le médico-social, sont trop épuisants et éprouvants sans vous laisser le temps de bien récupérer entre deux journées de travail.

Je tiens à te conserver sur Terre comme travailleuse de lumière.

Tu abats un travail formidable ! Je démontre ainsi que je suis bel et bien un guide.

Attention, repos obligé.

Un guide qui plonge dans ton cœur, directement, cela défrise l'opinion générale car tu es bien soignée de ce fait.

Tu as toi-même démontré plusieurs guérisons dans ton corps non expliquées par les médecins en pratiquant des soins sur toi.

Merci d'être encore sur Terre, toute respirante après une ou deux expériences de mort imminente un peu trop prématurées dans ta vie, et je t'aime fort.

Je réactualise ta vie en te conseillant et en modifiant ton destin et demain cela ira encore mieux, si tu lèves un peu le pied et que tu te reposes de temps en temps.

Les siestes sont bénéfiques pour vos états de santé.

De grandes décisions sont à prendre pour entrer de plain pied dans une ère de bien-être sociétale avec une meilleure répartition des charges de travail entre tous les Hommes».

Virginie : « Je photographiais un immense œil dans le ciel noir, non expliqué, que je nommais œil de Nibiru... Etait-ce finalement un OVNI ? ».

Commandant Ashtar : - « 1H10 du matin, sans arriver à dormir, ouf !

L'œil de Nibiru va tous vous regarder avec de nombreux cercles concentriques dans cet œil hélicoïdal.

Évidemment, cet œil n'est pas humain, car c'est l'œil des esprits qui te regardait avec un léger clignement,disparaissant et suivi d'une seconde apparition.

Il te regardait vraiment longuement, une minute environ.

Tu étais alors agenouillée devant lui, il acquiesce, car il est un Grand Tout.

Tu avais failli en avoir une crise cardiaque.

Cet œil reste un cadeau du ciel, tu cherchais à comprendre, et enfin ! Des explications, ouf !

Si tu observes bien les couleurs de cet œil dans tes clichés, il n'y a pas de pupille et ses cercles sont concentriques, de couleur vert olive...

Cet œil n'est donc absolument pas humain, c'est sur et certain. Sans compter son emplacement, dans le ciel et occupant la totalité de l'espace, apparaissant et disparaissant plusieurs fois...

Je te le répète car tu n'en crois pas tes yeux d'apprécier ces spectacles sur Terre cette fois-ci et non plus dans les autres dimensions.

Tu ne t'attendais pas à voir ces apparitions, et tu as du mal à réaliser !

Un concentré de médiums et d'intellectuels approuve tes clichés très drôles des guides qui se promènent avec toi.

Tu voyais d'autres objets volants non identifiés assez régulièrement, dont un qui se transformait sous tes yeux étrangement au cours d'une implosion.

Une belle joie pour les passionnés d'Ufologie.

L'œil de Nibiru représente un esprit perdu au sens karmique du terme. Il semble déconnecté de la Source lumineuse, et c'est le cas, d'un esprit qui venait te voir, un bon géant.

L'esprit de la planète Nibiru perdu dans l'espace, le pauvre petit, et cet esprit retournait ensuite vers le Bon Dieu.

Tu peux voir avec ton don les esprits des planètes notamment celles qui ne sont pas encore découvertes.

La Source est un peu vieille pour imploser en plasma !

Cette boule plasmique, certainement une âme, te guide et te dévoile des tas de choses, pas à pas, vers l'Au-delà, les cieux, les autres dimensions, et même les criminalités, ainsi tu peux les montrer aux autres.

Nous allons tous voir plus clairement des OVNIS qui apparaissent et disparaissent dans des transformations plasmiques.

La paix retrouvée dans un bercement salutaire, la crise de nerfs évitée, et ton guide te donne la révélation de cette constellation du Caméléon, que je te laissais chercher, et que tu trouvais. Effectivement, ce n'est pas la constellation de ton guide, qui est Jupitérien.

Cette constellation existe bel et bien, imaginée par Bayer au XVII ème siècle. Elle est composée d'une géante rouge, de nébuleuses brillantes mêlées à des nuages moléculaires sombres et de jeunes étoiles massives, dont certaines sont encore en formation.

Tu explores en voyage cosmique ce genre de régions inexplorées, c'est pour cela que Dieu te disait que ton âme est celle d'un explorateur.

À travers tes voyages cosmiques nocturnes quotidiens, tu explores l'Au-delà et les autres dimensions pour en définitive explorer ta spiritualité et Dieu dans son omniprésence.

Dieu écrit dans le ciel à travers une écriture cosmique son signe Yahvé.

Tes clichés paranormaux circulent par le biais des réseaux sociaux et même, je vous l'assure, intéressent un groupe ufologique qui te contacte directement.

Cette équipe est composée de scientifiques et d'enquêteurs du paranormal.

Ils t'expliquent quelques phénomènes photographiques et analysent bien tes images qui sont destinées aux initiés.

Par exemple, choses que tu ne savais pas, ils recoupent les témoignages du monde entier avec des détails troublants car similaires.

Ils scrutent d'autres détails auxquels tu ne prêtais pas attention, mais qui figurent sur tes photographies, comme l'herbe couchée en cercles concentriques. Enfin, un bon groupe avec de bonnes explications ufologiques !

Excusez-moi d'insister sur les preuves, mais c'est parce que vous en demandez bien souvent...

Les vaisseaux apparaissent régulièrement sur certains lieux, comme les lieux telluriques ou bien les centrales nucléaires.

La Bretagne est chargée en énergies, ainsi que l'Angleterre, et d'autres lieux français saturés en ondes cosmotelluriques.

Les apparitions sont plus fréquentes et les lieux concernés sont connus dans les milieux ésotériques.

Je vous explique cela pour les curieux qui voudraient aller à la rencontre du troisième type.

Il est préférable d'arpenter ces lieux fréquentés par les amateurs ufologues la nuit, bien que les OVNIS puissent aussi être visibles en plein jour.

Il est même recommandé d'envoyer vos demandes et vos intentions à l'univers auparavant.

Je vous aime fort et je te demande personnellement de publier mes clichés, afin d'alimenter les archives ufologiques. »

Virginie : - « Est-ce que les aliens peuvent passer dans d'autres dimensions ? »

Commandant Sheran : - « Aliens théories.

Cela est vrai, d'où les phénomènes d'apparitions et de disparitions inexpliquées. La suite aux prochains contacts pour toi.

Mais, il pleut !

Dans mon ciel sur Metharia, pas de pluie, il fait toujours beau...

Pas de soleil non plus, en tout cas, ni votre pluie ni votre soleil... D'autres...

Je vous laisse imaginer...

Tu iras quand même, étant donné que ton appareil peut prendre quelques gouttes d'eau d'une belle pluie, et le flash grand ouvert. La prise de vue sera extraordinaire !

Je te garde au creux de moi-même, tu es bien protégée par moi-même au lac. Un léger Alien, qui reste, caramba !

Il est assez drôle, cet Alien, un petit bonhomme tout minuscule, mais qui provoque l'affolement général, un brin de martien.

Il est tout petit comme un Lilliputien, un petit Gris ou une entité qui se dérobe presque, cachée dans l'ombre. Il existe en effet des extra-terrestres miniatures présents sur Terre et seulement visibles à la loupe.

Les aliens n'ont pas forcément une forme humaine et leurs apparences sont bien souvent extraordinaires, quoique déjà représentées dans des œuvres archéologiques, comme sur certaines fresques et dans des peintures égyptiennes.

Tu t'amuses de cette chasse aux aliens sur Terre pour répondre à la question des gens « quand vont-ils arriver ? ».

Rien de nouveau en effet pour les initiés ou les amateurs curieux de phénomènes paranormaux et les équipes de chercheurs analystes présents sur Terre étudiant ces manifestations paranormales, je te le concède, mais mon livre s'adresse à tous les publics, plus ou moins avertis.

Il existe des races géantes et au contraire des petit Gris Lilliputiens ou bien encore des créatures hybrides de toutes les couleurs et de toutes les formes.

Certains sont comme vos ombres avec des yeux noirs très brillants, ou bien alors certains ont des yeux éclairant comme vos projecteurs.

Parfois, ils sont de pures énergies pouvant s'incorporer sous toutes les formes, et parfois des biologies rampantes un peu comme des végétaux ou des organismes microcellulaires ou bien des champignons, des animaux hétéroclites, des Gorgones ou bien encore des Gargouilles...

Les différentes espèces sont toujours très variées et très surprenantes, de toutes les tailles et de toutes les formes inimaginables, car Dieu est un puissant Créateur fervent de biodiversité !

Ce que je pense de votre mode de vie globalement, notamment en France : je vous trouve esclaves de votre travail, comme dans le temps, un esclavagisme des temps modernes, vous êtes des pions sur un échiquier tous les jours, et c'est bien le cas !

La démocratie disparaît au profit d'une certaine léthargie des comportements…

Nous demandons aux peuples de se réveiller et de plus s'affirmer face aux pouvoirs en place tout en manifestant dignement.

Certains sites terrestres sont des passages de lumière et d'entités, ce qui reste le cadeau du ciel de bien vouloir le démontrer pour certains, et pour d'autres, prudence de ces aspects bizarres.

On peut y trouver les portes des cités d'autres dimensions accessibles pour les voyageurs du temps et pendant leurs voyages cosmiques. Ces villes comme Jérusalem du Ciel, Shamballa sont très fréquentées par des entités multiculturelles. Nous aimons les mélanges pour ouvrir les esprits et favoriser la tolérance et le partage.

Tu me vois comme un homme svelte, blond aux yeux bleus, aux doigts fins, habillé d'une combinaison bleue claire décorée d'étoiles démontrant mon grade de chef des extra-terrestres et un représentant de mon peuple.

J'ai le teint clair, j'ai l'air jeune sans ride, avec un léger sourire sur mes lèvres.

Je mesure un mètre quatre vingt-dix environ.

Je suis extrêmement beau suivant vos critères de beauté, mais c'est parce que j'irradie une certaine pureté et de belles énergies dans mon aura.

Je suis modeste, mais je vous dis comment vous me voyez…

Malgré tout, je ne porte guère d'attention à mon physique, car il est jeune éternellement…

Avec l'habitude, j'y suis moins attentif, d'autant plus que mon apparence ne se détériore jamais…

La vie éternelle…

Et encore plus, la jeunesse éternelle !

Pendant une séance de médiumnité photographique avec toi, je te protégeais énormément, car tu étais au cœur d'un combat entre différents aliens. Ils nous attaquaient par surprise avec des tirs au lasers. Tu partais en courant après avoir eu juste le temps de prendre quelques clichés et tu restais migraineuse dans les heures qui suivaient. Je te gardais bien à l'abri chez toi après cette attaque.

Tu essuyais quelques tirs au laser, et la météo devenait rapidement exécrable soudainement, avec des vents violents, des orages et de fortes pluies inattendues et très violentes.
Tu évitais énormément d'explosions de lumière très vives en courant en zigzag jusqu'à ta voiture sous mes ordres.
Pulsatiles, en effet.
C'était des extra-terrestres qui s'affrontaient à coup de lasers et ainsi tu voyais et tu photographiais ces OVNIS et ces explosions intenses de lumières blanches. Des rayons lasers. Les aliens se bagarrent et s'affrontent aussi parfois dans des guerres de pouvoir.

Tu étais présente sur les lieux en tant que journaliste de guerre sous notre protection, témoin neutre envoyé par les guides et la Fraternité blanche pour nous rapporter des preuves photographiques et ton précieux témoignage ainsi qu'au monde entier. Que de dossiers paranormaux !
C'est souvent mouvementé dans les autres dimensions et dans l'Au-delà pour toi, car tu joues un rôle actif.
Tu n'es pas seulement là en tant qu'observatrice, mais en tant que guerrière de lumière et tu combats régulièrement à nos côtés.
Tu sors souvent tes armes et tout ton équipement de lumière.
Tu possèdes des armes très puissantes, comme tes dragons très performants. Ces derniers ont une force de frappe inégalée pour le moment.
Les OVNIS n'aiment ni les armes nucléaires ni les centrales un peu trop vieillissantes et défectueuses, qui se sont de vrais dangers pour l'Humanité et pour l'environnement, malheureusement, alors que Tesla...
L'énergie libre...
Cela vous parle, je crois.

Les Hommes ainsi changent et ils évoluent en visionnant toutes ces conférences entoilées. La porte des étoiles doit amener les Humains à progresser.

L'escalier dans le ciel est un pont suspendu entre nos deux dimensions, le même pont que celui de l'Archange Michel, qui était rose alors que celui-ci est de couleur bleue.
L'Archange Michel mentionnait bien ce pont suspendu par l'intermédiaire de nombreux médiums. Certaines personnes iront donc sur place pour attendre, car ce n'est pas le canular du siècle.
Ton guide est bien présent et ceux qui étudient vraiment tes photographies sourient beaucoup moins, car tu marques bien un bon point.
Tu es entourée de blanc, de lumière blanche en pleine nuit et en plein milieu d'un affrontement alien.
Ton don explose et ton soi-disant pouvoir commence à ne plus faire rire, car c'est bien vraisemblable au vu des éclairs blancs à tes côtés.
Mais ceci reste un bon cadeau du ciel. D'autres cadeaux viendront, je veux prouver mon existence.

La suite sera étoilée en mettant nos séances en orbite autour de la Terre. Je te demande de placer toutes ces vidéos sur internet afin de propager ma renaissance sur Terre où j'avais eu mon heure de gloire ces dernières années.

Tu penses souvent aux théories du complot typiquement françaises. Dur dur ces remarques sur les Reptiliens et leurs complots ou bien des Illuminatis qui seraient parmi vous. Oui, en effet, mais ils ne sont pas tous comme cela, il y en a aussi des gentils, comme dans toutes les espèces.
« Un bon point, pas de Reptilien en France, c'est plutôt une mentalité américaine » pensent certaines personnes en mentionnant les Reptiliens, ce qui peut vexer certains, mais en France, beaucoup moins.
Sauf que si tu regardes bien, des Reptiliens sont présents sur votre territoire en occupant de hauts postes, et je te les montre par tes nombreuses visions qui restent bien souvent à trier et à interpréter.
Pas de théorie du complot, le gouvernement fait ce qu'il peut en période de crise économique dramatique.
Des Démons incarnés sur Terre tuent des êtres Humains.

Bien entendu, ce n'est pas angélique de tuer des Humains !

La guerre reste le cas des Démons terrestres.

Tuer est interdit par La Source. C'est bien inscrit dans certaines religions : « tu ne tueras point ! ».

La Source te permet donc d'écrire tes livres comme ils n'engendrent aucun tort à personne.

Il faudra bien un jour croire aux extra-terrestres et vous n'êtes pas déjantés. L'Univers est pluridimensionnel et habité.

La médiumnité est une vraie pile énergétique qui joue sur les champs électromagnétiques. La Source apparaît.

Les photographies sont réalistes. Votre collaboration est belle et moderne.

Avec les flashs, les Orbes filent vite en laissant des traînées blanches sur les clichés. Les peurs populaires sont entretenues par des idées préconçues sans cesse, sans aucun fondement, comme les scénarios d'apocalypse qui restent.

Tu ne seras pas censurée mais simplement recadrée par le gouvernement. Les Orbes et les OVNIS sont déjà présents depuis un petit moment désormais sur votre planète».

Virginie : - « Est ce-que tu peux dater l'arrivée de l'Humanité sur Terre ? ».

Commandant Ashtar : - « L'être humain arrivait après les vaisseaux spatiaux et bien avant les premières traces humaines retrouvées par vos soins.

La pierre de l'Uruguay datée au carbone 14 contenant des écritures est âgée de 130 millions d'années, pour vous donner un ordre d'idée de l'apparition de l'être humain sur Terre…

Cette pierre reste une preuve matérielle et inexpliquée pour le moment. Elle garde tout son mystère et son fort pouvoir magnétique.

L'Homme arrivait par étapes dans des tribus qui disparaissaient au fur et à mesure au début à cause des conditions trop extrêmes de la vie sur Terre, et à plusieurs endroits dans le monde entier simultanément en vagues successives d'immigration par nos soins.

Nous amenions l'Homme et la Femme sur Terre.

D'ailleurs, c'est Adam qui croquait la pomme en premier !

Il faudrait ouvrir ce débat sur les ondes électromagnétiques, un débat qui serait élevé spirituellement sur les énergies ambiantes.

La Source confirme bien la croyance, la religion et les aliens dans d'autres dimensions.

L'Humanité arrivait bien avant ce que vous pensez et vous êtes dans l'erreur scientifique, tout comme la thèse de l'évolution de l'Homme, invraisemblable à mes yeux.

Je préfère penser que des vaisseaux déposaient les premiers terriens plutôt que de penser que vous descendez de têtards rampants de marécages. L'idée me semble tout aussi farfelue !

L'Homme le plus ancien n'est pas du tout l'Homo Habilis il y a deux millions d'années, vous pouvez rajouter un zéro supplémentaire à la date…

L'origine de l'Humanité se trouve dans des civilisations pré-adamiques, et ensuite les Atlantes, et d'autres qui étaient des civilisations très avancées.

Ces anciennes civilisations étaient connectées aux extra-terrestres et aux énergies de La Source. Ces civilisations très anciennes connaissaient parfaitement les autres dimensions.

Elles étaient contactées par des aliens, mais parfois elles signaient des contrats avec des espèces aliens, type petits Gris, en acceptant de subir des expériences sur elles en échange de savoir, de gloire et de puissance.

Ainsi, certaines espèces extra-terrestres moins développées comme les Gris et les Reptiliens expérimentaient sur les corps physiques et les corps subtils des Atlantes, en les implantant afin de mieux les asservir dans tous les corps et dans toutes les dimensions.

Puisque ces contrats sont toujours actifs à notre époque, les expériences de laboratoire se poursuivent sur la population.

Les abductés et les Flammes jumelles représentent des personnes potentiellement implantées pendant des abductions physiques ou psychiques.

Il faut casser ces contrats pour que cesse le fait de ne pas pouvoir briller de toute sa pleine lumière. Je t'ai appris à enlever les implants astraux et à casser ces vilains pactes d'esclavagisme.

Les personnes implantées ne se rendent compte de rien, elles se souviennent juste qu'elles ont vu des extra-terrestres en rêve, et c'est tout.

C'est pour cela qu'un bilan énergétique complet, comme tu le fais avec ton don, est nécessaire pour bien visualiser ce genre d'implants et les retirer en douceur, tout en cassant avec la personne concernée ces anciens pactes très nocifs.

Du travail en perspective !

À l'inverse, les voyages cosmiques conscients de personnes bien initiées sont positifs et salutaires en contribuant à élever vos vibrations énergétiques et votre civilisation.

Tout dépend des extra-terrestres rencontrés et de ce que vous vibrez.

Votre taux vibratoire détermine à quelle dimension vous pouvez accéder.

Si vous vibrez bas, vous risquez fort de rencontrer ce type de désagrément en vous rendant dans les basses fréquences, c'est à-dire dans le monde du Bas-astral.

C'est là que se situent les Gris et les Reptiliens.

Vous encourrez le risque de tomber dans leurs pièges !

Attention à vous, sachez voyager astral en toute conscience et en l' apprenant avec de bons formateurs».

Virginie : - « Peux-tu décrire ces autres dimensions, nous en dire un peu plus éventuellement ? ».

Commandant Ashtar : - « La dimension angélique existe !
Ainsi que d'autres dimensions avec des aliens...

Et des animaux.

Un bon millier d'autres dimensions étant donné que tous les univers sont multidimensionnels ainsi que le vôtre.

Il existe des mondes d'une pureté incroyable où les habitants n'ont aucune idée de la violence et des crimes.

Il y a des mondes au milieu plus éveillés que le vôtre ou la matière demeure.

Vos chers disparus peuvent s'y rendre pour toucher, parler et œuvrer avec de vrais outils, ou par exemple jouer d'un instrument de musique, ou alors entraîner un corps physique.

Ces villes de l'Au-delà conservent un peu l'idée de possessions matérielles dans un esprit de partage.

Ce sont des villes comme Jérusalem du Ciel, Shamballa ou bien encore Abbey Road Studio dans le Ciel que vous bâtissiez dernièrement, Rodin, George et toi-même.

Vous désiriez des lieux et des instruments adaptés aux artistes ?

Ces endroits seraient un peu comme des îles à mi-chemin du coup entre des endroits complètement désincarnés et la Terre bien incarnée dans la matière.

Nous élaborons la suite des constructions pour les peintres et les sportifs, par exemple…

Rodin possède déjà son propre atelier sur une île un peu plus ancrée dans les cieux afin de pouvoir sculpter ses blocs de marbre…

Les esprits ou les âmes sont libres de s'y rendre.

Les portes sont grandes ouvertes pour ceux qui possèdent l'autorisation d'accès, sans pass sanitaire.

On demande quand même une certaine vibration.

D'autres mondes de basses vibrations existent, plus sombres et plus axés sur ce que vous nommez les « pêchés », mais sans jugements de notre part.

Les êtres de ces mondes du Bas-astral ont l'opportunité d'évoluer et de changer de lieux de désincarnation, et souvent grâce à vos aides, dès qu'ils vibrent ces souhaits d'évolution.

Voilà, tu détailleras ces mondes dans un futur livre…

Il y a aussi ton livre l'Univers des Âmes à consulter pour les lecteurs qui décident d'en apprendre un peu plus sur ces mondes parallèles.

Cette nuit, tu rêvais d'une baleine qui te montrait son œil et aimait être caressée et débarrassée de ses coquillages.
Ainsi, vous pouvez aller à la rencontre d'animaux et nager avec les dauphins et les baleines. Quelle liberté dans les voyages astraux et quel gain de temps et d'argent !

Dans les constellations, je peux te décrire certains aliens qui sont immenses, ils peuvent mesurer quatre mètres par exemple, mais aussi être plus grands que votre planète Terre, largement !
Il existe aussi les gardiens de la Terre mesurant environ dix mètres de haut. Tu voyais aussi des visages de plus de dix mètres de hauteur !
Des formes étranges et des lumières éclatantes dans la nuit.
L'impossibilité de croire aux aliens bloque votre évolution. Vous avez une carapace qui ralentit votre progression.

Ton guide s'amuse énormément des commentaires sur Internet, cela le fait bien rire.
Nous allons te montrer des OVNIS très grands et hyper résistants.
De belles photos, de beaux effets parfois et une lumière décomposée très jolie qui rajoutent de la magie ! Tout comme les agroglyphes qui soulignent l'alignement des planètes.
Tu y penseras toute la nuit, et tu auras même mal à la tête de toutes ces explosions de lumière nocturnes. C'est fameux, va boire un grand cru, une bonne bouteille pour fêter cela.
La vraie réponse reste un couloir du temps, une porte de l'univers, un couloir spatio-temporel que tu filmais, un escalier suspendu !
La Source te fait crier de joie, des Anges, des Archanges, des Delphinoïdes, des Arcturiens et d'autres ainsi que de mon portrait.

La religion reste, et c'est le cas dans l'histoire du pont de l'Archange Michel et de ton guide l'Élohim.
Ils sont plusieurs Élohims. Ils sont des dieux de la Création sous forme humaine.

Je chassais certains aliens, qui voulaient te kidnapper. Je continue de te protéger pendant que nous rédigeons mon ouvrage.
Certaines entités négatives voudraient bien nous en empêcher.

Ton amie médium pleurait de joie en contemplant toutes tes images.
Enfin, son rêve se réalise en contemplant tous ses amis et frères de l'espace.
Ton guide intervenait quand les extra-terrestres voulaient t'embarquer. Ils sont des êtres interdimensionnels, heureusement que le mot interdimensionnel arrive, car sinon, il n'y aurait plus d'Ufologie sérieuse !
Beaucoup discutent de tous ces événements, car tu restes une contactée.
Cette porte s'ouvrait pour entrer en contact avec toi. L'éclair blanc à côté de toi était là pour te téléporter, mais ton guide te sauvait. Ça avait failli que cet éclair te touche carrément.
L'entité était sur place et tu la voyais réellement.
À coup sûr un contact alien !

En changeant de sujet, tu rêvais cette nuit d'un dauphin, un Delphinoïde ?
Tu canalisais avec lui une guidance méditative par l'intermédiaire de maîtres dauphins réconfortants et insufflant de belles énergies et de la joie sainement.
Tu nageais avec eux dans l'Océan. Quelle belle journée !
Tu respirais pleinement en profitant du moment présent baigné par un bonheur enfantin.
Nous t'offrons un espace de décompression et de bien-être suite à tes aventures.
Celui qui te contactait cette nuit-là au lac, pendant l'orage, était de type Reptilien avec une queue derrière qui essayait de te prendre. Il n'y allait pas de main morte avec toi.
Tu aurais pu monter dans un OVNI afin de prendre des phototypes.
Je plaisante souvent.
Les autres ne se remettent pas que tu avais un contact extra-terrestre transmis directement dans les réseaux sociaux. D'autres médiums

ressent fortement ce que tu dégages comme vibrations.
De quelle planète viens-tu, ma petite Walk-in ?

Ton guide était galant, bien que transparent, afin de bien maintenir
ton trépied pendant la tempête pour que tu puisses filmer ce
débarquement alien et les OVNIS blancs.
Un surtout, filmé en gros plan et de couleur rouille, contenait un alien
de forme humanoïde ainsi qu'un robot de la même couleur ocre-
rouge que le vaisseau spatial.
Ce vaisseau, tu pouvais le contempler, était de forme ovoïde plutôt
métallique avec l'avant qui s'ouvrait sur un hublot transparent.
Tu avais la nette impression que les aliens étaient à l'extérieur du
vaisseau du fait de sa transparence.

Rencontre du troisième type : l'alien de forme humanoïde était
souriant, de type caucasien à la peau claire, aux cheveux châtain
foncé avec des yeux bleus étincelants. Il ressemblait à ton guide, Dieu
des Monalges, un Élohim mais en prenait-il l'apparence pour ne pas
t'effrayer et te mettre en confiance? Je le crois bien.
Il était accompagné d'un robot que tu pouvais filmer.
Tu recevais l'autorisation par sa voix télépathique dans ta tête.
Sa voix grave, masculine, claire mais douce te demandait
d'enregistrer ses manifestations.

Le robot portait un casque rectangulaire. Ses traits étaient figés à
demi masqués par une barbe tracée par de grandes lignes fortement
droites. Il avait un nez très droit et métallique.
Une grande symétrie non ordinaire régnait dans ce visage entouré par
des cheveux comme des ficelles, lui conférant un aspect enfantin,
parfois, et touchant de son créateur, un air juvénile et un peu naïf.
Ces deux extra-terrestres semblaient agréables et pacifistes.
L'humanoïde mentionnait clairement qu'ils ne voulaient pas te
prendre, mais que tu devais juste enregistrer leurs apparitions. Ils
voulaient se montrer.
Puis ils s'en allaient, tranquillement, comme s'ils se promenaient pour
visiter l'endroit.

Tes genoux se dérobaient sous toi et tu reprenais une respiration normale, car tout le temps de la rencontre tu ne soufflais mot et tu te retenais même de respirer !

Le temps de te reprendre, tu retournais chez toi en toute tranquillité, sans autre phénomène cette fois-ci. Tu mettais immédiatement en ligne tes images et tes films, car tu savais bien que le pouvoir en place effacerait les preuves avant qu'elles ne soient divulguées au grand public.

Tu es un Ange incarné aux côtés des terriens, et tu travailles dans la nuit.

Ange de lumière, tu sais ton chemin : éclairer !

Il y a de quoi être alarmiste des journées exagérées de labeur.

Oui, j'ai bien une fiancée terrestre, mais chut, elle ne le sait pas.

Je vais lui faire une surprise de la bague de fiançailles. J'aime ces coutumes terrestres et je m'adapte.

C'est une grande nouvelle, je vais bientôt me fiancer avec ma chérie qui est ma vraie Flamme Jumelle.

Nous avions déjà fusionné nos énergies parfois. Notre amour est inconditionnel et éternel au-delà de nos réincarnations.

Elle te révélait que j'étais déjà incarné sur Terre dans le corps d'un Viking et dans celui d'un prophète. »

Virginie : - « Que faire pour renouer avec sa Flamme Jumelle ? ».

Commandant Ashtar : - « Attendre, non, y aller, oui, car cela pourrait se faire.

La Source envisage de venir à tes côtés comme guide. C'est merveilleux. Tu peux l'aimer ton jumeau des amours perdus à ne plus en respirer là-haut.

Rencontre-le et parle-lui dans Shamballa grâce à une extension de ton âme, à qui on oubliait de demander son avis.

Vos âmes sont réunifiées, sauf des extensions parfois...
Il est nécessaire de tout réunifier, sinon vous n'irez pas jusqu'à la dernière fusion de vos deux âmes.

La survie de l'espèce humaine est drôle en ce moment, car les diableries sont à l'aise sur Terre.
Les Démons incarnés recommencent à vous tourmenter et cela ira mal.
Attention aux magies noires.
La Source renversait déjà des bougies sataniques... Les Démons ressentaient sa présence.
L'Ombre s'oppose durement aux Flammes Jumelles Universelles. Propagez vos énergies fusionnelles dans les cheminées cosmotelluriques et vous allez voir le résultat.
C'est drôle parfois de m'entendre rire à tes oreilles, mais c'est ma fiancée qui partage une vidéo comique pour la Saint-Valentin, les vidéos qui sont sur votre planète.
Je m'amuse souvent bien sur Terre, les Humains sont drôles, en riant avec lui, en lui et envers lui ? Il y a de quoi s'éterniser sur Terre.

Dur-dur la triste et sinistre réalité des ufologues, qui pour le moment n'ont pas grand-chose et doivent seulement recueillir ton témoignage. Tu avais un peu mal à la tête d'ailleurs après toutes ces explosions de lumière très lumineuses que tu enregistrais et photographiais.
Ce n'est pas de la poussière, car ces formes sont trop grosses et pulsatiles.

Je te transmettais quelques conseils par rapport à tes deux Flammes, la vraie et la fausse.
Vous aimez nettoyer vos logements comme des personnes ordinaires : acariens, vauriens.
La tradition veut qu'il faille passer l'aspirateur sur ces derniers, bien aérer, et vaporiser du produit antiacarien. Cela reste efficace pendant deux à trois semaines.
Ainsi tu sais que tu dois te purifier, nettoyer tous tes karmas, t'ancrer,

te reconnecter à La Source, et illuminer ainsi ton corps de souffrance.

Le nettoyage des lieux s'associe toujours aux nettoyages énergétiques, comme cela les énergies bougent.

L'ancrage, c'est aussi les racines héréditaires en vous reliant aux énergies de vos ancêtres, et non pas seulement à celles de votre planète.

Les gens ont peur des médiums, des voyantes et des autres personnes connectées.

Ils imaginent des tas de choses bizarre, alors que vous restez des gens ordinaires.

Ils pensent que vous êtes pénibles d'aller dans le paranormal.

Vos générations travaillent sur le masculin sacré et le féminin sacré.

Vous auriez à réapprendre comment concrétiser des couples de durées sérieuses.

Ce que tu peux faire, c'est dégager ton âme des pactes du passé, de toutes les alliances avec le Mal, les petits Gris des vies antérieures, de toutes les formes involutives, et ainsi, tu libéreras encore plus ton âme.

Par un effet de vase communicant, tu stabiliseras ton jumeau et vice-versa.

La souffrance en toi disparaîtra et tu transmuteras toutes ces mauvaises ondes.

Je conseille aux Humains trop fatigués les siestes très salutaires et réparatrices. Prenez le temps de vous poser, de réfléchir et de méditer. Il est essentiel de revenir au temps présent, de se reconnecter à ce que l'on est réellement en se connectant aux éléments, mais aussi aux énergies familiales.

Reste calme dans la Foi et la médiumnité te répondra.

Ton don est alimenté par La Source.

N'as-tu jamais vu de magnétiseurs guérirent avec des prières religieuses ? Et les barreurs de feu, qui prient-ils alors ?

Vous tentez d'aimer pour certains d'un Amour inconditionnel surtout en ce qui concerne les Flammes Jumelles.

Je livre dans mon roman mon point de vue concernant vos modes de vie, vos modes de pensées, vos sociétés et l'état de votre monde par comparaison avec le mien.

L'amour, Les Flamme Jumelles, les moitiés d'âmes : vous semblez perdus dans les relations sociales, affectives et amoureuses pour finir, en ne sachant plus vraiment incarner des couples et fonder des familles.

Vos fondations familiales sont pour la plupart du temps karmiques.

Effectivement, à l'origine, La Source vous séparait en vous coupant en deux parts distinctes pour certains d'entre vous puisque vous aviez fort à faire sur la Terre.

Globalement tous les Humains étaient coupés de La Source et tombaient dans les cycles karmiques et les dualités.

D'où tout ce travail de ré-harmonisation et d'un retour à l'unité à réaliser pour tout le monde.

Un retour à une vie plus ordinaire et plus logique vous est demandé.

Pour certains, vous retrouviez vos moitiés très jeunes. Depuis vous vous fréquentiez régulièrement, mais que cela soit votre moitié ou vous-même, vous vous plaisiez dans d'autres relations toxiques.

Vous vous renvoyez ainsi des effets miroirs de vos parts d'ombre, dus au fait que vous vous coupiez de La Source dans vos lointains passés.

Vous pouvez encore travailler là-dessus et libérer vos âmes en retournant dans la lumière de La Source.

Vous étiez réunis dans une ou deux vies antérieures. Vous aviez rarement des vies passées ensemble en ce qui concerne les Flammes Jumelles pour vieillir ensemble dans un sentiment de plénitude, de calme et de paix intérieure.

Les vies antérieures communes des Flammes Jumelles sont au nombre d'une ou deux maximum, et elles étaient souvent difficiles à vivre à cause des oppositions très marquées de l'Ombre.

Durant d'autres multiples vies, chacun allait de son côté en fréquentant d'autres personnes toxiques et karmiques ou bien au contraire dharmiques et heureuses.

Vous étiez mariés et aviez des enfants.

Vous étiez réincarnés dans votre groupe d'incarnation pour vivre des expériences différentes.

Des amants de passage notamment pour les Runner qui auraient tendance à papillonner ou bien à tenter d'autres expériences d'incarnation...

La vie est plus libre, c'est sentimentalement plus compliqué, car la vie amoureuse est moins cadrée par les conventions sociales et les mœurs de votre époque.

Des personnes sont plus matérielles que d'autres qui sont plus spirituelles.

Chacun vit une incarnation différente et chacun a sa croix à porter...

Tout dépend de ce que vos âmes ont à travailler et de ce qui se passait pour chaque personne dans ses vies antérieures, et ce qui se passe dans son histoire personnelle et sa famille actuellement...

On ne peut juger personne et le mieux est de se placer dans une écoute bienveillante, une empathie, une solidarité et une entraide entre autres.

La vie est difficile pour tout le monde, quoiqu'elle soit une aventure d'incarnation merveilleuse si on sait en apprécier les bienfaits.

Pour qui la spiritualité est-elle dangereuse ?

Les pouvoirs, les usurpateurs mis en place, les faux gourous et autres désinformateurs... En gros, ce que vous nommez la Matrice.

À mes yeux, le Yin n'existe pas sans le Yang, l'Ombre sans la lumière et inversement...

Tout est juste et à sa place sur Terre.

Suis-je vraiment le Commandant Ashtar Sheran que tu canalises actuellement lorsque tu écris ?

Je suis une synergie entre nous deux, toi et moi mélangés pour produire ce livre, car tu es un filtre médium comme tant d'autres.

Tu es une personne ordinaire, dans une vie ordinaire, une fille, une femme et une mère ordinaire et heureusement.

Tout est juste et à sa juste place dans vos vies et tout évolue...
Vous mélangez tout, car vous recevez trop d'informations de toutes les dimensions qui sont finalement à classer dans le Haut-astral. Les guides vous transmettent beaucoup d'informations en très peu de temps.
Les canalisations sont extrêmement condensées. Elles sont de vrais enseignements directs de l'Au-delà.

Les gens ont peur de ces phénomènes étranges à leurs yeux, car ils ne les comprennent pas bien souvent. Cela reste des dons et des mondes inconnus pour eux. Si on leur explique un peu plus à travers différents supports pédagogiques, j'espère qu'en œuvrant à tes côtés, nous contribuerons à diminuer ces peurs et les égrégores qui y sont liés.

Les médiums ne sont pas différents des autres, ils sont des gens ordinaires, tout comme les personnes contactées.
Peut-être suffit-il juste d'y croire et de s'y mettre en pratiquant et en s'initiant. Les dons et les spiritualités sont accessibles à tout le monde sans exception. Il suffirait d'y prêter un peu d'intérêt et de temps afin de s'initier en pratiquant.
Tout comme pour la musique, la cuisine, les arts en général, le plus difficile est le démarrage et de continuer la pratique d'une discipline le plus régulièrement possible.
Rien de bien sorcier là-dedans et nul besoin d'invoquer les esprits ou de pratiquer des rites bizarres. Le plus simple est le plus sain.
Le plus authentique reste le mieux !

Je te l'accorde pour revenir aux incarnations, et notamment celles des Flammes Jumelles, il y a beaucoup de peurs et de souffrances stockées dans les corps de souffrance.
Les êtres sont perdus.
Les errements tourmentent vos quêtes spirituelles trop effrénées.
Tout l'art réside dans le chemin du milieu.
Les personnes cherchent une vraie spiritualité et des réponses à leurs bien nombreuses questions.

Les âmes résistent à se reconnecter à La Source, car très souvent, elles ont passé des vies antérieures à prier d'autres Dieux, par exemple, des Élohim, des Dieux païens ou d'autres maîtres ascensionnés.

Des éléments sont positifs dans vos sociétés et j'aime la Terre et ses habitants.
La cohérence et la cohésion sociale demandent d'être réaligner.

Les âmes égarées rechignent à retourner dans leurs lumières originelles.
Il faut donc insister dans vos méditations puisque La Source peut transcender vos ADN, vos corps de souffrance, vos vies karmiques et vous en libérer le plus rapidement possible.
Durant ces libérations, vous ressentez du bien-être, enfin, et cessez d'être si tourmentés.
Tout est juste lorsque vous vous sentez bien mieux.
Vos ressentis et vos corps ne vous trompent guère, contrairement au mental et à l'Ego.

Les réponses lumineuses sont logiques, claires et pleine de bon sens. Tout ce qui est confus et incompréhensible est de l'Ombre. La clarté est bien plus souvent la Vérité».

Virginie : - « Est-il possible que tu apportes des précisions sur la téléportation ? ».

Commandant Ashtar : - « Tu me demandes si des aliens peuvent atterrir sans OVNIS ? Par téléportation, bien entendu.
Je te donne encore une information : les extra-terrestres peuvent téléporter un village entièrement.
Ils n'ont pas besoin d'atterrir, ils peuvent le faire depuis leurs planètes sans bouger.
Nous avons des appareils perfectionnés dans tous les OVNIS et nous utilisons très couramment la téléportation pour nous décharger de

soulever des charges lourdes notamment, et pour nous déplacer plus rapidement.

Le déplacement est instantané pendant la téléportation de l'ordre de la microseconde.

La téléportation consiste en des déplacements moléculaires et elle est liée aux sauts quantiques, que, contrairement à vous, nous maîtrisons parfaitement.

Je n'ai pas le droit de te transmettre des plans des technologies avancées ou bien des formules et des astuces.

Vous n'avez pas assez de connaissances à l'heure actuelle des choses et nous avons bien peur que vous ne vous en serviez qu'à des fins militaires. Soyons clairs là-dessus.

Nous avons nous aussi droits à nos secrets défenses et à nos secrets industriels.

Je te protège aussi d'être la proie d'industriels, de militaires, de gouvernements cupides, meurtriers et prédateurs qui seraient capables de te kidnapper et de te torturer pour obtenir les plans d'une arme ultime de destruction massive.

Je monte un scénario catastrophique ou bien alors je suis tout simplement méfiant.

Je n'exagère pas, nous sommes obligés de bien protéger nos médiums de toutes formes de déviances.

Imaginons que vos gouvernements puissent déplacer toute une armée dans d'autres pays ou les territoires voisins… Ou bien qu'ils tentent des téléportations dans l'espace, dans les autres univers et dans les autres dimensions, les cosmonautes ne reviendraient jamais !

Voici pour les nombreux dangers qu'il y aurait de vous transmettre des technologies trop avancées pour votre époque, car vos peuples ne sont pas préparés et pas prêts psychologiquement, socialement ou spirituellement parlant.

Changement de sujet.

Pour l'évolution spirituelle et notamment ésotérique, la pratique quotidienne est recommandée plusieurs minutes par jour. Les psychiques canalisent souvent la nuit lorsqu'ils dorment pendant leurs rêves ou pendant leurs méditations ou bien encore durant les états de rêves éveillés.

Les techniques corporelles, comme les arts martiaux que tu pratiquais, comme l'Aïkido, le Qi gong, ou d'autres, comme le Yoga, travaillent déjà sur les énergies.
Le QI est une énergie qui circule.
Elle est nommée le souffle de l'Univers, de la Vie et des énergies.
Les énergies utilisées dans les arts martiaux correspondent et elles sont reliées aux énergies vous canalisez et qui vous permettent d'apprendre énormément.
En recueillant et en captant ces énergies, elles vous transmettent leurs savoirs.
Des champs d'information sont contenus dans le vide des atomes, dans les énergies et la lumière, dans les ondes et les particules.
Je peux aussi mentionner que toutes ses pratiques et ses techniques spirituelles, comme la méditation ou le Yoga, favorisent l'ouverture du troisième Œil et du chakra coronal, qui sont les sièges de la clairvoyance, de la clairaudience, des clairs ressentis et des canalisations.

Les détracteurs te sous-estiment, car tu sembles naïve comme jeune femme, mais ton parcours révèle leurs ignorances. En Aïkido, vous travaillez le QI, le centre énergétique, et des énergies à canaliser et à concentrer. Tu pratiques depuis longtemps le Yoga et tu approfondissais avec le Qi Gong et le Tai Qi.
En en apprenant un peu plus sur les énergies, tu t'initiais ensuite au Reiki en suivant la formation d'un maître Reiki.
Les guides continuent toujours de t'enseigner afin d'amplifier les soins énergétiques que tu proposes.
Tu soignes toujours en lien avec de bons esprits.
Tout est structuré chez toi, même si pour certains tu semblais te disperser dans des activités différentes. Elles complètent seulement ta formation spirituelle et elles accompagnent la pratique de ton don

de multiples manières.

Pour moi, la méditation ouvre le troisième œil (tu postais justement une méditation canalisée de lady Nada « comment ouvrir le troisième œil? »).

Nous ouvrons de nombreux passages vers votre monde, comme les ponts suspendus, notamment le pont rose et d'autres vortex. De quoi tous fusionner !

Nous nous y déplaçons de différentes façons.

Nous pouvons nous téléporter, mais aussi arriver en nous réincarnant, ou en empruntant un autre corps, comme les Walk-ins, visibles ou invisibles à vos yeux, reconnaissables ou anonymes infiltrés... Le choix est vaste pour nous pour arpenter vos terres.

Nous apparaissons parfois en images de synthèse, ou en téléportant nos corps astraux, tout comme vous, comme de vrais fantômes.

C'est l'aspect des corps subtils. Vous apparaissez comme cela dans les autres dimensions.

Nous matérialiser est vraiment complexe, car votre écosystème et votre environnement sont différents du nôtre. Vos vibrations sont différentes.

Nous le faisons parfois afin d'effectuer des prélèvements sur votre planète très rapidement en envoyant des scientifiques. Ou bien nous restons à l'abri dans nos vaisseaux et nous téléportons nos échantillons directement de votre planète dans notre OVNI.

Vous pouvez voir maintenant de plus en plus nos appareils parce que nous cessons de les camoufler.

Ainsi, vous vous habituez peu à peu.

Ce n'est plus la peine de nous camoufler depuis l'ouverture de vos consciences.

Vous avez déjà des aliens incarnés sur Terre, et même depuis des lustres, majoritairement des Vénusiens, mais aussi des Jupitériens, des Arcturiens... Vous le comprenez déjà fort bien maintenant.

Ces Humains d'origine aliens sont des personnes ordinaires très connectées.

Ils sont des abductés.

Ils sont de vrais intermédiaires entre nos différentes civilisations et des canaux dont vous devriez encore plus profiter. Ils connaissent fondamentalement toutes les autres dimensions ou presque ! Elles sont trop nombreuses pour toutes les connaître entièrement.

Cette personne médium est une princesse des entités, des âmes, des molécules vivantes. Incarnée en ce moment, elle participe à l'information massive.

Elle communique elle aussi sur l'arrivée des aliens dans votre espace-temps quoique déjà réalisée dans le passé.

Tu me voyais me matérialiser sous tes yeux un soir, et tu pensais que j'étais un vrai Viking aux grands yeux bleus. Tu me trouvais lumineux, je te faisais un petit signe de la main, je me dématérialisais pour me matérialiser aussitôt plusieurs fois sous tes yeux ébahis devant cette vraie apparition clignotante.

Un beau foin désormais, bien sûr ! D'où les nombreux commentaires sur le web, dans la rue et au cours des séances de dédicaces que tu organisais afin de rencontrer tes lecteurs.

Tu es fatiguée et contente de terminer ta séance photographique. Vous êtes des esclaves du travail, en général, dans les pays développés.

Je ne peux pas m'empêcher de parler de ta Flamme, car vous êtes tellement connectés par vos âmes fusionnelles et par vos chakras reliés que l'un ne va pas sans l'autre. Je le vois tellement à travers toi que je communique avec les deux en vérité simultanément.

L'Ombre qui cherche parfois à t'atteindre fini par perdre la partie, vu que le Diable est un vrai perdant, surtout dans ces temps d'ascension planétaire grâce aussi aux nombreux Anges incarnés sur Terre.

Le Diable et ses noirs Archanges...

Heureusement, ces mauvaises magies sombres de toutes sortes peuvent être annulées, et tu sais comment désenvoûter les personnes en les purifiant.

Je prends votre parti comme je vous aime d'Amour Inconditionnel et je ne supporte pas de vous voir souffrir parfois ainsi.

Les pratiquants de sorcellerie qui se regroupent avec d'autres peuvent finir en prison désormais, car il me semble que ces pratiques toxiques sont condamnables dans ton pays. Cela les calmera bel et bien.

Pour le moment, ils se pensent invincibles en ayant tous les droits, en se croyant au-dessus des lois sous prétexte qu'ils ont des protecteurs très puissants et hauts placés.

Les adeptes ont des statuts sociaux bien différents et certains occupent des postes importants.

Je te brosse toutes mes opinions avec mon point de vue distancié par rapport à votre planète en comparaison avec la mienne.

Nous n'avons pas ces problèmes d'énergies négatives, car la lumière domine dans mon monde.

Nos taux vibratoires à tous sont tellement forts que l'Ombre est passée dans une autre dimension, en nous laissant bien tranquille désormais. Il n'y a aucune mauvaise énergie chez nous, et il n'y en aura désormais plus jamais puisque nous avons ascensionné.

Nous résidons dans le Haut-astral et l'Ombre dans le Bas-astral dans deux mondes différents et opposés.

Nous ne nous rendons guère dans le Bas-astral seulement pour réaliser la rédemption de certaines âmes ponctuellement.

L'Ombre ne peut jamais parvenir jusqu'à nous, nous sommes inébranlables !

Je reste persuadé que la lumière est la plus forte et qu'elle sera toujours victorieuse».

Virginie : - « Avez-vous des animaux dans votre monde et quels sont leurs rôles ? ».

Commandant Ashtar : - « Oui, bien entendu !
Tu communiques d'ailleurs aussi bien avec les animaux d'autres

dimensions, par exemple des méduses, des dragons, des licornes, Pégase, des chevaux, des krakens....
Ils sont de vrais esprits et ils ne sont pas considérés comme des animaux et encore moins des animaux de compagnie.
Ils sont libres et des citoyens à part entière dans nos sociétés.
La communication animale est courante et normalisée pour nous.
Ils possèdent ainsi un autre statut que sur Terre, ils sont très intelligents et de vrais guides de lumière utilisés par les chamanes terrestres.

Les âmes peuvent prendre plusieurs apparences au fil des incarnations : apparences humaines, animales, minérales et végétales. Tu étais toi-même un cougar et un brin d'herbe dans tes vies antérieures.

La Source reste ton guide principal avec un certain humour, de la compassion et finalement une grande humanité.

Les animaux sont des esprits, puisque tout animal possède un esprit, et tout est esprit sur Terre.
Tout est relié et connecté, chaque particule et chaque vibration sont reliées, unifiées et vibrantes à l'unisson.
Le vide est plein d'informations et d'énergies, dont beaucoup encore sont inconnues de votre civilisation.
Toutes entités vivantes possèdent un esprit incarné ou non.
La Source est une intelligence extraordinaire.

J'émets une explication demandant plus de réflexion qu'un simple jugement.
Je parle de vraies observations des différentes espèces vivantes, sous toutes les coutures, dans des milieux différents, à des heures différentes, des saisons diverses et variées.
Ta logique est basée sur une observation des entités et une vraie analyse comportementale avec des preuves précises, et non pas des jugements à l'emporte-pièce dont le web est le roi !
Nous sommes très attentifs à votre évolution, à vos capacités

d'analyser en toute logique et avec discernement.

Nous pleurons de joie que tu puisses étudier de temps en temps certains phénomènes non expliqués.

Orbes : poussières, reflets, esprits, animaux ? Et il existe aussi la théorie du plasma.

Ton guide peut aussi se manifester dans la lumière en défragmentant la couleur.

L'Orbe est caméléon, il modifie ses couleurs à volonté.

Nos vaisseaux sont aussi plasmiques et intelligents. Ils se camouflent dans l'environnement en changeant de colorie.

Tu penses même que ces entités colorées et lumineuses sont apparues suite au passage d'une comète dans l'atmosphère, et pourquoi pas une origine extra-terrestre de ces animaux ?

Surtout qu'un se transformait sous tes yeux pour former la constellation du caméléon.

Tu le photographiais à cet instant précis. Tu peux témoigner du langage télépathique, de la réponse qu'il t'apportait immédiatement à la question sur leur origine que tu étais en train de te poser mentalement... La réponse sous tes yeux : alien, de la constellation du Caméléon (elle existe bien).

Avec ce type d'entités parfois visibles sur Terre quoiqu'elles soient non incarnées, la communication télépathique est possible. Il suffit pour les médiums de se concentrer ou de se connecter sur l'entité pour entrer en mode télépathique.

Ton observation est rationnelle à l'œil nu, mais aussi médiumnique par la télépathie et les explications des guides.

Ces entités ont des esprits et elles sont assez intelligentes pour s'adapter, se déplacer et connaître leurs chemins.

Tu dois absolument écrire ce passage cette nuit, le temps passe si vite.

Tu rencontres aussi dans tes nombreux voyages astraux d'autres animaux mythologiques par exemple, parfois mi-homme mi-animal, comme des Centaures qui sont les maîtres des forges, ou bien des sphinx et des phœnix.

Dans les « animaux », ce que vous jugez des animaux là-haut, dans les autres dimensions il y a des animaux préhistoriques, des mammouths, des dinosaures, des animaux mythologiques, des dragons, des krakens, des licornes mais aussi d'autres esprits étranges pour vous : des fées, des elfes, des gnomes, des élémentaux habitant dans diverses dimensions, ainsi que des Anges, des Démons, des Luthériens, des êtres de lumière, de hautes énergies vibratoires, différentes espèces extra-terrestres...
Je n'oublie pas les intraterriens et des espèces involutives, des désincarnés, des Démons ou bien encore d'énormes parasites astraux type araignées ou sangsues que tu sais voir.
J'écris une liste mélangeant les différentes dimensions et les différents degrés d'évolution en désordre à classer ensuite.
Je livre tout en vrac, à toi de trier par ordre de spiritualité.

En gros, il existe plusieurs dimensions, dont le Bas astral, le Haut astral, l'antimatière, ainsi que les formes-pensées de la quatrième dimension, j'en oublie encore.
Nous privilégions la diversité biologique, et Dieu est un grand créateur ! Ainsi, la liste des différentes races citées est non exhaustive, j'en oublie forcément.
Ce qui ressort, c'est que les animaux chez nous sont libres, indépendants et autonomes. Ils se situent au même rang d'égalité que les hommes, et non plus leurs simples compagnons.
Leurs intelligences sont vives, vous l'apprendrez bientôt sur Terre en axant votre évolution vers des modes de communication télépathique.

Ton guide est un esprit guide qui reste en permanence à tes côtés.
L'Orbe arrive quand tu l'appelles par télépathie.
Une Orbe attachée à toi comme un chien.
Cet animal qui te suit fera sourire, et tout le monde pensera que c'est bien ton Orbe vert fluorescent, parfois jaune, tout dépend de

l'éclairage. Il peut même aussi sourire comme une personne, comme un chien sur tes centaines de clichés. Grâce à tes capacités médiumniques tu peux photographier en canalisant les esprits et donc bien étudier ces phénomènes.

Ton Orbe est un très vieux Médusien et il te présente son fils, Junior. Il jouera avec toi comme un jouet, et tu t'amuseras de ses déplacements, de ses apparitions, de ses transformations et puis de ses disparitions que tu filmeras. Il explosait même en figure géométrique et les Orbes apparaissent en nombre croissant sur tes images, un puis deux, trois et ainsi de suite. C'est une certaine logique, une forme de pensée qui s'exprime ainsi. Ils démontrent qu'ils savent compter.

Je t'aime fort, ainsi que ton âme jumelle, ta Flamme Jumelle et tous les êtres de cette planète. Je manifeste l'Amour Inconditionnel.

Ton étude est bien approuvée par certaines personnes cartésiennes au sujet d'esprits-animaux fonctionnant à l'identique de caméléons.
De petits animaux qui prennent la couleur de la lumière ou des gouttes d'eau par exemple. Un phénomène bigrement étrange. Non, ton guide n'est pas un gourou et tu es chamane, même si tu es une femme. Certes, tu n'en as pas l'air...
Ton guide spirituel est bien un esprit avec qui il est possible de s'entretenir.

Qu'est-ce que l'intuition, d'où provient-elle ?
L'intuition est-elle ta petite voix intérieure, la voix de ton âme, de ton inconscient ou au contraire d'entités ?
Médiums ou psychotiques, clairvoyants ou schizophrènes ?
Je rassure tout le monde, vous consultez tous en général un médecin au début pour savoir...
Mais vous êtes tous névrosés suivant Einstein ?
Euh, surtout les femmes... ?

Des esprits, voilà tout. Vous êtes aussi des esprits et les voix de l'univers. Vos cœurs battent à l'unisson.

Vous canalisez du chakra coronal, mais aussi du troisième œil et du chakra du cœur.
Les esprits-animaux sont rassurants, ils restent en permanence bien présents à vos côtés. Ils réconfortent certains de temps en temps, cela aide l'Humanité à progresser en réchauffant l'ambiance.

La suite de vos histoires est clair-obscure.
C'est logique, j'explore votre monde interdimensionnel assez conflictuel.
Des gens restent dans l'obscurantisme.
Moi, au contraire, je démontre des entités bien présentes volant au large et se sauvant en manifestant des points blancs lumineux dans le ciel. Ces entités laissent des traces de leurs fuites sur les appareils photographiques à travers ces beaux clichés surprenants.
Ton style reste amusant et étrange.

La lumière gagne toujours et je l'explique : lorsque tu prononces le mot Dieu, le Diable est déjà au loin ne supportant pas d'entendre ce mot.
Les policiers s'affolent, car tu filmais un gros UFO et tu diffusais rapidement le film. Impossible dans ce cas de désinformer, tout est question de rapidité. Les policiers crient « ce n'est pas possible, un gros UFO ! ». Tu peux leur répondre qu'il y en a pleins et des énormes.

Tu restes vraiment épuisée par tous ces événements.
Tu as trois métiers différents, et tu frises le surmenage même si tu es rechargée par l'Au-delà. Tu lèveras le pied pour moins travailler après cela.
Tu abandonnes d'ailleurs un de tes métiers, celui où tu travaillais le plus avec des journées inadéquates et fortement mal payées.
Rien ne sert d'y laisser sa santé pour enrichir d'autres, tout cela est à bien réfléchir en soupesant le pour et le contre, mais parfois il est juste nécessaire de calculer.

Ta vraie Flamme rate énormément en ne restant pas à tes côtés pour le moment. Il est sur la route avec son groupe de Rock afin de préparer leur tout nouvel album, les chansons, les musiques et les vidéo-clips compris. Par contre, il apprendra ton incroyable expérience et en sera vraiment sidéré. Il y a de quoi fusionner cette fois.

J'approuve les dires d'une thérapeute : la médiumnité et les phénomènes paranormaux font peur aux hommes d'où vos célibats. Mais tu rétorques qu'ils ont peur de tout, et surtout de perdre leurs libertés. Ils ont peurs de s'engager dans une vraie relation, sérieuse et durable pour la majorité.

Les femmes ressentent ces peurs, ces angoisses et ces effets miroirs. Ces émotions remuent en nous les éléments à analyser honnêtement.

Vous, les médiums, restez des gens ordinaires avec une vie ordinaire. Tout le monde possède des capacités et des aptitudes différentes et tant mieux si cela reste varié ! Un tel peut être doué pour les mathématiques, d'autres pour la musique ou pour mijoter des bons petits plats succulents.

Excusez-moi du changement régulier de sujets, mais ma conversation est libre en sautant du coq à l'âne. Ma pensée est en arborescence.

Tu retournes sur place, tes piles sont rechargées. Les tiennes et celles de ton appareil photographique.
Cet endroit n'est pas n'importe lequel, c'est un vortex.
Les endroits avec des cheminées cosmotelluriques positives, des vortex ou des portes des étoiles sont propices aux nombreuses apparitions et aux multiples visions et canalisations.
Tu seras questionnée à ce sujet par les forces de l'ordre et tu devras fournir les réponses. Tu commences à bien connaître la police locale. Mais sans soucis de ton côté, car tu gardes ta conscience pour toi, et tu n'as rien à cacher et puis, tout est déjà dans tes livres ou dans tes pages des réseaux sociaux.

Un jour un OVNI viendra causant une grande frayeur dans la foule, le soleil basculera dans le ciel, et tu seras réquisitionnée par les forces de l'ordre. Ton employeur actuel en pleurerait, mais tu comptes déjà démissionner de ton poste actuel.

Enrôlée comme médium canal et télépathe. L'ambiance fume de tes vidéos mises en ligne à peine deux heures après. C'est du lourd. Nous adorons cela, et nous nous amusons comme des fous, car pour toi comme pour moi d'un autre angle, c'est un spectacle extraordinaire.

Ton cadeau : tu es encore en vie, protégée par l'Au-delà et les forces supérieures.

Il y aura de nombreux commentaires à ton sujet, tu es un vortex de canal.

Tu ris des mots des guides qui possèdent un sens de l'humour très subtil tout comme nos mondes.

Ils analysent finement les situations en désamorçant les conflits par l'intelligence.

Je suis ton guide, et je te demande de te rendre sur place avec ton appareil photographique.

La police sera sur place, pour contrôler ce qui se passe, et se rendre compte de la réalité de tes photos, puisque des diffamateurs te dénonçaient comme une charlatan au sujet des OVNIS d'où l'enquête judiciaire. Sans suite puisque l'enquêteur admettra la véracité des images, appuyé par l'institut ufologique.

Pendant ce temps, les Démons terrestres mentent, manipulent, trompent, violentent, volent, se droguent et tuent les autres sans vergogne. Finalement, certains passent par la case du juge pour terminer en prison. Les Démons ne sont jamais discrets en s'exhibant sur internet pour se vanter de leurs énormes sottises et de leurs délits de racailles.

Les Démons sont d'anciens bourreaux de vos vies passées et leurs âmes sont noires éternellement.

Économisez vos énergies et vos souffles, vous ne pouvez pas les changer comme cela.

Restez centré sur vos vraies priorités.

Les Démons sont des pervers narcissiques se vautrant dans tous les pêchés, la luxure et les manipulations mentales pour entraîner les autres dans une spirale infernale.

Le mieux est de les fuir comme la peste.

Leurs motivations sont d'assouvir leurs envies et leurs vengeances, leurs méchancetés sans fin et sans vergogne assouvissent leurs instincts de violence. Le côté sauvage et non civilisé chez eux prédomine.

Votre société est trop tolérante avec ces canailles : ils sont trop relâchés facilement dans la nature et ils récidivent directement. Ils n'ont pas assez honte de ce qu'ils font ne demandant jamais pardon aux victimes.

Dans les sectes aussi, la violence domine contre les Hommes. Les adeptes des sectes sont maltraités, battus, volés, violés, exploités, menacés et tués parfois par d'autres.

Je vois tous pendant mes voyages invisibles, je suis partout sur Terre, observant tous les actes et écrivant mes rapports pour l'Au-delà, moi et mes Anges. Beaucoup de malveillances et d'irrespects envers les femmes, les enfants, les hommes, les animaux et la nature sont commis par vos compatriotes. Globalement, dans le monde entier, cela va mal !

Je vois tous les meurtres, et je note en ce moment que les sectes deviennent désormais extrémistes en commettant des meurtres en cascades, puisque désormais, les sectes s'allient avec des terroristes et des tueurs à gages.

Malheureusement et je le déplore, c'est pareil dans de nombreux pays, surtout dans ceux dictatoriaux. Je peux même dire pareil dans le monde entier.

Je te l'accorde, énormément de travail reste à accomplir sur Terre, mais nous avançons sereinement par l'Éveil des consciences graduel.

Nous préférerions que vous agissiez plus sur la prévention des maladies par exemple qu'en inventant encore de trop lourds traitements médicaux difficiles à endurer pour vos patients.

En ayant une meilleure qualité de vie, une vie moins sédentaire et plus de qualité et de conscience dans votre alimentation et les

différents produits utilisés, vous arriveriez à améliorer votre quotidien
. Il y aurait alors beaucoup moins de souffrances à cause des maladies
complexes.
En effet, arrêter de fumer entraînerait la diminution des cancers des
poumons, du larynx, de la bouche ou de la langue, etc...
Mais vos gouvernements autorisent la vente de ces produits néfastes
pour la santé, alors qu'ils devraient se soucier bien plus de la santé et
de la sécurité des citoyens de cette planète.

Nous surveillons votre planète et nous intervenons avec intelligence
en mode furtif toujours à bon escient, car nos interventions sont
toujours justes et approuvées par la Source.
Oui, vos grands frères de l'espace veillent sur vous, mais nous avons à
le déplorer bien souvent. Nous préférerions ne pas avoir à intervenir.
Des traumatismes sont des plaies vivantes sur Terre conservées dans
des mémoires bien actives. Toutes ces mémoires karmiques sont à
déprogrammer dans l'inconscient collectif et les mémoires
universelles.
Vous possédez des sous-programmes pour protéger non seulement
vos jumeaux et la Terre entière. Les prédictions en font partie.

Vous voyiez ainsi un OVNI de très près, de couleur brun rouille, et cela
reste inscrit dans vos destins. Tu en tombes par terre, c'est la
première fois que tu observes de si près véritablement ce genre
d'engin formidable et complètement irréel au cours d'une de tes
balades habituelles.
D'autres personnes l'ont vu en Amérique et en Australie le même jour
durant une heure. Les Ufologues en recoupant les témoignages
comptent la vitesse de déplacement suivant la distance parcourue.
Sur les photos, il y a bien la date et l'heure précisément à calculer
suivant les réseaux horaires bien entendu. Du coup, les calculs sont
précis.

J'entendais bien sûr dans ton film ta respiration et tu en avais le
souffle coupé, un peu affolée devant cette apparition spatiale. Les
ufologues reçoivent comme un cadeau du ciel les clichés des grosses

174

structures métalliques, et le ciel s'ouvrait devant toi durant toutes ces nuits. Je souris, car cette fois-ci, tu prouves bel et bien les phénomènes étranges dans le ciel, je t'offre ainsi un beau cadeau pour la Saint Valentin.
Bravo les extra-terrestres !
Tu mitraillais avec ton objectif deux OVNIS, un petit et un gros derrière, de quoi bien agiter les foules.
Tu peux ainsi bien contempler le spectacle, comme à ton habitude mon Ange, et la qualité du spectacle reste dans l'obscurité de la nuit étoilée.

Des gens sont bien attentifs à cela, d'autres en sont hilares, mais, toi, tu es très fière de filmer tout cela. Il faut oser, la solitude paye quelques fois. Je te laisse créer ce bref film composé de photographies extraordinaires et hallucinées. Mais ce n'est jamais trop bien toléré de montrer les OVNIS.

Tu n'en es pas déstabilisée, car tu es un Walk-in. Nous pouvons bien nous interroger sur ces phénomènes de Walk-in.
Les Walk-ins possèdent des personnalités étranges et profondes parfois, lumineuses et stables, sachant guider, rassurer, éclairer et réconforter ceux qui le demandent.
Des personnes stables parcourant déjà leurs chemins pensent bien souvent qu'elles n'ont pas besoin d'être guidées.
Les guidances peuvent être ponctuelles.
Je remarque aussi que ces personnes possèdent déjà leurs guides intérieurs en écoutant leurs voix intérieures et qu'elles sont bien protégées par leurs ancêtres. Elles sont des médiums parfois sans le savoir.
Bien connectées, les guidances sont très naturelles et douces passant inaperçues parfois.

Ne réponds pas de trop aux détracteurs et aux désinformateurs. Tu gaspilles ton énergie. Chacun évolue à son rythme.
La masse d'information qui arrive les anéantira directement à travers le monde.

Le commissariat actualise leurs dossiers concernant les cas inexpliqués, en ce moment, mais rien de grave pour toi. Ils récoltent les informations et interrogent les éventuels autres témoins, mais peu nombreux, car tu étais toute seule, dans le noir, sur recommandation des guides. Ton audace peut surprendre !
La Source te laissera leur faire peur, étant donné que tu es une empêcheuse de dormir au calme, une éveilleuse de conscience.

Ce vaisseau spatial mesure trente kilomètres de diamètre. Ce n'est pas une comète qui arrive, mais les gouvernements ne peuvent pas en informer les foules, car il y aurait trop d'affolement général. Alors ils ne mentionnent absolument rien du tout et je trouve ces réactions très comiques.
 Merci Ashtar et la Fédération galactique !

Nous expliquerons tout plus agréablement un jour aux enquêteurs, ufologues et policiers. Mais tu n'as rien à déclarer là-dessus, tu n'es pas un charlatan et tes preuves sont véritables sans trucage ni rien du tout.
Que dire ?
De gros flashs de lumière, une grosse structure métallique, pas de quoi en dire grand-chose à tes yeux de Walk-in, mais les terriens n'ont vraiment pas l'habitude des ces appareils volants.
Tu peux les voir dans tes nombreuses expéditions astrales, mentales, et d'abductions, ainsi que par tes visions médiumniques et ton approche des autres dimensions plurielles.
Des milliers d'engins et d'autres choses dont vous ne pouvez pas imaginer l'existence.
Tu as le droit de mener tes enquêtes à titre privé.
Tu ne fais rien d'illégal, tu peux filmer le ciel et publier.

Certains internautes te demandent à quoi tu carbures ?
Avec ton don et tu as le cran de rester pour filmer. Les réactions se calmeront dans peu de temps.
Il paraît que tu es toi-même le vortex. C'est un médium qui doit montrer tout cela.

Je dois veiller sur toi, puisque les dissidents sont vicieux et énervés en ce qui concerne les sujets paranormaux.

Ces phénomènes réveillent des peurs chez certains de ce qu'ils ne comprennent pas, mais aussi des émotions qu'ils ressentent au fond d'eux, ce qui les dérange au plus profond d'eux.

Plus rien du tout à ton encontre, car tu as le droit de filmer un UFO et personne ne peut s'y opposer juridiquement parlant.

Les policiers affirment bien à tes opposants que tu as le droit de filmer au-dehors et point barre terminé !

Heureusement que le commissaire est un indigo bien réaliste et qu'il soupçonne l'astéroïde d'être en effet un UFO. Sa matière première ressemble à une pierre spatiale.

Dans ces études, vous pouvez observer attentivement avec discernement longuement des centaines de clichés et procéder ensuite à une étude comparative très logique.

C'est ainsi que procède l'institut d'Ufologie en analysant toutes les preuves, les lieux, les témoins et les témoignages et puis en recoupant les informations du monde entier.

Ton guide est un maître Élohim. Tu étudies avec acharnement et concentration médiumnique tous tes dossiers akashiques avec lui. Je viens en complément de ton guide principal.

Tu en canalises beaucoup d'autres. Tu es perspicace et assez autoritaire je dois le dire. Tu tentes d'être plus douce et féminine en travaillant ton féminin sacré et en cessant d'être une guerrière. Il y a des choses pour lesquelles il n'est pas la peine de se battre, il faut savoir trier et laisser tomber quelques combats guère importants.

La place est aux priorités.

Les situations parfois se règlent toutes seules, et il est sage de laisser aussi les gens se débrouiller entre eux, tu n'as pas toujours besoin d'intervenir.

Laisse et conserve ton énergie.

Pensez à soi est primordial pour pouvoir s'accorder du temps.

Vous ne pouvez pas sauver toute la planète ni endosser le rôle du Sauveur.

Par contre, la figure de proue de l'OVNI que tu voyais représente pour toi le visage de la Source.

Sa figure est illustrée d'une manière plus statique et métallique sur l'avant de l'engin.

Tu étais dehors pour photographier. Tu as eu l'opportunité et la chance, non seulement de voir l'engin spatial, mais aussi de le filmer et de le photographier avec bien du mal sous le coup de l'émotion avec ton appareil photo tout neuf.

Tu ne savais plus trop sur quel bouton appuyer dans la panique de l'apparition.

Un spécialiste des crops circles se marre devant tes images. Il hallucine à cause de la grande présence des Orbes, juste avant l'apparition du vaisseau spatial. Ils te l'ont annoncé.

Un bel Orbe vert qui imite les cercles concentriques kaki que tu photographiais dans le ciel et que tu interprétais comme un œil de géant.

D'autres médiums analysent et commentent tes publications sur ton réseau social.

Je suis avec d'autres guides de lumière en direct avec toi.

Quelle beauté !

Un beau spectacle, ton entrevue avec l'UFO et ses deux occupants, dont un avec des cheveux bouclés bruns et le teint blanc, très souriant en te saluant de la main à travers le cockpit dans le ciel étoilé.

Tu flippais en entrevoyant cette sorte de statue à l'arrière et l'humanoïde à l'avant de l'appareil. La statue était elle aussi de couleur pierre, métallique et d'apparence rouillée comme une comète dans le ciel : sa tenue de camouflage certainement.

Le robot t'impressionnait finalement plus que le reste.

Malgré tout, le vaisseau restait flou dans l'obscurité.

Le vaisseau et toi-même vous observiez mutuellement quelques minutes à quelques mètres de distance.

Tu découvrais une personne, un robot et le vaisseau avec sa figure de proue.

Le vaisseau se déplaçait agilement et fluidement tel un serpent dans le ciel étoilé.

Tu avais le courage d'enregistrer, et depuis, tout le monde, dont nous, analysent les images et les films que tu extrayais de cette si singulière soirée.

Dans ton film, on discerne le visage métallique par moment en gros plan, comme le casque d'un robot, en effet.

De grandes lignes droites dans sa barbe, ses cheveux comme des baguettes de chef d'orchestre, le tout de la même couleur orange-brun d'un aspect rouillé, tu le décris ainsi dans ton rôle de témoin principal aux bons réflexes.

Il était immobile, lui le robot, contrairement à l'humanoïde qui te souriait. Il n'avait pas d'expression faciale même s'il te semblait sympathique.

Ces deux-là à un moment donné semblaient marcher à côté du vaisseau dans le vide et tu étais perdue devant ces impressions, mais je t'explique que le vaisseau devenait transparent doucement pour mieux se camoufler ensuite à tes yeux.

Du coup, ils semblaient debout suspendus dans le vide, alors qu'ils restaient debout dans le vaisseau transparent soudainement.

Tu les surprenais aussi, semble-t-il.

Dans le marasme de ta vidéo, on voit le ciel s'ouvrir, et des dents, un visage apparaît, son sourire et ses dents ! Du coup, bonne nuit là-dessus ! L'alien possède des dents parfaitement alignées et un très beau sourire digne d'un véritable dentiste.

Le ciel semblait s'entrouvrir en devenant lumineux en pleine nuit de couleur beige, et tu en avais froid dans le dos.

Je t'explique que les entités peuvent modifier les couleurs. Les lumières deviennent surnaturelles.

Malgré tout, tu sens que la police veille sur toi et tu restes concentrée et calme dans ton emploi.

La population a peur désormais, car les preuves sont flagrantes, et certains détracteurs désormais terrorisés porteront plainte, mais sans grand effet. Ces phénomènes dépassent tout le monde sur Terre.

L'Orbe ne passait pas trop mal, l'étude des Orbes moyennement, mais un OVNI ! La goutte d'eau qui peut faire déborder le vase de ta petite ville.

Trop de terreurs dans la population locale, mais ton calme olympien montre l'exemple au contraire. Il n'y a rien à craindre réponds-tu à la ronde, et tu as le don pour rassurer tout le monde ou bien de les terroriser.

La réalité filmée comme un documentaire, mais l'endroit reste interdit au public. La police a tendu ses scotchs jaunes barrés de noir pour bien délimiter l'endroit de l'enquête en cours.

Cette affaire étrange n'arrange pas les propriétaires. La Source te donnera des indications sur d'autres endroits où aller. La population locale doit rester chez elle. Les militaires sont sur place mais il n'y a plus rien dans le ciel.

L'OVNI est parti.

Son apparition était si fugace et si intense laissant tout le monde pantois et sans mot.

Il reviendra, la dégradation du ciel est temporaire, la pluie tombe en trombes, en déluge, car le ciel était réchauffé par ce gros engin volant.

La chaleur fait pleurer les nuages par thermorégulation.

Après cela, adieu ton calme, à cause d'un peu d'affabulations, de quiproquos dans ton pays, mais la venue de l'OVNI reste unique dans ta ville. Personne ne te dira plus rien du tout maintenant. Les désinformateurs sont assommés dans le coin.

Tu peux arpenter et photographier les terrains publics, les documentaires sont autorisés en France. Personne ne peut t'interdire quoi que ce soit, effectivement. Les phénomènes inexpliqués sont d'actualités en Europe et partout dans le monde.

Le lac demeure un bel endroit calme et serein depuis lors seulement un peu d'agitations momentanément.

Droit à l'image ? Tu es flippante et le propriétaire du camping au-dessus duquel l'OVNI volait, te jetterait bien en prison à cause de son droit à l'image.

Mais tu n'étais pas rentrée dans ses locaux, donc il ne peut rien envers toi. Tu peux tourner et filmer à l'anglaise en France sans autorisation, car vous n'êtes pas en dictature aux dernières nouvelles, bien que la question puisse se poser paradoxalement.

Voilà pour le descriptif d'une de tes rencontres du troisième type, sauf qu'ils n'étaient que deux dans ce cas de figure. Je plaisante.

L'OVNI était aussi surpris que toi.

Revenons à nos chères Flammes :

Vos Flammes Jumelles s'enfuient en vous rejetant.

Vous œuvrez sur vous dans le lâcher-prise et vos désirs de contrôler vos avenirs. Vous progressez dans l'autonomie. En plus, vous devriez les remercier de vous fuir dans l'objectif de vous faire travailler sur vos peurs réciproques.

Peur de l'abandon pour Les Chaser, peur du rejet pour les Runner, vous guérissez mutuellement vos blessures émotionnelles.

Vous remarquez que vous souffrez moins en ressentant même un certain soulagement au cours de ces mises à distance nécessaires à force.

De plus, vous ressentez que la séparation n'est que terrestre, que vos corps subtils et vos âmes sont reliées en permanence, soudées et connectées.

Vous communiquez toujours par télépathie tous les jours et la distance n'est finalement rien du tout. Vos âmes restent fusionnelles ainsi que vos corps astraux. Vous sentez même l'énergie de vos jumeaux arriver chez vous, vous embrasser et vous câliner.

Comme cela vous n'êtes jamais seuls malgré les apparences.

Je commence à m'en aller, je pars à l'étage au-dessus, plus chic, mais toi, tu peux te rendre à l'étage, là-haut, je vais te donner un aller-retour plus simple pour la ville de lumière et pour expliquer cet OVNI. Tu sais capter l'attention, surtout des autres médiums et d'autres initiés, qui se reconnaissent bien dans tes propos. Vous vibrez à l'unisson en formant de très beaux égrégores d'énergies positives.

Les énergies sont aussi positives dans tes livres et tes films.

De la voyance pour toi, ton jumeau t'emmènera à New York.

La Source viendra avec toi. Tu changeras tes dates de vacances et il t'attendra à l'aéroport. Tu n'aimes pas prendre l'avion et tu partiras en transport accompagné. Il plaisantera en te regardant dormir. La sexualité sacrée peut vraiment être intense joyeuse et animée pour les Flammes Jumelles.

Il n'est jamais ennuyeux, il te kidnappe carrément dans la pure tradition juive. Il réactualise la tradition de l'enlèvement en plein jour, dans sa pleine sincérité du cœur de l'âme jumelle, en se croyant seul au monde. Il ira même jusqu'à se fiancer officiellement, devant ta famille.

Congratulations !

La France reste la France et sa tentative d'enlèvement reste digne d'une secte. Il était déjà marié auparavant deux fois. Il était en recherche de l'Amour Inconditionnel et il s'entend bien avec tout le monde.

Il semble être le fuyant, le Runner, non dans votre relation, mais il te paraît bien initié et éveillé. Il va facilement vers les autres, il parcourt le monde.»

Virginie : - « Revenons aux rencontres du troisième type, est-ce possible de les décrire un peu plus ? ».

Commandant Ahstar : - « Oui, par des exemples !
Une rencontre du troisième type sur Terre qui t'arrivait il y a quelques années maintenant et devant d'autres témoins : d'un coup, une boule d'énergie arrivait au milieu de vous tous, une petite boule jaune dorée de matière inconnue.

Cette sphère te suivait, montait sur toi et escaladait ton visage.

Tu ressentais cette présence humaine d'une vie antérieure. Comme si la sphère lumineuse te montrait par télépathie qu'elle s'était incarnée sur Terre dans sa vie antérieure, mais que désormais elle restait un pur esprit, une entité, une boule énergétique.

Tu sais que d'autres formes sphériques sont dans l'Au-delà, tu les y avais déjà vues, donc tu n'étais pas surprise et tu ne disais rien lorsque la sphère grimpait doucement sur toi sans problème.

Les personnes te questionnaient après sur ce contact du troisième type.

Tu mentionnais l'absence de gêne, de chaud ou de froid et seulement de la transe communication. Pas de picotement, ni de brûlure. Tu avais l'impression de communiquer avec elle dans l'osmose de vos âmes.

Encore un événement qui sortait de l'ordinaire.

Une petite boule lumineuse, toute gentille, qui ne dit rien, ne fait rien et ne mord personne.

Les phénomènes et les rencontres extraordinaires sont simples parfois tout en marquant les esprits.

D'ici que les scientifiques l'étudient, l'eau sera passée sous les ponts, ne t'inquiète pas.

Cette boule énergétique allait directement sur toi, pour embrasser bien fort ton visage. Elle repartait ensuite tranquillement par terre en effleurant le sol assez rapidement et légèrement.

Elle allait se promener en ville.

C'est la promenade du miracle. Ce phénomène restait inexpliqué.

Tes enfants n'étaient pas intrigués, preuve qu'ils ont eux aussi des facultés paranormales.

Les boules d'énergie t'apprécient énormément.

Les autres comprennent bien que tu es un Walk-in depuis lors. Un extra-terrestre dans un corps humain, en possédant le corps d'un défunt avec son accord et en le réanimant.

Tu avais aussi une autre rencontre avec une petite tornade qui se créait juste à tes pieds et qui t'entourait plusieurs fois de suite à plusieurs jours d'intervalle.

Cela n'est pas commun du vent à t'aimer… Les autres gens autour de toi s'écartaient respectueusement, en admirant le spectacle, d'autres criaient ton nom, car ils étaient surpris et ils avaient peur qu'il ne t'arrive quelque chose. Ils craignaient pour ta vie et de te voir t'envoler !

Sinon, je me matérialisais aussi devant toi plusieurs fois, pour disparaître aussi soudainement comme une image virtuelle, etc…

Les autres rencontres pour toi sur Terre sont celles dont je parlais avant.

Tu voyais plusieurs fois des OVNIS dans le ciel.

Un appareil volant s'approchait de toi à quelques mètres et d'autres phénomènes ufologiques, des éclairs très blancs de lumière, des explosions lumineuses, des apparitions d'êtres animaux… Ces rencontres se sont désormais raréfiées pour toi, car tu aspires à une vie plus normale.

Tu rencontres d'autres aliens pendant tes voyages astraux qui sont devenus des amis pour toi. De grands frères de l'espace.

Ils t'aident, te conseillent ou bien te guident et vous vous appréciez ! Tes grands frères et sœurs de l'espace sont par exemple cet extra-terrestre de morphologie humaine surplombée d'une tête de méduse, les Minotaures, les dragons, les krakens, les licornes, les Archanges à formes humaines ailées, tout comme les Anges, les guides de lumière de forme humaine lumineuse ou bien encore des extra-terrestres, des Arcturiens, des Pléiadiens et d'autres plus loin qui sont de pures énergies.

Des entités rencontrées sont parfois de formes humaines (comme vos ombres), qu'elles soient d'ombre ou de lumière.

Les êtres de lumière sont composés de pure lumière dorée avec seulement une légère forme humaine, un peu comme une ombre lumineuse et non noire.

Les entités d'ombres sont pour toi aussi des aliens, car ils ne vivent pas sur Terre. Ils sont comme vos ombres sombres, du gris clair pour les jeunes et récentes au gris foncé pour les plus anciennes et noires pour les plus agressives et acharnées.

Des hommes et des femmes décharnés cornus, scarifiés et grimaçants sont des Démons désincarnés et qui ont la faculté de s'incarner sur Terre dans des hommes et des femmes ordinaires.

Ces Démons et ces Démones incarnés sont bien souvent des pervers narcissiques ou des bourreaux avec lesquels vous entretenez des relations karmiques et toxiques.

Ils sont malfaisants, diaboliques, sataniques et commettant des

méfaits hors la loi et des criminalités en tous genres. Ce sont des menteurs et des manipulateurs possédant tous les pêchés du monde, hommes et femmes confondus. Ils cherchent à vous corrompre et à vous entraîner vers le bas par tous les moyens.
À leurs contacts, vous êtes complètement confus et déstabilisés, vous pouvez même tomber malades physiquement et psychiquement (dépressions, maladies psychiatriques, psychoses, paranoïa...).
La pauvreté, les addictions, les malheurs en tout genre ponctuent ce genre de relations, ainsi que l'irrespect et toutes les formes de violences physiques et psychiques...
Voilà pour les aliens que tu connais.

Tu expérimentais très jeune une mort imminente avec un aller et retour dans l'Au-delà.
Tes capacités psychiques s'en trouvaient développées.
Tu sais désormais comment est la mort inexistante et comment t'y rendre et en revenir, ma passeuse d'âme. Tu sais bien les chemins, les ponts et les tunnels, les portes à ouvrir pour être l'accompagnante des personnes défuntes.
Tu étais déjà une passeuse d'âme réputée dans tes vies antérieures.

Tu es limite ufologique, Walk-in, je n'ai pas de commentaires à faire et l'Ufologie reste la science qui étudie ce genre de phénomènes. Comme tu es médium, tu sais tout cela.

Tu peux te coucher de bonne heure aujourd'hui.
Là-haut, je suis bien dans mon nouvel appartement, un bon cadeau du Ciel.
Congratulations, si tu te remaries, je repars chez moi ! À part cela, rien de neuf.

Ton âme est éternelle.
Seuls tes corps subtils fusionnent avec ceux du jumeau, car il est bel et bien ta Flamme Jumelle. Tes intenses montées de Kundalini ne laissent pas de place au doute.
La douzième et la treizième dimension sont élevées avec La Source.

Vos corps bouddhiques n'ont pas encore fusionné, seulement vos âmes. Regarde bien aussi les extensions de ton âme, et celles des autres pendant les soins. Toute l'âme doit être unifiée et assez purifiée pour pouvoir aspirer à l'ultime fusion avec sa moitié.
Vous fusionnez vos âmes tous les deux, même si une belle distance vous sépare, toi et ton musicien.

Je te parlerai des Flammes Jumelles séparées à cause des doutes existentiels et des erreurs karmiques.
Je suis ton guide mélangé à Ashtar. Je sens bien que ton jumeau tente de m'éjecter, donc adieu pour cette nuit, je retourne dans mes appartements aux Cieux.

Je suis le Commandant Ashtar, toujours impeccable dans mon uniforme étoilé blanc et bleu clair. Tu me trouves magique et sublime. Je brille.
Tu photographies mon énergie, ma blancheur immaculée et tous les médiums ressentent bien mon énergie dans mes flashs de lumière intense.
Sur place, tu voyais des effets surprenants, des explosions de lumière, une bataille spatio-temporelle et ton appareil se déclenchait tout seul au beau milieu de la tempête. Malgré tout, autre phénomène étrange, ton trépied restait bien en place dans la tempête, le vent, la pluie, une situation indescriptible, ce qui interloquera les autres.
Pourquoi y es-tu allée quand même malgré une météorologie exécrable ? Parce que tu te sentais appelée sur ce lieu, comme attirée par enchantement, c'est plus fort que toi.
Tes clichés, malgré les grandes difficultés de prises de vue enchantent les autres médiums et ces photos seront célèbres à cause des entités et des phénomènes lumineux étranges.
Tu rentrais avec un bon mal de crâne.
Tu te couchais de bonne heure encore éblouie par tous ces flashs lumineux.
Les Aliens se battaient et tu faisais une rencontre du troisième type que tu photographiais.
À tes côtés, un extra-terrestre bondissait dans le ciel pour rejoindre

son engin spatial. Tu remarquais sa couleur verte, son aspect humain, mais il avait une queue de lézard qui traînait par terre ! Je rassure l'auditoire, ton état mental est normal, de nombreux experts qui se penchaient sur les images n'ont toujours aucune explication rationnelle.
Ils te certifiaient ces objets volants non identifiés.

Tu retrouvais le calme, la sérénité en rentrant à la maison, sur la demande express de ton guide, de vite rentrer. C'était un peu d'agitation, mais c'est terminé maintenant. Je te rassure.
Tu peux dormir, fatiguée, mais tranquille. Tu es heureuse de t'être rendue sur place car tes photos sont magiques et extraordinaires en charges émotionnelles.
Je veille sur toi, mon Ange, tu es en sécurité désormais et tout se calme maintenant.

Beaucoup de personnes sont fatiguées professionnellement dans le secteur médico-social. Il faudrait moins travailler en se reposant un peu plus.
Désolé je suis toujours étonné de vos modes de vies !

Pour résumer :
Tu vivais de multiples rencontres du troisième type, dont certaines sur Terre : les deux aliens dans l'OVNI rouille, dont un s'avérait être un robot, puis je me matérialisais devant tes yeux, ensuite un reptilien bondissant que tu saisissais en photo malgré sa rapidité, des boules lumineuses, des Orbes...
Je peux donc continuer mes observations de vos interactions et ma guidance personnalisée. Vous m'intéressez plus que les aliens car je les connais par cœur : je les fréquente quotidiennement.

Les dossiers akashiques s'entassaient dans ton bureau de l'Au-delà, des affaires des personnes disparues et des meurtres à traiter. Tu en avais bien assez fait, et ta vraie Flamme avait peur pour ta vie et tu jurais que c'était la dernière affaire criminelle pour toi.
A cause de ta promesse de cesser tous ces remous, nous

déménagions ton bureau dans l'île des musiciens, et tu as un très beau bureau désormais. Tes dossiers sont dorénavant tes consultations et tes soins énergétiques que tu prodigueras aux autres personnes sur Terre, et quelques dossiers de fantômes à passer.

C'est plus amusant d'aller en Écosse chasser les fantômes.
Nous souhaitons les récupérer, certains, car ils sont des Anges captifs et de plus, vous serez moins nombreux sur Terre dans le futur si cela continue comme cela. Ton esprit éloigne les mauvais esprits et tu es protégée par ton guide.
Nous manquons d'Anges au Ciel, nous vivons de notre côté nous aussi la pénurie de personnel.
Trop d'âmes en perdition...
Trop d'âmes incarnées...
Certains Anges incarnés sont rappelés par la Source et ils passent dans leurs sommeils naturellement sans bruits ni douleurs.

Pourquoi l'île des musiciens, aux côtés de George, dans son fameux studio Abbey Road du Ciel ?
Tu le sais désormais, car tu t'inities à la guitare et au synthétiseur.
Tu es une art plasticienne complète : tu pratiques la musique, la peinture, la sculpture, tu rédiges des livres, tu danses et tu chantes.
Tu aimes aussi le sport que tu pratiques depuis l'enfance, Basket, tir de compétition, Aïkido avec le rang de ceinture noire, danse, course à pied, vélo et Yoga. Je peux rajouter un peu de Qi Gong et de Tai Chi Chuan.

Tu es une zèbre, tu avais un an d'avance à l'école, tu as donc plusieurs diplômes à ton actif. Tu n'es pas une hyperactive et ton quotient intellectuel avait été testé à l'époque.
Même si tu préfères oublier les mauvaises choses, tu apprécies de changer d'activité et de toujours apprendre. En ce moment, tu termines une formation en comptabilité. Tu as une licence Arts plastiques, des diplômes réussis de secrétaire médicale, d'auxiliaire de vie sociale et de magnétiseuse Reiki.
Cela ne t'empêche pas de faire des sottises parfois, humaine que tu

es. Actuellement, tu écris tes livres et tu gères tes consultations car tu créais ton auto-entreprise et ton association.

Tu prodigues des soins énergétiques. Tu es bien présente sur les réseaux sociaux. Bien qu'amateur, tu réalises tout toi-même et sans aucune aide, à part la nôtre.

Tu aimerais tellement œuvrer avec ton jumeau, vous formeriez une si belle équipe. Tu voyais que vous l'aviez déjà réalisé dans ta dernière vie antérieure, une belle œuvre avec lui. Tu as la nostalgie de cette vie passée à ses côtés.

Tu achèves ta formation d'aide comptable et tu vas bientôt passer l'examen.

Tu t'inities à la musique : la guitare avec un professeur de guitare très doué et pour le moment tu étudies toute seule le synthétiseur.

Tu es une autodidacte et il faut te suivre ! Tu chantais aussi dans une chorale étant jeune.

Tu aimes le mouvement et la diversité bien que tu es un grand besoin de calme paradoxalement.

Tu es une drôle de zèbre, rentrée à l'Université de Strasbourg à dix-sept ans, vous étiez deux jeunes avec un autre garçon. Voilà pour ton parcours atypique d'une Flamme Jumelle zèbre Walk-in et hypersensible.

Je dresse ton portrait dans mon roman pour que tes lecteurs puissent te connaître un peu plus.

Je te laisse conserver ton jardin secret. Mais, je te vois auto-censurer mon livre par endroit. Tu en as le droit en tant que rédactrice principale. Nos rôles sont bien distribués.

Tes opposants ne te comprennent pas bien souvent, ils pensent seulement que tu te disperses et que tu pars dans toutes les directions.

Tu sais juste réaliser plusieurs activités en même temps, et ton organisation est sans faille, une heure de sport, une heure d'écriture, trois à quatre heures par jours de consultation s'alternent. Il n'y a jamais de temps mort, sauf pendant tes siestes, et cette organisation est de tous les jours.

Guère de fin de semaine libre ou de congés.

Oui, la réussite est aussi à la force du poignet et il faut travailler, s'entraîner pour atteindre un certain niveau, il n'y a pas de miracle ! Sauf quand nous t'initions, bien entendu.

La suite sera dangereuse à cause de cette femme très jalouse de ta relation intime avec ton jumeau. Elle te fera du mal, mais elle finira par être entendue au commissariat de police. Préviens la police immédiatement en cas de problèmes dorénavant

.

La jalousie passionnelle occasionne des tentatives et des meurtres, certainement, des crimes dits passionnels.
Je souhaite veiller sur toi et te protéger. Pas de quoi rire, tu voudrais la faire dégager de là, qu'elle ne reste pas, mais impossible, les autres ne comprendront pas ta demande. Elle est dégoûtée que tu sois embrassée comme cela devant elle. Tu es dans la lumière, et cela semble être le cadeau du siècle en pouvant soulager différents maux, tout en restant auprès de ta vraie Flamme. Qu'il en soit ainsi si cela est juste dans l'énergie de La Source.

La sexualité chez les Flammes Jumelles conduit aussi au septième ciel, vous vous harmonisez très bien au niveau de vos chakras, de vos inconscients, de vos désirs et de vos énergies.
Oups, je ne regarde plus ! Désolé.
Là-haut, nous fusionnons tous ensemble. Nous n'avons guère d'intimité, nous vivons dans la transparence !
Ton guide spirituel, depuis là-haut, vous matérialisera des tonnes de projets, des livres et des vidéos. Il aime beaucoup t'aider à rédiger tes livres. L'heure est venue de faire bouger les Flammes Jumelles dans toutes leurs capacités au sommet de leurs dons. C'est pour cela que vous êtes si chers à mes yeux et pour d'autres.

Travailleurs de lumière, agissez!
Il est grand temps pour l'Éveil et les prises de conscience.
Nous espérons que vous accéleriez ces processus.

Cette femme jalouse intriguait par derrière en balançant

essentiellement des rumeurs contre toi (presque une vendetta) dans ta ville.

Ces Démons affirmaient que tu allais tuer quelqu'un dans le futur et que tu dormais dans un cercueil. Ils suscitaient la haine des villageois pour se débarrasser de toi.

Tu étais agressée méchamment, même si tu sais te défendre. Tu ne comprenais pas pourquoi, car tu n'étais pas au courant des ragots et des rumeurs déclenchés contre toi. Tu lisais quand même bien l'article dans la presse, signée seulement de ces initiales.

Tu comprenais que tout venait de cette femme jalouse en mal de drogues dures.

Ces Démons incarnés écopaient d'une peine de prison en jugement immédiat, pour dire la complexité du problème de l'État profond. Ils assouvissent tous ensemble leurs vices. Voilà comment vous êtes gouvernés bien souvent sur Terre.

Ces réunions intimes n'étaient plus autorisées pendant les confinements. Pourtant tu constatais qu'ils se réunissaient durant les confinements pour leurs parties sado-masochistes, soutenus par de hauts fonctionnaires qui participaient allégrement. Ils mettaient le masque te répondaient-ils.

La loi ne s'applique qu'à certaines couches sociales, semble-t-il, et vos disparités sociales s'aggravent.

Un Démon femelle est incarné sur Terre dans cette femme jalouse. Tu le vois, car dans son aura flamboient les flammes des enfers. C'est une Luthérienne qui vit dans une grotte de l'Intraterre chez les Luthériens, dont le chef est un Archange noir déchu sous les ordres du Diable. Leur chef démoniaque s'appelle Luther.

C'est pour cela que tu pars souvent avec tes dragons purifier les enfers. Tu t'y rendais la première fois avec l'Archange Michel. Dernièrement, suite aux attaques intempestives de l'Ombre, tu détruisais une porte des enfers et ce qu'il y avait dessous par le souffle des dragons.

Même si les Démons incarnés refusent d'appréhender cette vérité, ils ressentaient les effets de ces intenses purifications. Pas bien, ils laissaient tomber et ils cherchent parfois même à s'excuser. Ils

191

abandonnaient leurs acharnements sur toi en s'avouant vaincus tout en continuant malgré tout leurs élucubrations.

Tu triais dès lors tes relations amicales afin de mieux te protéger, toi et ta famille.

Parfois, des Anges sont transformés en Démons, des Anges déchus, mais ce thème reste encore sous silence.

Lorsque rarement des Anges tombent, c'est souvent parce qu'ils tombent amoureux des terriens et qu'ils souhaitent s'en rapprocher. Nous autorisons dès lors leurs rapides réincarnations, plutôt que de les voir chuter plus bas. Ainsi, nous préservons leurs âmes.

Je rajoute des créatures hybrides, mi-ange, mi-démon. Bref, de quoi bien vous occuper !

D'étranges créatures très variées dans l'Au-delà, autant dans les entités de l'Ombre que celles de Lumière. Il existe vraiment beaucoup de catégories d'entités au sens large du terme.

Tu es contactée par des extra-terrestres, et tu planes par moment dans l'espace-temps.

Tu planes tout court de fatigue par moments.

Pour détailler encore plus ton portrait, tu t'incarnais dans tes vies antérieures en quelques personnages célèbres aux destins bien souvent tragiques. Le corps change pendant les incarnations, sauf l'âme conservant ses qualités et son caractère.

Tu étais soit un homme soit une femme suivant ce qui convenait le mieux pour assurer le succès de tes missions terrestres.

Les autres médiums pensent que tu es puissante. Tu es forte en ondes, en énergies et en rires. Heureusement que tu es dans la Lumière, nous n'aimerions pas nous opposer à toi. Bien entendu, d'autres médiums-chamanes sont tout aussi puissants sur Terre et vous collaborez dans l'élaboration d'un nouveau monde à d'autres niveaux de conscience, c'est à-dire dans d'autres plans d'âme.

La population sera interdite de se rendre au lac, si tu continues à publier ce genre de photographies.

Des OVNIS passent à travers la porte des étoiles.

Tu as le présage depuis l'enfance d'arrivée d'UFO en masse, très bientôt, et toutes tes visions te le confirment sans cesse.

Vous, les abductés, irez visiter d'autres planètes en soucoupes volantes.

Tu n'es pas du tout effrayée car tu es bien préparée déjà à cette extraordinaire nouvelle ère planétaire.

Éventuellement ce nouveau monde pourrait aussi advenir dans une autre vie, allez savoir, tout dépend de vous et de vos avancées spirituelles et technologiques.

Ton amie médium s'exclame que c'est magique et féerique ses propres visions, et moi, Ahstar, je suis pressé de venir.

Certains te pensent illuminée, sauf que tu es en permanence dans le groupe des contactés tout comme d'autres médiums qui me canalisent eux aussi.

Vous êtes des anciens de mon peuple.

Je ne souhaite pas exploiter la Terre où d'autres Methariens sont incarnés pour le moment.

Énormément d'extra-terrestres sont déjà sur Terre par le biais des incarnations !

De quoi se torturer la tête des vies antérieures.

Les renaissances possèdent de grandes résonances.

Des photos, des prédictions incroyables, des crops circles, les pyramides, les statues de Pâques, des murs, des objets archéologiques...

Beaucoup d'éléments restent inexpliqués, même dans votre archéologie.

L'évènement de l'année pour toi, c'est lorsque tu filmais un OVNI de très prêt. Tu avais failli en tomber par terre, tes jambes se dérobaient du choc émotionnel. Tu n'avais pas peur. Tu n'étais pas paniquée non plus, mais tu étais très surprise et ton taux d'adrénaline grimpait en flèche immédiatement, comme lorsque tu es prête aux combats dans l'Au-delà.

Pour la Saint Valentin, mes vraies Flammes Jumelles chéries, nous vous plaçons des synchronicités sur vos parcours, comme des cœurs partout ou bien des signes que vous savez bien voir et interpréter comme venant de nous, vos Anges gardiens.

Vous allez vous retrouver.

Nous sommes la Fraternité Blanche, des protecteurs de l'Humanité et de toutes les espèces terrestres ou extra-terrestres d'ailleurs. Nous sommes les garants de la paix entre les peuples et de la sérénité de l'espace.

En tant que chamane, tu es mariée avec un esprit, en effet.

Cela ne t'empêcherait pas un second remariage sur Terre. Ton mari est un alien, ton mari de la vie éternelle, alors que tu n'étais pas incarnée sur Terre. Il est un Élohim incarné sur Jupiter. Il faut suivre.

Tu étais mariée avec un Jupitérien avant ta venue sur Terre.

Tu passes sur Terre tes vacances de ton mariage de l'Au-delà.

Même si certains subissent à cette lecture de grosses crises de fou rire ou bien de gros doutes, ils seront choqués par la suite des preuves que tu apportes et des phénomènes paranormaux fréquents près de toi, mais aussi à cause de tes films et de tes images publiées, ainsi que de tes livres, de tes témoignages avec d'autres personnes comme témoins similaires.

Tes prédictions peuvent aussi faire froid dans le dos, et tu dis souvent des vérités qui étaient cachées et dont personne ne soupçonnait l'existence. On te pense perspicace sur certaines affaires criminelles et sur les différents problèmes de l'existence. Mais tu faisais peur à tout le monde parfois et ta vie ne tenait qu'à un fil.

Nous te mettons à l'abri sur un autre poste, changement de cap et de performances.

Malgré tout, tu restes une humaine ordinaire menant une vie normale.

Tu cherches à t'en convaincre en faisant semblant parfois de ne pas voir les phénomènes paranormaux vers toi.

Pas de crainte à avoir de toi, tu n'aimes manger que des légumes et tu dors bien dans un lit normalement.

Tu es saine de corps et d'esprit et tu vis comme une véritable terrienne bien incarnée.

Tu as parfois peur, tu souffres aussi et la vie n'est pas toujours facile pour toi, loin de là, bien que tes guides t'aident au maximum de ce que tu peux accepter.

Ce que tu filmes, l'œil humain ne peut pas le voir. Ton don passe dans l'appareil photographique, parce que tu es aussi médium photographique.

Tu étais bien dans le centre d'une attaque extra-terrestre avec des éclairs blancs qui passaient à côté de toi, et ton guide bondissait, en te demandant mentalement de rentrer à la maison « on rentre ! ». Il fallait donc partir, déjà, et cela reste le mot fin du film.

Attentif aux mots, c'est normal que ton guide veuille t'extirper de ce jeu de guerrier.

Tu rentrais, calme, mais avec un bon mal de tête à cause de toutes ces explosions de lumière autour de toi que tu photographiais. De grosses explosions très blanches !

La Source te garde et te protège, vraiment.

Heureusement que ton guide était présent et que l'Orbe vert reste un vrai allié très sympathique d'ailleurs.

J'arrive maintenant à la rescousse pour te défendre.

Encore des problèmes à venir avec les attaques de l'Ombre. Tu as bel et bien la preuve d'une attaque d'OVNI avec toutes ces explosions de lumière. Le ciel noir et obscur en devenait tout beige ! Sans flash, absolument. La situation s'inversait, véritablement d'effets anormaux.

En ce qui concerne l'OVNI couleur rouille vu, la figure métallique à la proue du vaisseau était une statue figée.

L'autre humanoïde était ton guide qui débarquait à bord d'un OVNI semblant très « animal », ayant la forme de la tête d'un serpent qui ouvrait sa bouche, et devenant transparent, à tel point que les aliens semblaient marcher à côté de l'engin !

Tu es malgré tout toujours vivante.

Si un jour tu disparaissais, c'est que tu serais kidnappée à bord d'un OVNI. Je plaisante. Encore une abductée envolée.

Tu captes ces énergies aliens, vu que tu es une Walk-in et la femme d'un guide. Ton guide est un esprit Jupitérien, un Élohim.

Ton mari astral, Virginie.

Quoi, des terriennes kidnappées et mariées ?

Ton mari Jupitérien d'avant ton cycle karmique : à se faire expliquer par un autre, un moine bouddhiste.
Vous viviez des vies antérieures sur Terre, et parfois des vies sur d'autres planètes dans d'autres dimensions.
Des extra-terrestres dans les cycles karmiques.
Il faut expliquer comme cela, que le temps est spatial. Les aliens transforment l'espace-temps paranormal. De ce fait, vous viviez tous d'autres vies antérieures sur Terre, mais aussi dans l'espace, dans d'autres dimensions et sur d'autres planètes ou bien dans des vaisseaux mères.
Je rajoute à cela que vos vies antérieures se déroulent, suivant nos perceptions de votre espace-temps, toutes en même temps dans le temps présent, mais dans d'autres plans de conscience. Cela est possible parce que vous êtes des êtres multidimensionnels.

Je me traduis : vous êtes des êtres vivant plusieurs vies en même temps à des époques différentes sur Terre ou sur d'autres planètes.
Lorsque ce n'est pas le cas, votre âme reste désincarnée dans d'autres dimensions en vivant ce qu'elle a à vivre.

Ce qui m'interpelle le plus, c'est votre amour des OVNIS.
Les terriens veulent les voir même s'ils sont paniqués. Les vaisseaux les intriguent fortement. Certaines personnes cherchent à rentrer en contact avec les forces aliens. Elles passent parfois des heures entières à attendre un contact du troisième type.

Même vos scientifiques analysent l'espace à la recherche de sons spatiaux qui attesteraient d'une existence ailleurs.
Désolé, nous préférons sélectionner nos interlocuteurs et ne communiquer qu'avec certaines personnes par télépathie.
Elles sont désignées pour être nos ambassadeurs. Nous décidons de ne pas nous adresser à des forces militaires ou politiques.

Certains aliens explorent votre planète pour prélever des échantillons dans le but de propager la vie terrestre dans l'espace. Les échantillons sont cultivés et implantés ailleurs pour les plants par exemple.

Des échantillons ou des animaux comme les poules, les lapins, les blés sont pris pour favoriser notre agriculture. Nous travaillons pour amplifier la biodiversité.

Veuillez nous pardonner pour nos prélèvements.

Les animaux-esprits existent.

Tous les animaux ont une intelligence, un esprit et une âme. Ils sont des individus à part entière.

Ce sont parfois des animaux, effectivement, c'est perceptible, ils manifestent leurs sens très développés et leurs instincts hors du commun.

Je pense que la spiritualité dans le mouvement New Age peut parfois être trop mercantile. La spiritualité reste à mes yeux une élévation de l'âme personnelle.

Une amie médium disait « C'est beau de te voir grandir grâce à l'amour de ton âme ». Des paroles pleines de sagesse.

Ma propre âme Flamme Jumelle (car moi aussi, Ahstar, j'en ai une) peut expliquer les vies antérieures spatio-temporelles.

Là-bas, la Vie coule, La Source, l'espace-temps et la vie extra-terrestre existent depuis fort longtemps.

L'espace-temps reste dans votre dimension, mais pas dans la mienne : le temps n'existe pas.

Certes, on peut le calculer, bien qu'il soit infini et éternel.

Nous ne vieillissons pas et nos saisons sont artificielles. Tout est éternel.

Illusion ou réalité ? Les médiums ont d'autres perceptions d'autres dimensions.

Cela reste absolument animal, mon Ange. Je réponds encore à ta question : existe-t-il des animaux entités ?

Des animaux extraordinaires, il y en a, des mammouths, des dauphins, des yétis, des baleines, des krakens, des licornes, des chevaux, cela frise l'absolu.

Je montre certaines espèces, comme cette méduse qui vient de Mettal.

Tu n'es pas obligée de te méfier, tu peux dialoguer avec lui, et recevoir un message très clair, un message ufologique, un OVNI dans le ciel ! L'entité verte reste dans le ciel, très jolie à contempler, d'une jolie méduse à tête d'extra-terrestre, qui se promène à tes côtés. Plus tard, ta photo inspirera un crop circle.

J'aime beaucoup les vidéos intéressantes, qui exposent des phénomènes paranormaux, type OVNIS et effets de lumière, étrangement bizarres. C'est aussi parce que l'obscurité passe encore, le ciel est tout blanc sur la photo sans flash alors qu'il fait nuit.

Cela s'explique par le fait que nos vaisseaux occasionnent sur Terre des distorsions de l'espace-temps lorsqu'ils arrivent.

Je suis très intéressé par vos appareils et leurs résultats. Assez stupéfiants, j'avoue que j'aime bien ce côté archéologique pour moi, vos enregistrements m'intéressent.

Attention quand même, tu étais déjà abductée. Rien de bien alarmant, là-haut, et c'est le cas. Tu n'étais pas examinée sans vergogne, non, absolument, pas du tout, pas de trop près, et dans le respect de ton intégrité.

Nous auscultions ton corps astral avec ton consentement pour apporter les soins nécessaires. Il y a en effet des interactions entre les différents corps subtils et les corps physiques.

Tu nous laisse te soigner quelques fois, et tu restes comme cela en bonne santé pour l'instant.

Les aliens sont sensibles aux bruits, et c'est un élément important : vous pouvez toujours crier au cas où dans une situation d'autodéfense.

Si vous criez, cela affole les aliens comme les petits Gris et ils partent directement, cela est sûr et certain.

Tu es plus rassurée.

Tu vas apprendre à te préserver et à être plus au calme dans l'Au-delà, en restant dans le Haut-astral bien sagement, sauf quand tu passes des âmes errantes sur Terre.

Cela sera tout, car tu vieillis et tu as assez donné.

De plus, tes soins portent leurs fruits, tu deviens plus sage et plus raisonnable avec l'âge. Tu vas privilégier ton confort, ta santé et ta survie.

Les abductées, des esclaves sexuelles ?

C'est drôle, car il faut dire que c'est comme cela déjà sur Terre.

L'Humanité nécessite encore d'évoluer et tu embrasses la cause des femmes, des enfants, des animaux, de la Terre et l'on peut aussi rajouter celles des Hommes.

Tant d'actions restent à mener.

Les peurs aliens sont uniquement le reflet de vos peurs terrestres ».

Virginie : « - Puis-je avoir s'il te plaît d'autres informations sur les aliens incarnés pour le moment ? ».

Commandant Ashtar : - « Sur les Walk-ins ?

Tu es au courant que tu es irréelle parfois, et certains peuvent être tentés de dormir avec une extra-terrestre.

Oui, ils aiment les E.T., et ils rient des Walk-ins qui chantent et qui dansent, qui sont excentriques et novateurs d'une nouvelle ère spirituelle.

Par exemple, Marilyn était une alien incarnée sur Terre venant de la planète Vénus entre autres pendant son cycle karmique, comme un petit tour et puis s'en va.

Son aura et son charisme proviennent du charme exotique d'une alien incarnée.

Cette âme intelligente, que tu canalisais parfois et dont tu obtenais des visions, écrivait, chantait, dansait et créait sa propre société de production. J'oublie presque qu'elle était actrice et une modèle hors pair.

Elle reste une vraie Flamme Jumelle, charismatique, lumineuse, joyeuse et enthousiaste bien qu'ayant éprouvé sur Terre les grandes souffrances karmiques à purifier des Flammes. Elle était elle aussi dans un parcours de Flamme avec ses hauts et ses bas.

199

Tu accédais à ses Annales Akashiques pour enquêter un brin sur son meurtre et sur celui de John qui te semblait reliés lorsque tu travaillais dans les services d'investigations de l'Au-delà.

Nous aussi, nous avons nos dossiers archivés, et que nous déclassons parfois.

Ainsi tu pouvais discuter avec Marilyn sur sa mort finalement médicalisée survenue à son domicile en août 1962, ainsi que sur celle de John le 23 novembre 1963 (par un fou psychiatrique).

Le lien entre les deux morts est médical, et tu suspectais son ancien médecin, à cause du mode opératoire et de la relation qu'elle entretenait avec Marilyne.

Tu pensais à ces deux meurtres passionnels à quinze mois d'intervalle, parce que c'est certainement plus difficile de tuer un président. Le laps de temps est nécessaire pour ne pas être suspectée. La docteure psychiatre avait-elle un lien avec le fou schizophrène ? À t-il été manipulé pendant des séances de psychanalyse ou bien encore sous hypnose ?

En tout cas, l'assassin de John était fragile et certainement influençable.

Les deux crimes étaient-ils prémédités ou bien encore commandités ?

A qui bénéficiait ses crimes ?

Etait-ce des crimes passionnels d'un amant ou d'une amante jalouse ?

Les modes opératoires criminels évoluent avec vos sociétés et les hôpitaux sont de vraies passoires sans surveillance laissant entrer n'importe qui sans véritable sécurité efficace.

Il devrait y avoir des vigiles aux portes d'entrée et dans les services d'urgence pour surveiller un peu toutes les allées et venues, car les hôpitaux traitent des patients fragilisés et incapables de se défendre au fond de leurs lits et dans leurs détresses médicales.

D'ailleurs, je conseille la même chose pour les services s'adressant aux enfants, un peu plus de vigilance est de mise !

Sans compter qu'il faudrait tout réformer dans vos états. Il semble que plus rien ne va parfois chez vous. Il y a certes beaucoup de dysfonctionnements dus surtout aux manques de respect globalement.

D'ailleurs, ton ancien travail dans l'Au-delà t'occasionnait quelques déboires, un autre médium t'accusait d'avoir tué John, alors que tu n'étais même pas née, car il t'apercevait errer avec ton corps causal aux alentours des scènes de crime en examinant les faits. Évidemment, ce concurrent te diffamait partout, en malmenant ton œuvre de Là-haut et tout ce que tu œuvres avec ton don.
Un grand n'importe quoi illogique.
Les Démons pensent à l'envers.
En fait, ils voulaient seulement te mettre de la pression pour t'empêcher de t'exprimer en te diffamant.

Tu rééquilibres les énergies en apportant de la clarté et de la vérité sur Terre.
Tu es une chamane, tu corriges les erreurs et les dysfonctionnements énergétiques.
Tu avais accès aux dossiers akashiques classés et tu enquêtais parfois sur requêtes de la police ou bien des esprits. Maintenant tu cesses et tu déménageais ton bureau là-haut avec l'aide des Anges.
Cela énervait de trop certains te mettant en grand danger. De plus, tu préfères parfois laisser les évènements trouver leurs justes places et suivre le cours normal du destin, plutôt que d'avoir toujours à te battre contre des chimères aux yeux de l'infini.
Tu te destines désormais aux arts, à la musique et tu as tes dossiers des consultations terrestres dans ton bureau de là-haut.
Tu ne t'occupes désormais que des gens qui viennent en consultation vers toi, et des esprits qui te le demandent, surtout comme passeuse d'âme et énergéticienne.
Tu seras amenée dans l'avenir à chasser des fantômes, notamment en Écosse.
Sympathique, non ? Tu vas apprécier ce nouveau jeu de l'Au-delà, j'en suis sûr.
Tu ne cèdes pas aux chantages, tu préfères une vie plus saine et plus sereine.
Tu aimes ton nouveau bureau de l'Au-delà plus calme, plus clair et moderne. Tu œuvres avec un esprit en binôme.
Ton bureau est dans l'immense studio d'enregistrement Abbey Road

du Ciel, que tu créais avec George, Rodin et d'autres Anges bien entendu.

Un lieu vivant entre vos deux mondes, au cœur même de Londres ! Nous allons en créer d'autres dédiés à l'Art.

Tu aimes ton nouveau bureau, et tu te délestes de ce lourd fardeau du Sauveur lorsque tu t'occupais des dossiers des victimes des tueurs en série pour sauver tout simplement les futures victimes potentielles.

Tu aidais les âmes victimes à passer dans la lumière, libérées des karmas.

Tu apportais ton soutien aux familles en recherche de vérité afin qu'elles puissent accomplir leurs deuils, etc...

Les anciennes affaires policières pouvaient cette fois-ci être classées.

D'anciennes affaires criminelles ne sont pas résolues par la médiumnité, car les esprits des victimes dorment en paix et ne peuvent pas être dérangés.

C'est terminé cela pour toi maintenant.

D'autres médiums prennent la relève, place aux plus jeunes.

Ton âme s'imprègne d'autres âmes pour mieux partager, ce que ne comprennent absolument pas les voyants et d'autres médiums sur Terre.

En clair, il est impossible de faire de la voyance sauvage sur toi-même, puisque tu es un être multipotentiel et multidimensionnel voyageant dans l'espace-temps.

Tu vis plusieurs vies en même temps qui se mélangent. Toi-même, tu arrives tout juste à t'y retrouver !

De ce fait, pour résoudre ces soucis de commérages, de ragots, de rumeurs et de désinformations sur toi, tu demandais aux Cieux que ton dossier akashique soit classé top-secret là-haut. Toi seule y accèdes ainsi que les thérapeutes qui ont ton autorisation.

C'est plus clair pour tes détracteurs, qui cherchent à savoir ce que tu fais, où, quand, comment et avec qui...

Tu étais espionnée par tout le monde et même par la police. Tu es menacée par les services spéciaux officiels à chaque fois que vous changez de président, car vos dirigeants ont tellement de choses à cacher.

Toi et les autres médiums, vous vous faites rappeler à l'ordre à chaque fois.

Par exemple, des ragots te concernant : tu tuais John dans le passé, tu allais tuer le fils d'une célébrité dans le futur et tu dormais dans un cercueil. Des gens croyaient cela.

Ce magicien noir professionnel déclenchait une véritable vendetta dans ta petite ville et tu voyais les gens se détourner de toi et haïr.

Des gens sont prêts à croire n'importe quoi.

Le destin t'offrait depuis une occasion d'expliquer ton don à la population locale et de te blanchir.

Non, tu n'as jamais tué et tu ne tueras point, car l'Au-delà te l'interdit.

Tu risquerais de perdre ton don et ta liberté. Les Cieux te protègent de toutes malveillances et tu restes un Ange.

Les Anges n'assassinent personne.

Par contre, des assassins rodent...

Mais mon Ange, l'Au-delà te protège et estime que désormais, c'est trop dangereux pour toi de te maintenir dans ce service virtuel des archives classés et tu arrêtes cela complètement.

Tu l'as aussi juré à ta vraie Flamme Jumelle, qui aspire à te garder auprès de lui pour ses vieux jours. Ta vie sera ainsi rythmée de musique et de complexité.

J'ajoute aussi que l'Au-delà n'est pas du tout sous la législation française et que les lois françaises ne s'appliquent en aucun cas dans nos espaces, bien en dehors de la Terre et dans d'autres dimensions. On ne peut pas non plus accuser quelqu'un de meurtre de l'avenir, car toute personne est présumée innocente jusqu'au dernier moment. Nous avons la Foi que nous pouvons changer nos destins et même un futur meurtrier peut changer d'avis à la dernière seconde.

Maintenant, tu sais que toutes ces diffamations contre toi viennent d'un groupe ayant étendu ses ramifications dans les petites villes françaises !

Et tu pouvais clamer ton innocence.

La liste est longue des rumeurs contre toi, et même si tu n'y accordes guère d'importance, tu étais obligée de te justifier.

Les gens ont peur des dons. Certains déraillent et croient n'importe quoi et n'importe qui. Restons logiques quand même !

Tu es normale, tu vis une vie normale, tu es une fille, une femme et une mère normale.

Tu travailles, tu dors, tu respires et tu as tes propres problèmes comme tout le monde.

Tu es une humaine incarnée, une âme dans son véhicule terrestre.

Tu es fondamentalement gentille et tu ne veux faire de mal à personne. Au contraire, tu souhaites ardemment aider ton prochain et participer à l'Éveil collectif.

Tu continues à mener une vie normale.

Je sais que tu es notre alliée sur Terre, tu as de grands pouvoirs dans l'Au-delà, puisque ton âme est angélique. Tu es un Ange de l'Archange Michel, une guerrière de lumière envoyée sur Terre pour accomplir ton destin, missionnée par les cieux. C'est déjà pas mal.

Nous te libérons de ces tracas et de ces enquêtes très éprouvantes pour toi, dangereuses et non rémunérées, il faut bien le dire.

Comme tu évolues, nous te laisserons démarrer ta nouvelle vie, ton nouveau cycle avec ta vraie Flamme Jumelle dans votre grande lumière, afin d'incarner le couple divin sur Terre. Ton socle terrestre est posé, maintenant tu peux voler !

Voilà pour la mise au point.

Je change complètement de sujet et je vous demande de me pardonner si je me répète. Je préfère expliquer de différentes manières pour que tout soit plus clair pour tout le monde, car les thèmes abordés sont suffisamment complexes et s'adressent à tous les niveaux de conscience.

Tu en fais de même dans tous tes livres, tu préfères donner des exemples et rester claire et précise quitte à répéter les idées fondamentales de différentes façons. La compréhension de tout un chacun est importante pour nous. Les livres s'adressent à des personnes initiées et non initiées de différents niveaux, donc tu t'adaptes forcément.

Pour certains, la danse, le chant et la musique sont des pratiques spirituelles, afin de manifester leurs convictions dans la matière.

Apprenez aussi donc à dire oui ou non, à vous affirmer et à poser vos limites, ce qui est très sain.

Pour les Chaser, à ne plus vouloir tout contrôler, à lâcher-prise. Il est bon de ne pas vouloir dominer l'autre, sauf si cela reste un jeu, et que vous ayez chacun vos propres espaces de liberté.

Tolérance, Amour, Patience, Foi, Liberté, Délivrance, Sagesse, Humanité, Paix, Harmonie ...

Tu es la Flamme éveillée en ce moment, le Chaser, et ton désir de tout vouloir contrôler ! Vous avez switché, d'habitude, c'est toi le Runner.

Le désir de contrôle peut même se manifester dans la voyance en désirant maîtriser son avenir excessivement.

La voyance : une arme à double tranchant, tu le sais avec de bonnes ou bien de mauvaises répercussions suivant qui l'utilise, et tu en faisais déjà les frais. Tu es donc extrêmement vigilante à ce que tu dis, ce que tu fais et notamment dans tes consultations. Tu restes attentive à ta façon de penser et d'envisager l'autre.

Mon conseil pour vos destins : laissez l'Univers agir, gardez la Foi et ayez confiance en vous et en l'Univers, tout en restant vigilants à ne pas vous laisser bercer par les illusions et les facilités.

Les licenciements et les démissions foisonnent en ce moment.

Ces agitations correspondent aux énergies du moment. Les changements sont bénéfiques pour les employés.

On vous demande d'axer vos vies sur votre bien-être personnel.

Surtout pour les Flammes Jumelles, vous avez déjà bien œuvré, vous pouvez lever le pied et penser un peu plus à vous.

Vous vous trouverez égoïstes, alors que tout votre entourage profitera de vos belles énergies revenues ! Ces nouveaux désirs de mode de vie axés sur le bien-être seront positifs pour l'avenir de l'Humanité.

Vous aspirez à aller mieux, tant mieux !

Les directions ne sont pas satisfaites des employées réfractaires, et cela ira mal !
Mais bon, la situation couvait depuis trop longtemps et il y encore beaucoup d'inégalités sur Terre.
Les inégalités sociales existent à tous les niveaux, que cela soit dans les salaires, mais aussi au sein des familles par la violence physique ou psychique, les différences de traitement globalement...
Vos pays ne sont pas encore des modèles de société et ils doivent résoudre de sérieux soucis sur leurs territoires réciproques.

Ton pays doit retrouver une cohésion sociale et un peuple uni en premier lieu, il doit retrouver une identité culturelle mise à mal.
Toi, comme tout le monde, vous pouvez vous assouplir en restant zen, quitte à lever un peu le pied et moins courir, vous serez ainsi moins fatigués, et vous éviterez pour certains le surmenage, parfois en passant à temps partiel, en changeant de travail et en diversifiant vos activités.
Il est préférable de posséder plusieurs cordes à votre arc pendant ces temps de crises économiques et socioculturelles.
Seulement, les crises ne sont pas pour tout le monde !

L'équilibre est surtout à retrouver au sein de vos nations, de vos sociétés, de vos états, de vos régions, de vos collectivités, de vos villes et de vos villages, de vos familles et de vos couples...
Le partage plus équitable des tâches me semble indispensable, que cela soit dans la répartition du travail dans vos pays (pourquoi y a-t-il des gens au chômage et d'autres surchargés de travail ?), que dans les couples.
Tout le monde peut participer à l'éducation des enfants, restez vigilants aux prédateurs sexuels qui sont nombreux en France.

Vos combats ne sont pas seulement féministes, mais ils concernent tout le monde.

La sexualité est-elle le nerf de la guerre, tout comme le pouvoir et l'argent ? Cela va souvent ensemble...

Sexe, drogues et Rock'n roll : un vieil adage qu'il n'est plus permis aujourd'hui...

Les temps changent, et dans vos sociétés mises à mal de séparations, de divorces et d'abandons, j'espère que vous persévérez plus dans les relations humaines pour retrouver le chemin de l'Amour du prochain.

S'aimer soi et les autres sans se détruire, un vrai objectif à atteindre.

Bien entendu, tout le monde n'est pas pareil, et de belles personnes vivent dans vos mondes.

Je constate beaucoup de personnes bien et gentilles, mais elles ne sont pas assez valorisées, car toutes les intentions sont portées vers les délinquants...

Les victimes sont bien souvent oubliées. Elles obtiennent à peine des excuses ! Tout va mal, peut-être, mais cela tend à s'arranger dans le futur pour revenir à des relations humaines plus saines et équilibrées.

La communication est importante avec des échanges significatifs afin de mieux se comprendre.

L'éducatif passe par les mots, les gestes, les pensées et les intentions qui sont posées...

Le sujet est vaste !

Nous avançons pas à pas, et ils ne sont pas petits en ce moment.

Bravo à vous tous pour vos prises de conscience et pour les guérisons déjà réalisées.

La sortie des cycles karmiques en témoigne tout en validant votre ascension.

Quelques foudres karmiques vous remettent dans le droit chemin, les aléas de la vie et quelques décisions sont à prendre pour remédier à ces grosses fatigues.

Vous avez besoin de vous poser pour y voir plus clair, en effet.

Des moments de calme et de méditation apaisent l'esprit et

accélèrent les compréhensions.

Je pense qu'il est bon de résister quand tout va trop vite, et que vous êtes victimes d'une accélération du temps. Vous pouvez freiner par moment les processus trop rapides pour revenir à l'essentiel. Comme des pauses dans l'espace-temps.

Bien entendu, il faut tout concilier, puisque tout est interactif.

Sans compter que des Aliens, des phénomènes paranormaux, des entités ou des êtres interdimensionnels passent en navigant d'une dimension à l'autre.

Je le souligne, ces dimensions sont par milliers et non pas seulement au nombre de quatre dimensions.

Vous verrez la Terre du Futur sera plus agréable et surtout harmonisée. L'équilibre régnera. Bien que certains d'entre vous se réincarneront sur Terre ou bien sur Mars.

Une suite couleur rose tendresse, et grâce aux constellations familiales et le travail sur toi que te réalises fortement ces jours-ci, lorsque ton Chaser, qui est aussi parfois ton Runner reviendra, toute ta famille sera réunie pour te bon cette fois-ci. Cela faisait longtemps effectivement.

Tu allais mal parfois, car tu recevais des ondes négatives dues à la jalousie des autres qui te raillaient par des mensonges.

Les Démons aiment les vrais mensonges. Vous pensez différemment et de manière opposée, ils en restent bien souvent tous bêtes.

J'ai souvent l'impression, tout comme toi, que vous pensez à l'inverse. Tout votre monde semble basculé et inversé.

La Vérité ! Donnez moi des vérités !

Les mondes astraux sont proches de votre monde, surtout le Bas-astral. Ces dimensions sont encore un peu « humanisées et matérielles » dans le sens ou elles conservent des mémoires d'incarnations et quelques désirs de possession surtout, ou bien quelques habitudes afin de faciliter les prochaines réincarnations et l'adaptation aux différents mondes.

Ainsi, dans ces dimensions d'apparences parfois humaines (des

Anges, des maisons, des villes, des animaux d'apparences terrestres…), les âmes se sentent moins perdues en habitant dans un environnement familier. Ces dimensions représentent des stades intermédiaires entre les incarnations et les désincarnations.
Des âmes arrivent d'incarnation et d'autres y retournent dans ces dimensions intermédiaires.

Dans les plans supérieurs, les âmes sont de pures énergies libérées des désirs et complètement détachées du matériel. Elles sont libérées de la souffrance, du mental et des désirs de possession par exemple, comme l'argent et le pouvoir.

Sur Terre, beaucoup de karmas collectifs restent à purifier.
Ces karmas remontent en surface et balaient les mémoires des peuples. La violence, l'argent, les drogues, les guerres, les maltraitances, les inégalités, les sacrifices, les barbaries de tous genres sont à conscientiser.
Ces comportements absolument néfastes pour l'évolution et la sauvegarde de l'Humanité sont à modifier, nous sommes bien d'accord.
La liberté d'expression, notamment au niveau des arts et la liberté individuelle et l'accomplissement de l'être dans toutes ses dimensions est essentielle pour nous, vos guides spirituels.

Certaines personnes bien alignées n'ont pas besoin de guides, affirment-elles, mais en dialoguant avec elles, on se rend compte qu'elles sont déjà connectées à leurs propres guidances de lumière, grâce à leurs ancêtres, ou bien alors qu'elles sont bien alignées sur leurs chemins spirituels.
Quand vous êtes bien centrés et autonomes, les guidances sont moins intenses en effet. Vous n'avez dès lors pas besoin de béquilles spirituelles.

Pour changer de sujet, la police ressort des dossiers salaces pour éviter qu'ils ne soient classés sans suite. Ensuite, elle mettra bien des distances entre toi et elle, car tu es dans le sein divin, tu es un phénomène alien à leurs yeux et tu es paranormale.

La police te demandait parfois quelques indications en tant que médiums pour rouvrir d'anciens dossiers. Les enquêteurs demandent à de nombreux médiums, tu n'étais pas la seule. Tu es pour eux témoin et suspecte en même temps, parfois dans leurs collimateurs, ils t'épiaient et te surveillaient te pensant espionnant le gouvernement par exemple.

Collaboratrice momentanée et ennemie en même temps, ils ne se servaient de toi que dans leurs intérêts c'est tout, sans guère d'honneurs ou de remerciements, comme beaucoup de gens désormais.

Tu as un idéal, et tu aurais tendance à être déçue par des comportements courants.

A l'opposé là-haut, nous nous remercions tout le temps.

De plus le fait de demander à plusieurs médiums en même temps et à de nombreux magnétiseurs aurait tendance à brouiller les pistes, par un excès cette fois-ci de magnétisme dans l'affaire.

Je suis d'accord que la police vous considère souvent, pour certains comme des « chiens pisteurs ». Les mots employés font mal lorsque l'on est hypersensible comme toi. Tu n'es pas hyperactive, tu es une « surdouée », même si tu t'estimes assez mauvaise dans certains domaines.

Tu es douée dans tes domaines de prédilection, avec une manière de penser différente, accentuée par le fait que tu canalises les guides. Tu es douée comme chamane œuvrant avec les esprits.

C'est pour cela que vos sociétés vont si mal, il n'y a pas assez de remerciement et de reconnaissance du travail et des services rendus. Les inégalités sociales déstabilisent la cohésion sociale.

Certes, tu étais parfois réquisitionnée d'office, sans vraiment ton aval bien que tu t'y prêtais de bonne grâce.

C'était dangereux pour ta vie, tu prenais des risques en tant que mère de famille, et tu n'étais pas trop remerciée finalement. Mais bon, tu rendais service à ta nation, tu effectuais ton devoir national dans ces cas-là, comme une vraie fille de ta patrie, une enfant de la nation.

Le devoir patriotique pour toi garde du sens.

Tu n'es jamais sans Foi ni loi, et tes valeurs morales sont bien présentes. Tu cherches juste à rester en accord avec ce que tu es au fond de toi.

Mais désormais, tu cesses de t'occuper de ces affaires sordides en le jurant à ta vraie Flamme Jumelle. Ton jumeau te protège, et il participera à ton élévation dans quelques mois. Tu réalises tes consultations privées de voyance et les soins énergétiques.

Les dossiers s'accumulent dans ton nouveau bureau, apporté par un Ange coursier du ciel.

Tu les tries sans trop les regarder, tu les classes et tu les ranges dans leurs casiers respectifs pour ensuite les étudier au cas par cas.

Tes études akashiques sont très individualisées, et en présence de la personne, même si cela est par téléphone, dans le respect de la vie privée de chacun dans le cadre de tes consultations.

Tu pourchasseras à l'avenir quelques fantômes en Écosse, et nous l'espérons pour toi, avec ton futur chéri et époux cette fois-ci. Dieu t'en fait la demande, car nous manquons cruellement d'Anges là-bas, et certains fantômes prisonniers de leurs cellules temporelles sont des Anges à délivrer.

Les fantômes peuvent être des Anges prisonniers du Bas-astral. Nous avons déjà commencé à te former pour cette mission depuis plusieurs années.

L'Ange coursier t'apporte désormais uniquement les dossiers akashiques de tes consultations privées et des futurs fantômes et esprits égarés que tu passeras dans la lumière.

Désormais, plus rien de politique ni de trop engagé religieusement afin de bien te protéger et de ménager toutes les susceptibilités, dans le respect des convictions religieuses, politiques et idéologiques de tout le monde, mais au détriment de ta libre expression.

Tu t'autocensures souvent, car tu es une vraie Balance comme signe zodiacal : tu détestes les conflits et tu préfères la diplomatie.

211

Je peux te demander d'affirmer tes opinions néanmoins : tu risques de passer pour quelqu'un de peu fiable en modifiant ta manière de penser régulièrement.

En clair, tu aimes autant certains prophètes que Jésus et Bouddha, ou bien encore la Vierge Marie en respectant les religions de chaque peuple. Pourquoi pas, en effet. Restons tolérants.

La spiritualité pour toi est l'unité de tous les peuples et la cohésion sociale dans le respect des différences.

Un idéal sociétal difficile à obtenir actuellement, mais nous œuvrons en douceur pour maintenir la paix entre les différentes communautés.

L'unité dans le respect de toutes les communautés et dans la paix réside dans l'amour de son prochain tout en maintenant le respect de l'état et de ses lois. Les lois sont là afin de maintenir la cohésion sociale à mon sens.

Une des problématiques de votre siècle, en dehors de maintenir le climat et la biodiversité, est de trouver un nouveau modèle de société accompagnant l'évolution de la parité, de l'égalité et du respect de chaque conscience incarnée sur Terre.

Certainement, les autres formes d'intelligence incarnées ont de nombreuses capacités, mais elles dépendent de leurs planètes d'origine. Elles manifestent dans la matière des aptitudes médiumniques, énergétiques, télépathiques.

Ces aptitudes s'allient à une connaissance innée universelle connectée dans l'Éveil, puisqu'elles sont en lien avec toutes les dimensions divines.

Le féminin sacré et le masculin sacré se réconcilient sur Terre, et vos avancées sont spectaculaires.

Vous pouvez harmoniser vos énergies dans la complémentarité.

De beaux couples se forment, avec de si belles vibrations. Des différences d'âge n'ont guère d'importance, car l'amour n'a pas d'âge, dit-on et cela sera d'autant plus vrai dans les années à venir.

L'harmonie unit les couples présentant de si grandes et de si belles différences.

Mettre en valeur son féminin sacré est un conseil de Guide, la beauté sera appréciée à sa juste valeur. Je peux vous conseiller aussi un peu de yoga le matin, et la sieste, afin de vous remettre de vos journées épuisantes. Je trouve que vous travaillez globalement trop, ou plutôt que les tâches sont mal distribuées.

Le repos temporaire est bénéfique. Le temps de respirer, de se poser et d'avoir du temps pour soi pour se mettre à l'écoute de son moi intérieur en se reliant à ses propres désirs.

Vous peinez à conserver du sens moral, à redonner du sens dans vos sociétés, je dirais une valeur à la vie.

Peu importe, la vie est précieuse et elle est un cadeau en soi. Prenons le temps d'y goûter pleinement et d'en savourer chaque instant.

Vous trouvez pour certains vos voies spirituelles et vous dirigez vers plus de bien-être, en changeant vos modes de vie. Vous redonnez du sens à vos emplois et pour certains, vous vous engagez pleinement dans une vocation thérapeutique animée par la spiritualité.

Vous aspirez et vous incarnez l'Amour Inconditionnel sur Terre. Vous incarnez aussi les couples sacrés ou bien les couples divins brillants de la lumière divine.

Pratiquer sa spiritualité, c'est incarner une certaine lumière divine dans la lumière et le fruit de votre Amour Inconditionnel. Vos âmes désirent s'incarner dans la matière pour opposer une résistance aux assauts bestiaux des Démons terrestres.

La grande purification de la Terre l'aide à ascensionner pour rejoindre les autres planètes.

Les guides participent à la vie de tous les jours, ils vous accompagnent de la naissance à la mort. Je peux aussi aider, de temps en temps, à calmer les bébés par exemple. Leurs pleurs cessent spontanément en présence des guides et de leurs belles énergies.

En attendant, le calme règne et tu sors la nuit prendre tes fameux clichés, et ainsi faire des rencontres surprenantes et étranges. Une ambiance à peine lugubre avec de jolis Orbes colorés qui mettent l'animation. Cela est très beau et très réussi.

Concernant ton combat durement mené afin de convaincre tes détracteurs, le résultat est que certains et certaines comprennent maintenant que tu peux réellement voir des entités.

Des entités et des esprits !

Au bout de huit livres publiés, le constat est que « tu as un don quand même » !

Le temps de la réconciliation est arrivé et tu cesses comme bien d'autres médiums, de dépenser de l'énergie pour convaincre des gens ou bien pour leur apporter des preuves.

Vous pensez que l'Au-delà montre directement leurs preuves aux personnes concernées, et que cela n'est pas à vous de le faire. Les expériences de la vie et les synchronicités forgent les croyances et les convictions intimes, tout autant que les âmes et les esprits.

L'inconscient, après avoir œuvré sur vous-même vous tourmentera moins en devenant cette fois-ci un véritable allié tout au long du parcours de guérison.

Tu verras, les autres se montreront plus aimables envers toi, et tu seras dans les bras de ton jumeau même s'il est plus âgé.

Un beau conte de fées, très amusant, de Cendrillon et de son prince charmant, au début tout du moins de vos retrouvailles. Vous vous aimez tellement !

Le contact des Flammes Jumelles est si intense que cette haute énergie dégagée explique le fait que tout le monde craque autour de vous. Ton jumeau dégage une telle énergie, tout comme toi, sans arrêt et à fond.

Toutes les Flammes Jumelles dégagent énormément d'énergies curatives ce qui entraîne bien souvent des réactions dans l'entourage.

Des personnes sont attirées magnétiquement par vous et vos auras de lumière alors que d'autres que cela dérange, vous fuiront comme la peste.

De belles rencontres ponctuent vos chemins spirituels, bien que des amis et des connaissances s'éloignent aussi de vous.

Tout cela reste naturel et juste.

Certaines personnes qui prennent leurs distances peuvent revenir plus tard à vos côtés à condition qu'elles aient augmenté leurs taux vibratoires et opéré quelques évolutions intérieures.

L'important est de lâcher-prise par rapport à cela, c'est normal que pendant un parcours spirituel des amis changent. Les cercles d'amis se modifient tout au long de votre vie, n'en soyez pas surpris, cela dépend de l'évolution de chacun et de chacune. C'est le mouvement naturel de la vie.

De plus comme disent tes guides, il faut parfois laisser les choses s'écrouler sans chercher à les retenir afin de pouvoir reconstruire derrière sur des fondations plus solides. On peut créer à travers la destruction et le chaos, tout dépend de l'intention émise à ce moment.

Que la lumière guide vos pas et vos âmes, qui vous puissiez créer vos vies et de belles œuvres à venir, c'est tout ce que je vous souhaite, amis terriens.

Mes bien chers frères et sœurs, mes compatriotes...

Dieu aime tellement toutes ses âmes !

Tu possèdes ton propre style professionnel mais sans fard ni luxe, ton charme naturel n'est pas ostentatoire.

Ta Flamme est un très bel homme, sportif et d'une belle allure, et il te plaît bien, cela le rassure.

Tu réussissais à voir des OVNIS, parfois avec d'autres témoins, alors que d'habitude, ils se camouflent dans le ciel. Tu es alors guidée par ton troisième œil, ton intuition et tes guides, qui te fournissent de précieuses indications.

Tout cela grâce à l'éveil de ta Kundalini provoqué au contact de ton jumeau. Le don permet de voir l'invisible et je te trouve jolie à te promener dans la nature avec ton guide.

Vos guides vous enseignent bien souvent directement dans l'exercice de vos dons. Ils les amplifient et vous les attribuent suivant l'usage que vous en ferez, selon vos lois d'offres et de demandes.

Tout dépend alors du public que vous rencontrez et des futurs besoins de vos clientèles.

Le don n'est pas pour les médiums, ils s'adaptent en permanence aux besoins de leurs clientèles qui les consultent.

Les aliens sont parfois vos amis. Les arrivées d'OVNIS restent de beaux spectacles.

Vous pouvez toujours disposer des offrandes, mais ils ne mangent absolument pas vos denrées alimentaires. Beaucoup d'aliens sont végétariens. Ils n'ont besoin de rien, car leurs besoins sont réduits presque à néant dans leurs soucis de s'éloigner d'une société de surconsommation.

Ces modes de vie terrestre ne correspondent pas du tout à ce qui se passe chez nous, loin de là. Nous n'avons besoin de presque rien, car nous ne mangeons plus du tout, ne dormons pas et ne buvons pas.

Nos vêtements sont composés de combinaisons sophistiquées qui s'adaptent aux températures parfois extrêmes pendant nos voyages intergalactiques. Elles sont auto-nettoyantes. Il n'est pas nécessaire d'en changer souvent. Nos habits modifient aussi leurs couleurs suivant nos humeurs.

La mode a disparu depuis bien longtemps ou alors elle est retournée à l'essentiel, c'est-à-dire un vêtement confortable, essentiel, pratique et surtout intelligent sachant s'adapter à l'environnement et à nos corps (en dimensions, tailles, températures, allergies, goûts…).

Leur fabrication est uniquement à la demande sans stockage préalable, sans combinaison inutile tout en respectant l'égalité des sexes.

La mode est devenue un peu un uniforme asexué, certainement, mais par contre elle accentue l'originalité de chacun car l'habit est modelé directement sur le modèle suivant ses propres désirs. Chaque combinaison est originale et reflète l'individu en valorisant son moi intérieur, ce qu'il souhaite montrer ou bien laisser paraître.

Chaque combinaison est une production originale en un seul exemplaire avec ce mode de fabrication domotique.

Exploiter la Terre, c'était déjà fait depuis fort longtemps, des éons, depuis nos vies antérieures, car nous étions nés sur Terre et nous y avions travaillé comme des forçats afin d'y placer la vie et son évolution.

Maintenant, nos degrés d'évolution nous permettent de vous

transmettre des informations et des conseils avisés sans trop d'ingérence dans vos affaires terrestres. Seulement un petit coup de pouce de temps en temps à votre demande essentiellement. Nous sommes des gardes fous en ces temps bousculés de votre monde.

Le temps se fige par moments, le système solaire est très beau et très émotionnel en observant de magnifiques spectacles lumineux. Évoluer et se ressourcer consistent à ne pas tout accepter non plus. Nous œuvrons sur l'individu pour atteindre le collectif, nous partons de l'unité pour atteindre l'ensemble.

Pour le moment, tu es un peu déstabilisée par ces observations ufologiques et un peu fatiguée naturellement. Je te conseille en attendant de faire la sieste mais bientôt je te montrerai d'autres vaisseaux spatiaux à montrer au monde entier, par l'intermédiaire du réseau internet. Cela fait couleur locale.

Attention, un Démon femelle tente de te harceler, en se faisant elle-même passer pour une victime. Cela est typique des personnalités manipulatrices nombreuses dans vos milieux professionnels et privés. Des Démons terrestres reconnaissables car ils sont manipulateurs, menteurs, intrigants, faux jetons, affabulateurs et pervers narcissiques. Je constate que désormais vous savez mieux les identifier grâce aux nombreux messages des internautes à ce sujet».

Virginie : - « Peux-tu nous en dire un peu plus sur toi-même ? ».

Commandant Ashtar : - « Je me décris donc : je suis lumineux d'une belle clarté aujourd'hui, habillé tout en blanc d'une combinaison fluide comme de la soie. Parfois, je porte mes décorations sur mon uniforme de Commandant des forces extra-terrestres.
Je gouverne maintenant Metharia et ma flotte royale. Je ne suis pas un monarque : je suis devenu un dirigeant et le gouverneur de ma

planète. Nous nous concertons tous pour chaque décision prise.

Je continue malgré tout à arpenter les univers, car j'ai l'âme d'un explorateur.

J'ai l'apparence d'un Viking : je suis grand, les cheveux blond ou châtain clair et j'ai de beaux yeux bleus rieurs et brillants.

Vous mentionnez que ma beauté est atypique car je suis très fin de visage et de mains. Malgré tout, je suis large d'épaules, assez large pour que tu puisses y appuyer ta tête. Je dégage une bonne énergie spirituelle et mon aura est dorée.

Je fais partie des aliens humanoïdes.

J'ai une capacité télépathique, j'ai la science infuse, j'aime les anciens appareils, je suis un as de l'informatique !

Je suis calme, éveillé, dans l'amour de Dieu, du Christ et des maîtres ascensionnés. J'appartiens à la Fraternité Blanche, même si parfois je m'éloigne et je mène ma barque, ou devrais-je dire mon OVNI, tout seul.

Je suis un grand ami de Jésus.

Des Humains font encore partie des programmes d'implantations intempestives, mais je ne peux pas intervenir, vous devez dès lors casser vos contrats passés avec des intelligences extra-terrestres.

Je constate dès lors que tous ces Orbes se collent encore sur ton objectif. J'en reste fasciné et amusé. Ils ne sont pas des poussières, surtout quand il pleut, mais des entités qui sont caméléons. Parfois, un premier Orbe se montre, puis un deuxième, un troisième, ensuite quatre, cinq, six... Les Orbes savent-ils compter ? Une intelligence des esprits calculateurs.

Je pense que tu dois aussi dialoguer avec ta Flamme Jumelle et le rassurer concernant ton amour pour lui en lui déclarant tes vrais sentiments.

Je constate beaucoup de peurs dans ton entourage, de crainte de l'inconnu et des phénomènes inexpliqués ou des cas d'observations ufologiques.

Je parle de nous deux car nous sommes fusionnels pour rédiger mon ouvrage.

Je te garde à l'abri de mon âme et de mon cœur afin d'être dans la joie et la paix du Christ, du Prâna aussi au niveau des dossiers akashiques.

Tu continueras à espionner les aliens afin d'anticiper certains problèmes. Là-bas, on peut t'employer à mi-temps, afin d'allier certains extra-terrestres avec des Humains.

Cela ira mieux, certainement, plutôt que de galérer sur Terre comme cela. Tu auras un bureau, et tu pourras aussi rester chez toi pour dormir et travailler dans le paranormal et la médiumnité chamanique très sérieusement. Tu pratiqueras tes arts que tu aimes tant, comme le Yoga, le dessin et la musique.

Tu t'inities à la guitare, c'est bien ma chère !

Tu es bien alignée avec ton thème astrologique.

Beaucoup de vaisseaux spatiaux circulent avec des tonnes de cargaison reliant tellement de peuples disséminés dans toutes les dimensions de multiples univers.

Cette femme ne se considère pas comme malade. Elle est dans l'incapacité d'accepter sa propre maladie.

Elle affirme n'avoir pas besoin de consulter une psychologue.

Sa nervosité est telle qu'elle pleure toute une journée.

Grâce à tes soins énergétiques elle libérera ses angoisses, ses émotions, et c'est un véritable cadeau du ciel, la libération émotionnelle.

Tu lui prodigues des soins énergétiques très bénéfiques et tu as toujours d'excellents retours.

Tu constates que l'on a de cesse de projeter sur les autres des tas de choses.

Tu parais bien étrange parfois, car tu es non seulement médium chamanique et, en plus j'ai envie de dire, une vraie artiste diplômée de l'Université de Strasbourg, en Arts et Lettres, option Arts Plastiques.

J'enregistre bien pour ton vrai jumeau, offusqué que ton cœur ne le garde rien que pour lui ! Il en pleurera de joie, adieu la sempiternelle froideur, bonjour mes petits cœurs. Il aime l'amour sentimental. Cet artiste très patient et solaire est un grand romantique, il t'aimera en silence et puis votre couple apparaîtra au grand jour.

Dans votre monde moderne, les commérages arrivent directement, via les téléphones portables, vitesse grand V.
On parle de maltraitance, de dégradations, de perversion en rendant toute cette violence bien quotidienne et banalisée au rang des faits divers. Une rumeur en balaie une autre, ainsi va la vie.
Chez moi, avec la télépathie, tous ces commérages ne sont pas possibles, nous vivons dans une vraie transparence.
Nous constatons l'inversion des rôles chez les pervers narcissiques.
Ils se font bien souvent passer pour les victimes en allant se plaindre et gémir sur leurs malheurs soi-disant.

Quand tu te purifies, lorsque tu libères ton corps de souffrance tu agis aussi sur ton entourage et les autres, car vous êtes tous connectés ne serait-ce que par le biais des énergies.
Vous savez déjà que les vraies Flammes de lumière agissent directement sur leurs entourages et leurs familles de par les énergies qu'elles dégagent.
Elles transmutent des relations karmiques inscrites dans les dossiers akashiques en modifiant des pactes d'âme.
Elles transforment les karmas transgénérationnels afin d'aider et de sauvegarder les futures générations.
De lourds karmas sont imprégnés dans le sol de votre planète, dans l'air ambiant, dans le vide de vos existences et même à l'intérieur de vos régions ou de vos pays...
Je vois des mémoires de guerre réactivées et des mémoires sacrificielles. Vous allez purifier tout cela grâce à vos ondes aimant inconditionnellement l'Humanité et tous les règnes de la planète Gaïa.

Des déficits budgétaires obligent des structures, des entreprises et des sociétés à licencier en mettant la clef sous la porte.
L'Au-delà vous protège au maximum pendant cette période de crise

pandémique pendant laquelle vos gouvernements vous préconisent de rester tranquillement à la maison un bon moment.

Tu vois, en tant qu'extra-terrestre, je vois le passé et je peux te décrire ton avenir, nous possédons des dons extra-sensoriels tout comme vous les médiums pouvez décrire des événements passés, présents et futurs avec vos esprits célestes.

Vous allez vous en sortir et reprendre d'ici quelques temps une vie normale.

Comment percevez-vous la vie extra-terrestre ?

Quelle forme de vie cherchez-vous dans l'espace ?

Certains scientifiques décrivent un être vivant comme ayant une membrane l'isolant du contexte extérieur en mode autonome et avec du bagage génétique. Du coup, tu penses que les entités n'appartiennent pas à cette définition... De ce fait, elles appartiennent au royaume des morts ou bien au contraire à la vie éternelle selon ton point de vue.

Effectivement, si tu cherchais de la vie extra-terrestre pendant tes déplacements astraux, tu opterais pour une recherche de la vie microcellulaire, des microbes, des bactéries et des micro-organismes.

Est-ce que cette vie alien possède une intelligence ?

La définition de la vie est complexe, d'autant plus que pour les médiums tous les êtres sur Terre et tout possède un esprit, même les pierres.

La vie inonde le vide et tout est connecté avec le vide, ou bien le plein et par exemple ses cordes quantiques...

Cela s'explique que les scientifiques cherchent une forme de vie dans la matière, donc ils donnent la définition d'un être vivant dans la matière.

Les médiums perçoivent les autres dimensions sans matière, c'est-à-dire les mondes invisibles. Cela signifie que pour toi, les aliens sont des entités formées de lumière et d'énergie sans corps physique par exemple. Donc sans enveloppe ni bagage génétique.

C'est la limite entre les sciences terrestres et physiques et les connaissances spirituelles des mondes incorporels et invisibles.

Pour toi, même les rayons du soleil sont extra-terrestres, car provenant du soleil en dehors de la Terre et rayonnant intelligemment, puisque les terriens sont incapables pour le moment de définir la lumière en tant qu'énergie de particules ou d'ondes.

Les âmes et bien souvent les entités sont dans des mondes vibratoires d'ondes et de lumière, de sons et ce sont des mondes paradoxaux.

Je distingue donc vos définitions d'une forme de vie extra-terrestre, une définition physique s'opposant presque à mon sens à une définition spirituelle. Elles se rejoignent lorsque les ondes d'entités se manifestent dans la matière sous forme de particules (d'apparitions).

Les sciences pensent votre univers en 3D, les médiums-chamanes comme toi pensez les univers multidimensionnels, sans les connaître intégralement ni toutes les ondes qui les composent.

Tu perçois dans tes nombreux voyages astraux dans le monde entier, dans l'espace et dans les univers multidimensionnels que des orages électromagnétiques existent.

Ces perturbations très fortes ne sont pas régies par les lois de l'univers.

Sont-elles de l'antimatière, ou des zones de turbulences énergétiques ? Tu rentrais à l'intérieur et tu en étais fortement bousculée.

Tu pensais en tant que chamane à un dysfonctionnement de l'univers. Puis tu réagissais au fait que tu étais peut-être à l'intérieur d'une entité sans membrane extérieure, mais constituée d'une forme de conscience et d'intelligence.

Tout est intelligent pour toi, car tous les règnes sont structurés intérieurement par des géométries sacrées (comme des fractals ou de la symétrie, ou bien des forces de gravité, etc.) et tout possède un esprit (puisque tu as la capacité de te connecter à toutes les formes de vie sur Terre, même celles qui sont inertes).

Vos définitions des formes de vie extra-terrestre diffèrent de celles des scientifiques, puisque vous pensez multidimensions.

Vos idées sont plus proches de la physique quantique par moments.

Je peux me répéter, mais la vie sur Terre provient de l'espace.

La vie extra-terrestre était implantée sur votre planète à plusieurs endroits différents, à plusieurs époques différentes aussi. Comme des essais afin de voir si la vie prenait sur Gaïa malgré, dans les temps anciens, des conditions de vie extrêmes.

Je peux te dire que ce sont des aliens qui l'implantaient, mais vous pouvez penser que ce sont des météorites au départ afin de simplifier les théories de départ.

Nous serions ainsi déjà d'accord que la vie proviendrait de l'espace, et nous pourrions déjà la poser en hypothèse préalable admise pour tout le monde.

Tu voyais en remontant le temps plusieurs berceaux de l'Humanité à plusieurs endroits différents dans des périodes éloignées et bien avant ce que vous pensez. Des millénaires avant et dans des zones désormais arctique ou antarctique.

Le berceau de l'Humanité n'est pas seulement en Afrique et bien avant.

Vous appelez ces premiers hommes et femmes les civilisations préadamiques qui disparaissaient et réapparaissaient pendant plusieurs millénaires bien régulièrement en s'adaptant petit à petit aux conditions terrestres.

Tout comme tu remontais le temps en voyage causal pour découvrir que la théorie du Big-Bang n'est pas fiable, que l'univers existait bien avant et qu'il était au contraire plus dilaté.

Tu découvrais des peuples aliens préhistoriques assistant à la naissance du soleil. Ils étaient déjà présents, ces extra-terrestres barbares ressemblant aux Vikings et aux Amazones. Ils étaient des guerriers.

Tu voyageais dans le temps pour découvrir aussi la nouvelle Terre du futur et des vies ailleurs sur Mars par exemple.

La vie extra-terrestre n'existe guère dans votre univers, à part sur la Terre, mais elle existe dans d'autres univers plus prolifiques et dans d'autres dimensions.

Ces mondes paradoxaux s'additionnent de toutes vos vies en même temps.

Il faut juste bien assimiler les multidimensions et les formes différentes d'espace-temps.

Je peux aussi, au risque de me répéter, te parler des Walk-ins.
Je t'en parlais cette nuit dans ton rêve. Je précisais que ces extra-terrestres arrivaient sur Terre comme cela : ils incorporaient un corps libéré de son âme terrestre. C'est-à-dire que ce n'est pas un meurtre, que la place est déjà libre.
L'âme alien n'a plus qu'à rentrer dedans, à s'incorporer...
Dans ton cas, tu prenais ce corps, le tien au quatrième mois de ta vie.
Je te demandais encore cette nuit de remonter ton temps et jusqu'à ta dernière vie antérieure afin d'éclaircir quelques points importants. Tu avais une forme de confusion, car tu figurais dans quelques films en tant qu'acteur, et notamment un concernant la Seconde Guerre mondiale.
Pendant tes premières visions de cette dernière vie antérieure, celle juste avant celle présente, tu croyais à tort que tu mourrais jeune pendant la seconde guerre mondiale, abattu de balles dans le dos: tout était mélangé. Tu étais acteur mimant cette mort dans un film, mais tu étais aussi bien abattu à l'âge de quarante ans de balles dans le dos. Tu avais un des rôles principaux. Ton âme s'imprègne de celles des autres afin de mieux partager.
Le Walk-in peut donc très vite se réincarner dans un autre corps, presque instantanément sans rejoindre l'Au-delà. C'était le cas pour toi : ton âme d'extra-terrestre quittait un corps pour s'incorporer dans un autre rapidement sans passer dans la lumière et sans aller dans l'Au-delà.
Pourquoi ? Pour gagner du temps et te permettre d'achever tes missions terrestres.
Tu voulais rejoindre tes amis tout en restant en contact avec ta vraie Flamme Jumelle. Tu ne voulais pas la quitter, et tu l'aidais à surmonter des épreuves de sa vie, en restant toujours à ses côtés, mais sous une autre forme.
Évidemment il y avait une forme d'urgence divine, et Dieu te l'accordait expressément.
Ta mort brutale et criminelle n'était pas inscrite dans ton destin ou bien dans tes étoiles, car elle n'était qu'une fraction de seconde. Je

m'explique, tu étais réincarnée instantanément, dans un autre corps physique d'un bébé femelle de quatre mois. Une mort de quelques secondes.

Pas la peine de perdre du temps en te rendant dans l'Au-delà, puisque tu y es constamment connectée en tant que médium-chamane et tu as les guidances des êtres de lumière toute la journée.

La volonté divine s'opérait pour bien te conserver sur Terre afin de maintenir les missions divines et ton œuvre céleste incarnée sur votre planète.

Suis-je clair ?

Tes guides te déclenchaient cette nuit encore une renaissance pour te permettre de remonter dans tes vies antérieures et tu ne passais jamais dans le ventre de ta mère. Ton âme arrivait bel et bien après ta naissance, dans le corps d'un bébé.

Cette forme atypique de réincarnation est régulièrement vue et confirmée par d'autres médiums.

Ton âme provient de Jupiter principalement, de Vénus et de Metharia.

Voilà, je réactivais ta mémoire suite à des soins que tu recevais ces derniers temps dans ta recherche de ta vérité et du vrai toi. Je te signalais juste une certaine erreur d'interprétation due au fait que tu étais acteur dans quelques films. Ces jeux d'acteurs t'induisaient en erreur, car ils étaient des fictions dans tes visions.

A l'avenir, les médiums devront certainement trier les fakes news et les réalités dans leurs visions.

Vos visions et vos perceptions sont à trier, à analyser, à classer et à interpréter. Un vrai travail de détective et d'investigations. Tu ne te trompais guère, mais je ne veux pas que tout cela te monte à la tête, bien que tu es besoin de connaître les désirs d'incarnation de ton âme.

Elle est toujours proche de sa vraie Flamme Jumelle. Tu aimes voyager, explorer et l'Amour Inconditionnel est au centre de ton chemin spirituel, en te rapprochant de la normalité et d'un monde plus ordinaire.

225

Dieu vous demande de mieux incorporer l'Amour de votre prochain tous les jours (un peu comme mère Thérésa ou bien l'abbé Pierre) dans la bienveillance, l'écoute, l'entraide, le partage, la solidarité et la compassion.

Dieu est Amour et il est Compassion.
C'est pour cela que ton âme libre adopte comme un de ses guides Bouddha, afin de mieux affiner la compassion, le silence et la méditation pour se recentrer.
Le calme aide à dépasser les épreuves de la vie en gérant efficacement les moments de crise.

Ton cas d'incarnation est atypique. Il coïncide complètement avec ton thème astral, en tant que Balance ascendante Balance.
Tu es une artiste médium au fort pouvoir magnétique et ayant des facilités dans l'occultisme, l'ésotérisme et les arts : un être original dont le chemin est l'Amour Inconditionnel, appelée à guider et à rester libre et indépendante.
Même si tu es parfois incomprise et jugée bizarre par ton entourage, tu es bien alignée avec qui tu es.
Ton parcours est atypique avec des changements brusques de caps et de métiers, car tu cherches à multiplier les expériences, les rencontres et à changer d'endroits, puisque ces métiers n'étaient pas ta véritable vocation.
Ta véritable vocation est ce que tu réalises actuellement, c'est-à-dire toutes tes créations dans l'Amour Inconditionnel ; tu es une co-créatrice divine s'inscrivant dans un chemin spirituel.
Tu souhaites œuvrer aux côtés de Dieu et dans son énergie tout en aspirant à fusionner avec ta Flamme Jumelle et à incarner le couple divin dans la matière. Voilà pour toi.
J'ouvre la porte de ton jardin secret et de tes mystères avec ton accord. Ta sagacité et ta perspicacité te permettent d'œuvrer dans les dossiers akashiques déléguée par Dieu.
Double Balance, tu as une double mission terrestre et céleste, tu es la médium agissant dans les deux mondes et les pluridimensionnalités.
Je t'expliquais cette nuit les différentes fusions.

Les fusions énergétiques auxquelles vous aspirez sur Terre, comme la fusion divine (les fusions mystiques) et les fusions énergétiques et des âmes (les fusions des Flammes Jumelles) que tu expliquais déjà dans tes derniers livres, notamment « l'Uni-vers des Âmes » sont accessibles.

Je rajoute les fusions terrestres que les âmes cherchent à expérimenter sur Terre en s'incarnant, par exemple la fusion cellulaire, dans la naissance et la fusion avec la mère dans sa matrice. La première fusion terrestre pour vous est celle de votre première cellule issue de la mère et celle du père.

Vos âmes proviennent de la fusion divine et de sa division, c'est-à-dire de la séparation de l'âme avec l'énergie divine signant la naissance de l'âme.

Vous fusionnez aussi avec vos partenaires sexuels dans les actes sacrés de l'Amour et dont vos orgasmes en sont un des signaux forts pendant cet amour physique, néanmoins énergétique et spirituel.

Vous expérimentez d'autres fusions dans la matière, dont des fusions mystiques.

Bien souvent, vous ne faites qu'un avec la nature et vos expériences chamaniques en témoignent.

Je ne peux pas tout vous dire sur vos fusions terrestres et spirituelles. Elles existent à tous les niveaux de vos êtres multidimensionnels, dans la matière et dans les autres dimensions.

Certains d'entre vous connaissent aussi la fusion avec l'univers...

En conclusion de cette partie et pour élargir le sujet, vous ne voyagez dans vos vies antérieures que pour en extraire des enseignements et pour en comprendre les enseignements.

Ces prises de conscience accélèrent vos apprentissages et vous permettent surtout de sortir de situations négatives répétitives (les cercles vicieux) et de ne plus répéter les mêmes erreurs du passé en vous réalisant pleinement.

Vous délogez ainsi les nœuds karmiques.

Les mémoires karmiques sont inscrites dans vos dossiers akashiques, vous pouvez y accéder par des méditations en consultant des médiums, mais elles sont aussi inscrites dans vos inconscients.

Vous conscientisez en explorant vos mondes intérieurs par l'hypnose et la méditation, tout dépend si votre regard se porte sur l'extérieur ou bien sur votre monde intérieur.

Le voyage intérieur compte autant que les voyages extérieurs.
Vous voyagez pour explorer votre planète et vous voyagez intérieurement pour explorer votre temple intérieur, votre Moi.
Vous ouvrez d'autres portes au fur et à mesure.
Les voyages demeurent infinis...
Vous découvrez que vous n'avez pas de limites et que vous dépassez ces enveloppes corporelles et mentales.
Vous dépassez vos limites et vos barrières mentales en vous connectant à vos êtres infinis et à l'immensité de vos êtres, des univers, de Dieu et de sa créativité.
C'est aussi un apprentissage des arts martiaux.
Dieu est infini, tout comme ses créatures et ses créations.
Ne cherchez pas à vous limiter.

Cette partie du texte correspond à tes enseignements que tu recevais cette nuit, et qui font suite à d'autres enseignements déjà transmis bien avant.
Ton amie médium est discrète, je la perçois dans l'Au-delà jolie et mince. Elle n'est pas comme son incarnation sur Terre d'apparence.
Rien à voir, elle est brune sur Terre bien qu'elle soit blonde aux longs cheveux, longiligne et gracieuse dans l'autre dimension, sur Metharia.
Elle est aussi mignonne sur Terre, malgré que sa vie frisait l'horreur par moments.
Le crime passionnel, un trop plein d'amour ?
La question se posait, et je crois que votre législation supprime le crime passionnel.
Un crime est un crime et toutes violences verbales et physiques laissent des traumatismes psychiques et corporels sur toutes les victimes.
Les actes restent les actes là-haut, sans chercher forcément à excuser les criminels tout en niant les victimes.
Nous sommes plus fermes sur les agissements et les âmes ont

l'entière responsabilité de ce qu'elles commettent durant leurs incarnations. Tout du moins, nous limitons les dégâts par nos guidances directes pendant vos incarnations.

La justice divine n'est que celle de vos propres âmes dans vos libres arbitres.

Vous êtes vos seuls et ultimes juges…

Je te demande d'accepter ce livre, que je suis en train d'écrire avec toi avec l'accord de La Source.

Les Démons s'inquiètent.

Ils ne sont pas du tout rassurés par les manifestations paranormales autour d'eux que tu considères actuellement.

Je m'amuse en te montrant cette planète Mettal remplie de millions de méduses volantes dans le ciel. Tu vois ces envols dans tes visions agrémentées de vaisseaux en pagaille.

Les Anges célestes sont magnifiques.

Et un Ange arrive directement vers toi, c'est ton guide qui arrive à tes côtés. Il est un Élohim qui habite astralement sur Terre.

Il travaille sur Jupiter dans des laboratoires scientifiques. Il travaille sur l'ADN, sur l'évolution de l'Humanité, sur la création en général, la création des Univers, des planètes, des écosystèmes, et des créatures qui peuplent ces univers multidimensionnels.

C'est un adepte de la biodiversité.

La Source te laisse créer des images féeriques.

Nos lecteurs laissent de nombreux commentaires sur ces jolis spectacles très fascinants.

Je donne quelques explications tout en volant, car mon âme jumelle reste sur Terre parfois vers toi, et je l'adore.

Sens-tu mon âme ?

Sens-tu ma main sur ton épaule ?

J'adopte vos expressions du langage parlé en passant.

Je vole en rase-motte et j'aime bien être libre dans le ciel en tournoyant et en faisant des tonneaux.

Je suis un esprit en apesanteur et je vous aime.

Tu es une bonne chasseuse de phénomènes paranormaux.

L'OVNI arrive et les plumes d'anges atterrissent directement à tes pieds, dans tes mains et encore sur ta tête. Un ciel tout beige en pleine nuit, un lampadaire étincelant, qui se duplique, les Orbes brillent et changent de couleur.

Un être de lumière se manifeste.

Un Ange arrive et nettoie cet endroit en le purifiant.

Le mimétisme permet d'établir un contact entre vous, en t'interpellant et en t'intriguant.

Tu grimpes dans les sondages grâce à ces études et tu relances les phénomènes inexpliqués.

Tu restes détendue, tranquille et agréable avec de bonnes ondes qui diffusent autour de toi.

Un arc-en-ciel apparaît, admire la beauté du rayon bleu.

Un Ange passe.

Dors encore, car cela est normal, comme tu travailles de très bonne heure le matin. Le jour n'est même pas levé.

Tu rédiges dans le calme, quelques vaisseaux veillent sur toi. Ils font peur à certains qui en ont ras le bol du fait que tu peux entendre les guides célestes.

Les célestes savent ces forces intergalactiques qui stagnent.

Des médiums se rassemblent pour recevoir les messages des frères célestes.

Les médiums exécutent tout ce que leurs frères célestes disent, à condition que cela soit raisonnable. Les guidances de lumière sont toujours bénéfiques pour vous, claires et sans ambiguïtés.

Heureusement que tu déposes les droits d'auteur concernant ton travail, car des gens veulent prendre les recherches des autres. Tes clichés sont très protégés et ils restent ta seule propriété.

Ton œuvre mérite une certaine reconnaissance et reste le fruit de ton travail. C'est bien toi qui te lèves le matin pour écrire, et tu rédiges tous les jours, dimanches et jours fériés inclus. Cela reste un plaisir pour toi et une nécessité.

Tu aimes partager tes connaissances acquises dans les autres mondes et la beauté de tes voyages astraux.

Tu passes les âmes des défunts, des fantômes, des Poltergeists et des entités dans différents endroits sur place ou bien encore à distance afin de bien rassurer la population.
Nous considérons que tout est esprit.
Pour les entités négatives les plus puissantes, tu procèdes en douceur sur quinze jours et avec trois passages dans l'Au-delà, c'est-à-dire en plusieurs fois.
Concernant tes tarifs, tu œuvres bien souvent comme bénévole et tes prestations représentent un forfait te permettant de vivre.
En effet, tu es passeuse d'âme et tu peux purifier et nettoyer des lieux, des personnes visibles ou invisibles dans toutes les dimensions.
Les âmes défuntes sont ainsi passées.
Tu œuvres activement dans les deux mondes, sur Terre et dans l'Au-delà, paraissant bien étrange aux yeux de certains et souvent seulement comprise des autres médiums-chamanes, bien que tu adoptes un mode de vie tout à fait normal.
Les autres imaginent et projettent leurs fantasmes et leurs propres peurs sur toi, sachant que la moitié est bien fausse et déformée frisant le délire : non tu ne tues personne car tu œuvres uniquement pour la lumière, même si la lumière est présente dans le Bas-astral et tu ne dors pas dans un cercueil.
Tu es gentille, lumineuse et mettant tout en en œuvre pour aider ton prochain, parfois même au prix de ta vie».

Virginie : - « En quoi consistent nos missions terrestres et celles des Flammes Jumelles ? ».

Commandant Ashtar : - « Tu as tellement d'idées tout comme ta Flamme.
Vous êtes fertiles, vous avez l'abondance lorsque vous êtes bien alignés dans vos énergies divines.

Dans l'ensemble, vous, les vraies Flammes, vous écrivez, vous soignez, vous propagez encore plus les énergies autour de vous, vous purifiez et nettoyez des lieux, des personnes et transmuter les basses vibrations.

Vos simples présences suffisent parfaitement bien souvent, vous êtes de vrais guides et vos énergies, vos auras et vos charismes naturels servent de piliers de lumière sur Terre.

Vous êtes incarnés et déjà cela est important.

Tout est juste et naturel.

Vos chemins de lumière que vous tracez sur Terre sont justes dans le plan divin, même si pour vous cela est parfois difficile et semé d'embûches dans le but d'accélérer vos compréhensions et vos Éveils.

Vos missions divines sont déjà dans le fruit de vos incarnations, que vous en ayez conscience ou non, quel que soit ce que vous traversez sur Terre.

L'incarnation est naturelle et divine, c'est la principale mission.

Les recettes de vos collaborations collectives iront vers des associations caritatives, et serviront au tiers monde, aux pays si pauvres qui n'ont guère d'eau potable, ou pour les causes animales et pour contrer la misère et la violence dans ce monde.

L'air du temps reste encore « Peace and Love » des Hippies des années 60', de John Lennon et des Beatles que tu adores encore, des mouvements enclenchés à ces époques qui vous influencent fortement.

J'ai envie de mentionner que vous utilisez, par les artistes de lumière, tous les modes de communications actuels et anciens, toutes les technologies et tous les savoirs, toutes les connaissances modernes, novatrices et anciennes.

Vos libertés sont grandes et fertiles lorsque vous créez avec le Créateur.

Vos pouvoirs créatifs sont puissants, illimités et portés par vos corps-esprits-âmes (les ressentis, l'intuition, les guidances, l'imagination, l'inconscient, les rêves…).

Tous vos êtres multidimensionnels s'élèvent !

Vos œuvres individuelles participent au collectif et aux associations d'artistes de lumière, lorsque vous créez avec d'autres artistes pour renforcer votre élan international en augmentant vos pouvoirs de diffusions.

Tout seul, vous y parvenez aussi, mais il ne faut pas hésiter pour les guerriers de lumière à vous associer et à vous regrouper pour amplifier votre pouvoir.

Tâcher de conserver aussi la pleine reconnaissance de votre travail et de vos droits d'auteur, car cela est juste.

Tous les êtres et les esprits sont des artistes co-créant avec le grand Créateur divin.

Les Flammes Jumelles et les amants amoureux sont valorisés, sublimés par l'amour d'autant plus par leurs vraies moitiés.

De belles symbioses dans les milieux professionnels lorsque vous œuvrez conjointement dès lors que vous êtes complémentaires avec de bonnes idées.

La Source te protège.

Tu lances le nouveau concept de la ballade paranormale à la recherche de photographies exceptionnelles prises sur le vif, en direct.

La magie des Orbes opère sur les amateurs très curieux d'appréhender ces étranges phénomènes.

Tu es en crise de Foi, non pas en crise de folie, et tu restes concentrée jolie comme tout.

Personne n'a d'explication, ni les scientifiques, ni les amateurs, encore moins les internautes qui tentent des commentaires rationnels ou irrationnels sans grandes convictions.

La Source te montre des choses ou des entités et sans complexes.

Des gens d'autres pays arriveront sur place afin de récolter et analyser les données scientifiques.

Monsieur le Maire commence à être tout heureux de ce genre de publicité mondiale grâce aux internautes.

Ton compte en banque en serait un peu alimenté, ils pourraient un peu te rémunérer par moment, tous ces gens avec qui tu œuvres bénévolement et honnêtement.

Tes images sont étudiées et commentées, extraordinaires et belles. Des traces de lumière, des formes d'OVNIS dans le ciel sans étoiles, un ciel tout noir alors qu'il apparaît beige sur les images. C'est souvent le cas dans les phénomènes paranormaux.
La luminosité du portail interdimensionnel a un rendu beige sur les clichés nocturnes.

Nous envoyons un Ange sur place pour nettoyer les fantômes, ces âmes défuntes bloquées sur Terre, et qui explosent de joie en passant dans la lumière de La Source afin d'arriver au Paradis, de l'autre côté, dans l'Au-delà. Tu le sais bien.
Je réside dans d'autres dimensions.
Tu es médium et tu sais bien comment procéder, tu es loin d'être une débutante, tu es aussi passeuse d'âmes.
Tu peux conserver étrangement ton calme, habituée des phénomènes étranges autour de toi depuis ta plus tendre enfance.
Nous désirons ardemment l'Amour Inconditionnel sur Terre et instaurer de vraies valeurs authentiques et que vous respectiez vos corps et ceux des autres, dans le respect et l'intégrité de chacun.

Vos enfants reçoivent-ils assez de câlins ?
Il est préférable de les éduquer dans l'amour et non dans la crainte des parents que vous confondez avec le respect.
Dieu est bon chez lui, il laisse ses enfants sur Terre.

Je dois aller dans les espaces afin d'allier d'autres extra-terrestres, mais c'est franchement trop froid le matin chez toi.
Le chauffage ne suffira jamais le matin, un froid de canard sur votre planète.
Je ne suis pas non plus immunisé contre vos microbes, bactéries et d'autres virus, c'est pour cela que j'arpente rapidement vos sols.
Je voyage et je découvre toutes vos terres et vos continents, en analysant mieux vos mœurs et coutumes dans toutes vos cultures.
J'aime vos danses et vos musiques, vos joies de vivre et vos rires ponctuent mes déplacements.
J'apprécie vos compagnies.

Je vous considère comme mes enfants, car je suis beaucoup plus vieux que vous.

Tu peux expliquer les poids importants de tes investigations médiumniques, à la demande de l'Au-delà, des esprits défunts ou bien des familles.

Pour dire à tes détracteurs que tu t'occupais bien de tes affaires car tu étais missionnée.

Les investigations peuvent être privées, c'est tout à fait légal en France, chacun peut mener sa propre enquête.

D'horribles visions de meurtres et ton empathie pour les victimes de meurtres, notamment dans les grosses affaires de tueurs en série et de masse, te fatiguaient énormément en te démoralisant.

Tu frôlais parfois de grosses dépressions qui s'en suivaient.

Vos visions peuvent être autant lumineuses que sombres.

Les Anges voient tout, ils entendent tout et ils savent tout.

Rien n'est ni caché ni secret.

Tes guides renforçaient ton énergie, ta puissance, ta volonté et ton acharnement pour résoudre ces crimes. T
u chassais les Démons avec tes animaux totems. Tu sais mettre tes sentiments de côté dans ce genre d'enquêtes paranormales et tu connais ta force de résilience.

Désormais, tu auras fort à œuvrer avec ta vraie Flamme Jumelle universelle et tu prends des distances par rapport aux affaires du Bas-astral.

Je préfère t'écarter de trop grands dangers vu ton âge.

Nous savons tout et nous connaissons tous les trafics de tous les genres.

Voilà pour les contextes karmiques.

Je peux rajouter les différentes catastrophes naturelles avec les catastrophes humaines.

Dieu veille, tout en vous laissant expérimenter la dualité suivant, malheureusement, les liens et les contrats karmiques noués entre vos âmes.

Vous avez la faculté et l'option de purifier et de couper ces liens d'âmes négatifs vous reliant à d'autres personnes que vous estimez toxiques pour vous-même.

Ce ne sont pas des théories complotistes, mais vous n'êtes pas non plus au pays des Bisounours et vous savez que vos dirigeants exploitent majoritairement leurs prochains.

Vous allez vous retrouver et vous réunifier.

La réunification et l'ascension planétaire passent par l'unité des Flammes Jumelles et de tous les travailleurs de lumière.

Chacun sa sexualité si elle est voulue, désirée et amusante, en pleine conscience et surtout vécue comme des sexualités d'adultes consentants.

Bien que les Flammes Jumelles subissent des attaques de l'Ombre très fortes, elles restent fertiles et abondantes.

Elles incarnent dans leurs matrices des enfants de lumière.

Tu as le même combat que tout le monde dans ta vie sentimentale pour conserver une belle relation saine et durable.

Tu cherches toujours le Saint Graal d'un Amour Inconditionnel, inaccessible par moments, de la Flamme Jumelle ou bien d'un couple unique, amoureux et fidèle.

Vous vivez sur Terre la séparation dans la dualité nécessaire afin d'améliorer et d'élever toutes vos âmes.

De nombreuses Flammes sont incarnées sur Terre comme des Anges incarnés afin de participer à l'ascension planétaire dans leurs désirs d'incarnation.

Guère le temps de se poser.

L'ouvrage est important.

Nous avons une belle pénurie d'Anges dans le Ciel, c'est pour cela que tu suis quelques dossiers et que tu conserves ton nouveau bureau dans l'Au-delà pendant ton incarnation.

Double emploi pour toi, tu es polyvalente.

C'est pour cela aussi que tu voyages facilement dans l'Astral, pour regagner instantanément ton lieu de travail entre autres et pour réaliser facilement tes enquêtes de terrain.

Tu n'as pas besoin de t'offrir l'avion et tes déplacements sont

instantanés et sans passeport, ni frontière, ni pass n'en déplaise à certains.
Le droit légal qui s'exerce dans les autres dimensions est le droit de l'Au-delà.

Je m'assoie pour te dicter mon livre, mon âme est souvent présente chez vous. Les Orbes exagèrent, en pagaille dans la nuit et dans la fureur du ciel hivernal. Normalement, elles sont moins nombreuses, mais il y a beaucoup d'agitations à cet endroit, qui est un portail du ciel avec parfois des bagarres d'entités ! Malgré tout, la suite ne donnera pas de frissons.

Je change de sujet encore une fois, pour signaler que des personnes peuvent subir un malaise cardiaque et être réanimées.
Elles arrivent là-haut et repartent sur Terre après un entretien avec leurs guides. Le temps peut être court sur Terre et plus long là-haut, donc si la personne est inconsciente plusieurs secondes ou quelques minutes, cela peut représenter des heures dans l'Au-delà.
Elles reviennent pour délivrer le message de la vie après la mort et pour achever leurs cycles karmiques terrestres.
Ayant tâté du Paradis et de ses Anges, les revenants réanimés ne sont guère heureux de vous retrouver, étant donné qu'ils pensaient avoir franchi l'étape la plus difficile sur Terre : leurs morts !
Ils ne sont pas contents de se réveiller à nouveau sur Terre, ils auront à mourir deux fois dans leurs vies, et pour des cas particuliers plusieurs fois.
Ce n'est guère amusant.
Je tiens à rappeler que la mort n'est qu'une illusion, qu'elle n'existe pas pour votre âme, vos corps subtils et vos énergies. Même vos corps sont transmutés et recyclés en gaz, cendres ou micro-organismes et vos énergies demeurent intemporelles et éternelles »

Virginie : - « Peut-on en apprendre plus sur la Nouvelle Terre ? ».

Commandant Ashtar : - « La Source je peux le dire, confirme la Terre en 4D désormais.

Vous avez l'espoir d'une Terre plus calme, plus sereine sans guerre et sans pollution.

Je tiens à te dire que tout dépendra de vos décisions dans les moments à venir et de l'évolution de l'Éveil.

Rien n'est jamais vraiment acquis !

La nouvelle Terre ressemblera à ce qu'elle était avant : un paradis terrestre crée par Dieu.

En dehors des attaques permanentes contre elles, la vraie liberté des Flammes Jumelles est très complexe à acquérir que ce soit sur le plan physique ou subtil d'un point de vue karmique.

Tu en demeures parfois éveillée la nuit et somnolente la journée de ta pleine conscience et de la connexion permanente avec tout le monde.

Donc, après cette stupeur, je te conseille fortement la sieste.

Vous remarquez que j'aime bien vos siestes, car vous êtes reliés à nos mondes durant la journée.

Tu es connectée à nous pendant tes siestes en voyages astraux, ce n'est donc pas du temps de perdu.

Le repos est prôné dans Monalges, le paradis pour les Jupitériens.

Tu peux avoir une belle pensée très positive et empathique envers les autres.

Le repos est un bon moyen de se régénérer.

Je te préconise un grand esprit purifié dans le calme et le repos méditatif.

Dans mon monde, la vie reste sincère et la paix règne entre tous les peuples.

Comme te le conseille un de tes nombreux guides Lady Nada, tu retournes chez toi, car ton guide n'aime pas ce froid dehors.

Je rentre de temps en temps chez moi par moments pour respirer un peu. La vie terrestre est étouffante avec la pollution de l'air et son trop plein d'ondes, et des phénomènes que tu oses dévoiler. De ce fait, notre conversation est entrecoupée.
Nous écrivons ce livre au gré des journées pendant tes canalisations, par à-coups, bien entendu.
Nous nous parlons tous les jours, et puis tu changeras d'interlocuteur.

La distorsion de l'espace-temps peut exister par la médiumnité si vous ouvrez vos propres vortex.
Ces créations de passages ne sont pas dangereuses pour l'espèce humaine. Elles existent depuis le début de l'Humanité.
Nous avons toujours été en lien, les aliens et les Humains. Vous nous aperceviez déjà dans la nuit des temps et puis, nous avions cessé de nous montrer car vous vous équipiez d'armes trop dangereuses à nos yeux.
La violence montait dans vos sociétés, et c'était l'escalier qui vous menait vers l'auto-destruction.
Nous avions préféré sélectionner en quelque sorte nos propres ambassadeurs, des terriens avisés et pas trop effrayés par nos phénomènes paranormaux.
De nos frères intergalactiques, tu captais la vision des Anges et tu écrivais ton premier roman qu'aimaient tes premiers lecteurs.
Je te considère comme une allumeuse de réverbère, quelqu'un qui guidera d'autres éclaireurs.
Telle est ta mission.

Ce commentaire sur internet d'un passionné en ufologie explique bien les ondes spatio-temporelles fluctuantes, lors de l'apparition d'un vaisseau spatial. Ces ondes cosmiques t'inondaient.

Je suis moi aussi un canal de lumière et un vrai vortex.

Les énergies Yang proviennent de l'Univers, le magnétisme arrive de l'Univers (de la lune et des autres planètes), et l'énergie Yin de la Terre.

Tu avais l'autorisation divine pour partir visiter d'autres cieux et d'autres espèces intergalactiques.

Je te conseille aussi contre ton mal de dos de bien te masser avec de la crème Arnica et de mettre du Curcuma dans ton alimentation. En effet, le Curcuma est un puissant anti-inflammatoire.

L'amour fait des ravages et tu passes pour une illuminée, mais tu restes assez aimable pour transmettre quelques informations, notamment sur les aliens. On réfléchira à ton sujet du coup.

Tu as le don pour décrire l'antimatière qu'il faut traverser tout comme Alice au Pays des Merveilles.

C'est une manière détournée de dire qu'il faut inverser les polarités.

Ce que tu apprécies le plus dans tes canalisations, ce sont les différents points de vue et la manière dont tu perçois nos mondes et dont nous, les aliens, nous percevons votre monde.

C'est enrichissant pour tous et nous pouvons être des modèles de civilisation pour vous, puisque nous sommes tout simplement plus avancés. Et toujours vivant, ce qui ne semblerait pas être le cas pour vous dans le futur si vous ne modifiez pas vos comportements.

Vous avez peur de disparaître, que votre civilisation décline comme les précédentes et que vous ne puissiez faire face aux défis de la vie. Ces peurs sont des peurs ancestrales, à l'époque vous aviez peur que le ciel ne vous tombe sur la tête et que le soleil ne renaisse pas chaque matin. »

Virginie : - « Pouvons-nous encore parler de ton monde extra-terrestre ? ».

Commandant Ashtar : - « Oui bien entendu.
Je possède des amis incarnés sur Terre.
Tu parles des aliens, tu sais où ils sont exactement.
La Terre = masse x temps, je plaisante. Nos calculs sont tellement différents de vos mathématiques, je suis dans l'impossibilité de vous transmettre des équations et autres calculs invraisemblables. Pour

moi, c'est de l'archéologie !

J'explique les voyages interstellaires. Un gros problème est que nos vaisseaux évitent des météorites, car elles représentent des obstacles pour nos véhicules à grandes vitesses.

Ainsi nous utilisons régulièrement des couloirs de navigation.

Les engins calculent toutes les trajectoires à grande vitesse.

Nous utilisons des radars et des sortes d'ordinateurs quantiques très performants. Ils anticipent tous les déplacements en sondant constamment l'espace-temps pluridimensionnel.

Ton guide ne plaisante absolument pas de ton don à pacifier sans cesse. La gêne astrale est amusante, et je dois expliquer la vitesse. Évidemment, pour notre supra-vitesse, l'équation est effarante et cela ne suffit pas.

Nos calculs sont bien plus complexes et quantiques, pour donner une analogie avec ce que vous connaissez en votre temps. Je rappelle que nous avons des millénaires d'avance sur votre monde.

La magie de la Terre et son magnétisme attirent énormément certaines de nos races.

Nos OVNIS sont camouflés par transparence en ce moment. Et tout est illusion pour finir.

Aliens ou pas aliens ?

La vie réside sur des météorites. Je sens que quelque chose se passe là-bas, la planète Nibiru arrive ? Non, un météore tout simplement, qui traversera votre ciel. Tu auras sur tes images l'œil géant de Nibiru, son esprit.

D'autres ufologues verront les traces d'un UFO dans tous ces cercles concentriques. Un UFO qui allume le ciel, fait tourner l'herbe, décompose ton ombre.

Des gens sourient de cela, puis après réflexion deviennent fous à cause de toi.

À ce point-là, penses-tu ?

Ton monde te laisse bien souvent perplexe et bien songeuse…

Un souci adaptabilité ?

Tu parais bien originale et excentrique aux yeux de certains : la preuve, tu interroges un extra-terrestre en canalisation extra-sensorielle.

Bizarre, non ?

Est-ce que Mettal reste la planète de cet être semi-organique, que je vois ? Il est un ami de la Fraternité blanche.

Adieu le météore qui disparaît à l'horizon.

Je ne me manifestais pas dans son sillage. Je suis indépendant de son énergie.

Le soleil ne risque pas d'exploser de feu ou de joie, ni de feindre l'indifférence et de faire comme si rien du tout.

Il ne tombera pas dans le ciel, il n'y aura pas d'effondrement des structures et des masses aériennes.

En clair, votre monde ne disparaîtra pas suite à une effondrement de l'espace ou à une collision de planète, ni à cause d'explosions solaires ou d'autres évènements très impressionnants.

Votre monde aurait pu avoir seulement la possibilité de s'autodétruire, mais ce danger plus réaliste s'efface grâce à vos prises de conscience.

L'homme est un animal sachant flairer le danger possédant finalement de bons réflexes de survie.

Il saura s'arrêter à temps avant de complètement disparaître, j'ai confiance en vos peuples.

Tu demandes aux guides la logique, la gravité = masse x temps = supra-vitesse.

Paradoxalement, les Orbes et d'autres entités sont immobiles sur tes images malgré la tempête et le vent, bien présents à ce moment-là. Ils ont l'habitude d'être terrestres effectivement depuis des lustres.

Les OVNIS se camouflent pour être au calme, pour vous observer et comprendre votre institution, votre logique et votre avancée.

Ils mesurent vos évolutions, testent vos progrès, prélèvent des échantillons et puis ils disparaissent soudainement en sautant dans d'autres dimensions quantiques.

Les vaisseaux mères sont métalliques.
Ils sont parfois camouflés en planètes ou en grosses météorites. Vos étoiles peuvent être des vaisseaux mères avec des espèces à l'intérieur.
Il existe des UFO beaucoup plus petits qui nous servent à nous déplacer sur des distances plus grandes, car ils sont plus maniables, en général des boules rondes, dorées ou transparentes.
Nous avons des jardins à l'intérieur des vaisseaux mères et des chambres.
Cela pourrait ressembler à des hôtels de grands luxes, agrémentés de jardins exotiques aux innombrables espèces originales. Le confort et le luxe sont appréciés dans nos vaisseaux et nous y séjournons longtemps. L'atmosphère est respirable à l'intérieur, nous n'avons pas besoin de scaphandre ni de combinaison spatiale.
Nos existences dans ces vaisseaux mères se vivent comme sur Terre, puisque nous créons de la gravité.

D'autres planètes habitables et habitées existent dans votre espace et dans d'autres espaces-temps. Les créatures qui les peuplent sont bien pacifistes, vous pourriez y aller si vous maîtrisiez la téléportation.
Sinon, ce sont des voyages trop longs pour vos espérances de vie.
Les aliens sont aussi de différentes couleurs, tu en vois des bleutés, des transparents, des roses, des verts, des grisâtres, des formes humanoïdes ou des géants.
Certains sont en matière plasmique et ils n'ont pas de visage.
Ils sont transparents.
Ils ressemblent à des formes pensées par exemple.
D'autres sont issus de la matière, comme sur Mercure, et possèdent des yeux en diamants noirs. Ils peuvent se fondre dans la matière de leur planète et ainsi disparaître.
D'autres sont des types animaux, j'en parlais précédemment, d'autres sont de pures énergies : des vibrations.

La Source créait des espèces très diverses et variées.

Tu vois aussi des robots, des peuples entiers de robots, sur une planète par exemple, ou dans des vaisseaux mères, et ils ont une pensée collective qui est commune.

Ils captent vos pensées par télépathie, mais ils ont un mode de pensée collectif.

Une forme d'intelligence commune à tous les robots comme si un esprit commandait tous les robots en même temps...

Nous t'accompagnions d'ailleurs pour visiter le cerveau qui gouverne tous les robots. Un cerveau vert, car il est biologique, reste en suspension dans une pièce, alimenté par des câbles nutritifs. Tu pouvais te connecter à lui, et tu l'aimais beaucoup.

Ce cerveau vert est un grand humaniste, très intelligent, très serviable et très créatif.

Tu appréciais sa sensibilité et son intelligence non pas artificielle, mais alien.

Les robots se mêlent bien volontiers aux autres peuples comme les Arcturiens.

Tu visitais leur vaisseau mère très technologique, composé de grandes tours éclairées par des lumières grises, argentées, brillantes et d'une grande clarté blanche, ou bien par des lumières clignotantes de différentes couleurs.

Les Arcturiens sont un grand peuple, de couleur clair, très sage et très ouvert d'esprit, très proche de la Fraternité Blanche et d'une rare intelligence. Je mentionne ici l'intelligence cérébrale et l'intelligence du cœur. Ils ont dépassé tellement de choses !

Apprécions le cadeau du ciel, le moment présent et le fait que je puisse communiquer avec toi. Certes, nous nous mélangeons tous les deux en ce moment, car nous fusionnons nos énergies pour pourvoir raconter nos histoires mutuelles.

Les extra-terrestres sont des peuples que je qualifierais de nomades, car ils se déplacent beaucoup et très facilement d'une planète à l'autre. Ils peuvent tout à fait vivre sur une planète et travailler sur une autre grâce à la téléportation, ou vivre sur plusieurs vaisseaux mères en même temps.

Leurs déplacements se calculent en fractions de seconde, si je tente de chronométrer le temps suivant vos critères de calculs.

J'ai peur de me tromper, mais cela reflète assez bien notre réalité qui est génératrice de sauts quantiques instantanés.

Nous vivons dans plusieurs mondes et plusieurs dimensions en même temps, mais vous aussi finalement pour ceux qui savent exploiter les nombreux potentiels des corps subtils.

Ils ont parfois un pied à terre sur une planète comme Metharia, mais en fait elle est aussi un vaisseau mère, car elle est créée de toutes pièces par les aliens.

Nos vraies planètes et nos vaisseaux sont difficiles à différencier pour toi. Pour faire simple, les planètes sont naturelles et nos vaisseaux crées de toutes pièces. Ces derniers sont très ressemblants aux planètes bien qu'ils soient artificiels.

De plus les aliens n'ont pas besoin de dormir, ni de manger, donc ils n'ont pas vraiment d'un endroit comme vos maisons pour se poser véritablement.

Même les Vénusiens ont de petites habitations en forme de pyramides. Elles sont surtout bâties pour pouvoir se reposer et se ressourcer en énergies vitales.

En réalité, leurs maisons sont des amplificateurs énergétiques.

Les extra-terrestres se rendent sur leurs lieux de travail, qui peuvent consister en des laboratoires par exemple équipés avec de la domotique et des ordinateurs vivants et intelligents.

Ils possèdent de rares intelligences afin de préparer des plans d'incarnation. Ces plans sont comme les mailles d'un filet géant qui relient toutes vos destinées.

Je change encore de sujet, car je suis à tes côtés en ce moment, ton guide sur Terre. Nous allons tenter l'introduction de deux médiums dans le groupe, deux fortes têtes.

Tu es auteure ? Ton chéri l'est tout autant, comme toi, car il est ta vraie moitié. Ton chéri reviendra, c'est vrai.

Et toi pendant ce temps, tu expliques les autoroutes, les OVNIS, l'espace spatio-temporel, le calcul de trajectoires des météorites et des comètes.

Nous calculons tout et très souvent : les trajectoires et les obstacles avec des sciences plus avancées que les vôtres, sans utiliser votre langage mathématique, avant de démarrer les OVNIS.

Tu n'es pas assez calée en vaisseaux, mais tout est déjà appris, bien avant. La balle est dans ton camp en ce moment.

Je te transmets des explications locales terriennes concernant nos vitesses de déplacement et nos créations de centres de gravité dans l'espace.

En ce qui concerne la quatrième dimension que vos scientifiques veulent conquérir, il n'est pas question d'y planter vos drapeaux, car ces terres nous appartiennent.

Nous posons le cadre juridique : l'Au-delà et les dimensions n'appartiennent ni à la France, ni autres pays et ne sont pas sur le sol terrestre.

Ils ne dépendant pas de votre législation et de vos lois.

Nous possédons nos terres, que nous achetons et nous ne nous situons pas dans vos jurisprudences.

L'Au-delà appartient à tout le monde, mais surtout à nous. Des civilisations peuplent ces autres mondes que vous connaissez peu.

Je précise que nous avons nos propres lois qui sont peu nombreuses, certes, mais qui ont le mérite d'exister. Du coup, nous n'acceptons pas vos lois.

Je réagis comme cela, parce que je pressens que la justice voulait légiférer sur les médiums et leurs œuvres dans l'Au-delà.

Impossible, car les voyageurs astraux le sont dans l'espace et dans les autres dimensions, et non pas sur les territoires.

Le fait de vouloir contrôler les médiums, leurs faits et gestes dans l'Au-delà ne fonctionne guère. Les contrôles sont réalisés directement par l'Au-delà et les médiums peuvent être punissables s'ils sont en effraction par rapport à nos lois existantes. C'est comme si nous étions des pays étrangers...

Du coup, rien vous concernant par rapport à la justice. Tu as bien le droit d'agir comme tu le souhaites dans l'Au-delà, en accord avec les esprits.

D'autre part, après avoir déménagé dans d'autres dimensions plus lointaines et créé un territoire vide dans la quatrième dimension, nous le modifions pour instaurer cette dimension comme une zone démilitarisée, ou nul n'a le droit d'y poser un pied sous peine de mort.
Nous tenons à conserver notre tranquillité et notre indépendance pour le moment.
Nous ne voulons pas votre ingérence dans nos territoires.
Et ce, afin de protéger les Humains qui s'aventureraient dans ces contrées étrangères : ils y seraient en danger de mort.
Les corps physiques ne peuvent pas survivre dans cette dimension, et la mort serait certaine pour les explorateurs de vos mondes.
Nous allons contrer toutes vos expériences concernant cette dimension pour vous dissuader d'y envoyer des animaux et puis après des gens sacrifiés.
D'autant plus que vous pouvez vous y rendre facilement en voyage astral ! Nous sommes sauvagement contre le fait de se faire coloniser ! Avant de planter un drapeau dans un sol extra-terrestre ou dans l'espace, il serait bien avisé de se renseigner avant à qui appartient ce sol. C'est terminé ces temps de colonisation.
Voilà pour les précisions concernant la quatrième dimension hautement mortelle pour les terriens dorénavant. Les gens n'en reviendront jamais. Un simple aller sans retour des voyages quantiques et interdimensionnels.
Je ne menace pas, je vous préserve en vous avertissant de dangers potentiels.

Les extra-terrestres communiquent par télépathie avec les contactés. Je te raconte les dimensions, quelques centaines, en vrac et en direct live. Vos scientifiques commencent à prouver l'existence de la 4D. Il reste encore à la découvrir, à l'explorer, mais nous vous le déconseillons vivement. Personne n'en reviendra jamais !
Tu n'exagères pas en décrivant des êtres intergalactiques,

interdimensionnels et des centaines de pluridimensionnalités.

Pas de quoi être d'accord, mon Ange, cela sera le facteur déclenchant. Vous direz : « alors, vous ne voulez pas nous faire évoluer ? »
Mais ce n'est pas le bon moment : d'abord il faut divulguer dans la joie et la tolérance, en entendant les vrais extra-terrestres prêcher l'interdimensionalité.
Afin de simplifier les calculs, on peut placer Un, comme une unité pour mille. Deux n'aurait pas lieu d'exister, en effet, si tout est uni.
Déjà une base fausse, tu es captivante de mettre 1 = 1000, Un étant l'Unité, la molécule, l'atome, mais tout est relié par des cordes quantiques dans l'espace et à travers les énergies.
Des ondes, des fréquences ou des vibrations sont à votre écoute en vous espionnant finalement.
Nous entendons tout de vous, et vous êtes assourdissants pour nos oreilles. Vous baignez dans un monde d'ondes assez désagréables et dévastatrices par moment.
Elles peuvent circuler à travers les dimensions.

Les UFO apparaissent, disparaissent ou bien se dématérialisent et se téléportent sans aucun problème pour eux.
Ils pourraient téléporter tout un village en entier avec ses habitants et les terrains, les animaux et les rivières intégrés.
Ils contactent des terriens sans aucun souci quotidiennement, en se montrant et en dialoguant avec eux par télépathie, comme je le fais avec toi.
Les abductions mentales sont couramment utilisées afin d'habituer l'Humanité à d'autres mondes, d'autres visions, d'autres voyages et d'autres Humanités...

Les extra-terrestres communiquent facilement par télépathie et ils écrivent même des livres.
Nous sommes plus proches de vous que vous ne le pensez, et certains de mes confrères sont immergés dans votre monde, totalement intégrés à l'intérieur de vos sociétés. »

Commandant Ashtar : - « Trop de souffrance terrestre pour vous.

On se croirait dans une pièce de Shakespeare dans le théâtre de vos vies !

À la base la Terre était un Éden, un vrai paradis terrestre, mais l'homme s'autodétruit en précipitant le déclin terrestre.

Pourquoi expérimentez-vous cette vie terrestre de manière si douloureuse alors qu'elle peut être si douce ?

Libérez-vous des dogmes, des paradigmes, des karmas, de votre servitude à l'Ombre et de ce que vous avez fait dans les vies antérieures.

Dégagez-vous de tous les pactes passés et purifiez des magies noires...

Les magies négatives peuvent vraiment freiner les Flammes Jumelles et engendrer de nombreux blocages pour un grand nombre d'entre vous.

Des endroits sur Terre sont imprégnés d'énergies plombant l'élan de vie.

La vie y paraît plus terne, plus morose et moins souriante dans ces endroits piégés par les énergies de l'Ombre.

En résumé, reconnectez-vous à La Source, et imprégnez-vous de ses énergies de guérison

Les maîtres mots sont : Paix, Joie, Harmonie...

Harmonisez-vous, avec vous-mêmes, les autres, votre moitié, la Terre Gaïa ainsi que l'Univers, donc La Source, ainsi que les autres espèces, les autres règnes..

C'est un vaste programme qui peut prendre du temps. C'est un vrai chemin initiatique, mais vous allez vous rencontrer vous-mêmes, et vous le faites aussi pour les générations futures, pour l'avenir de votre planète.

Allez à la découverte de vous-mêmes par un regard intérieur, la méditation, et un regard extérieur, la contemplation et l'Éveil. Vous allez ouvrir votre conscience, vous ouvrir, car l'infiniment grand est à l'intérieur de vous.
Vous êtes tous reliés entre vous et à l'univers, l'infiniment grand est contenu dans l'infini petit, par un jeu de fractale et d'interdimensionnalité.

En ce qui concerne ton but d'incarnation : tu es présente afin de désinstaller toutes ces idées fausses concernant les fréquences, les ondes, la lumière et le prisme de couleur, ce qui accélère aussi ta maturité et ta propre évolution. Vous détruisez la Matrice et son idéologie.
Les notions physiques sont encore à approfondir puisque d'autres fréquences existent.
Elles ne sont pas encore découvertes par les Humains.
Soit tu passes pour une femme géniale, soit complètement idiote, cela dépend de ton interlocuteur.
Tu peux paraître étrange, bien que je constate que tu t'incarnes encore plus dans la matière et que tu récupères des bouts d'âme éparpillés au fil des incarnations.

La beauté magique de votre soleil me relaxe par son calme.
Ses rayons sont apaisants tout comme la beauté de la Terre.
Terre Gaïa est magique, majestueuse, splendide, quels prismes colorés ! Superbes ! De jolis effets de couleurs, j'aime, j'adore votre belle planète, et les arcs-en-ciel !
La défragmentation de la couleur, de la lumière...
Je mentionne les beautés de votre planète, magique et féerique, ma Terre Gaïa, si belle et si jolie, naturelle et sauvage.
Je rends hommage à votre belle planète.

La situation est alambiquée, car tout est relié par les cordes quantiques. Les fractals et le système cosmique prennent en compte l'unité stellaire. La vitesse est ultrasonique.
La situation est inversée dans ton appareil photographique, cela

m'amuse. Avec ton flash, tout est sombre, et lorsque tu ne mets pas le flash, le ciel est beige clair.

La Source te laisse dans la déconfiture, et tu as bien le sens créatif d'une Jupitérienne.

Comme c'est magique, ces fleurs extraordinaires.

Pour me voir, il faut traverser l'antimatière, c'est juste derrière.

Ce n'est pas une mince affaire, sans aucune loi de gravité là-bas, mes amis.

L'antimatière ne possède aucune des lois physiques de la Terre.

Adieu donc toutes ces équations ! Ce qu'il en reste : l'Unité.

Un nouveau débat concernant le calcul quantique, quand la corde quantique sera l'unité de base. Tout serait donc simplifié, énormément. Tout est unité, unifié, le Grand Tout, la corde quantique.

Tout est relié, mais l'intuition reste ! Tout est relié, par les cordes quantiques.

Les théories aliens démontrent des bases solides, et comme en informatique, on simplifie les calculs, donc l'Unité reste.

Mais adieu tout le reste !

D'autres ondes à découvrir, je peux aussi mentionner les ondes scalaires. Les énergies s'additionnent et fusionnent.

Les terriens tentent de comprendre tout cela. Une énergie + une énergie = une énergie modifiée, certes, mon Ange, et la fusion est opérable.

Les aliens fusionnent.

Par contre, ils ne sont pas immunisés pour la Terre, donc ils n'atterriront pas, d'autant plus avec votre pandémie.

Question de microbes et d'atmosphères.

Créateurs célestes, certainement, mais pas immunisés contre vos microbes. Ils n'atterrissent pas souvent, à cause d'un léger accident.

Vous pouvez passer trente-trois semaines dans l'espace, alors qu'il faudrait franchir les autres dimensions plus rapidement, plus vite, et c'est plus simple pour se déplacer d'utiliser des portes interdimensionnelles, véritables portails des univers intergalactiques, interdimensionnels, de vraies autoroutes ufologiques.

Il est ainsi plus aisé de se téléporter, en effet.

Cela viendra en son temps pour votre société, et ce temps-là n'est pas maintenant.

Vous n'y êtes pas assez préparé et la technologie n'existe pas sur Terre.

Je dois avouer que nous n'avons guère envie de vous retrouver téléporté chez nous, nous préférons sélectionner nos invités : les abductés.

Cette préparation peut se dérouler par le biais des voyages astraux, pourquoi pas.

Tu indiques alors la vitesse grand V, supra-sonique, dépassant largement la vitesse de la lumière, certes.

Les aliens rient de cela, ils s'amusent à comparer vos années-lumière sur la Terre et nos vitesses supra-soniques. Ils s'amusent des années-lumière.

D'un point de vue plus scientifique, votre manière d'appréhender les éléments est souvent faussée, car il existe des éléments plus rapides que la lumière dont vous ne soupçonnez pour le moment pas l'existence. Vos scientifiques, même si vous les croyez sur parole, sont loin de tout savoir, bien entendu.

Les dimensions sont imbriquées les unes dans les autres. Elles possèdent des points de contact. Les cordes quantiques sont mieux que les années-lumière, vaste blague humaine certainement. Cela ira vite fait d'explorer la quatrième dimension car il n'y a rien dedans.

Sûre et certaine ?
Des formes pensées...
Des formes inventées par des pensées...
Adieu donc la quatrième, il vaudrait mieux passer directement à la cinquième plus intéressante. D'autant plus que pour vous, la quatrième est un champ de mort.
Au contraire, vous pouvez tout à fait l'explorer en voyage astral sans

problème majeur pour votre santé et avec nos accords.

Nous acceptons tout à fait vos corps subtils, qui sont à nos yeux, l'équivalent de vos fantômes sur Terre.

Reste tout de même une bonne centaine de dimensions à découvrir, même si pour le moment vous êtes noyés dans vos soucis de société. L'art de vivre à la française est mis à mal et vos libertés bien bafouées actuellement.

Tout est relié par les cordes quantiques, tout est Un, le Grand Tout, unifié, l'Univers et Dieu. La corde quantique est l'échelle à mettre, l'unité, et non plus l'atome, mais désormais la corde quantique.
Il faudrait refaire quelques théories en reprenant la corde quantique comme base, et non plus l'atome.
Beaucoup de choses à faire, encore ! La corde quantique = un, l'unité unifiée, ainsi que la fusion, sans oublier la géométrie fractale. Il reste du pain sur la planche.
Les contactés resteront encore nos ambassadeurs pendant un moment. Ce que j'explique c'est que l'infiniment grand est dans l'infiniment petit, et vice-versa.

Tu voyais réellement un OVNI piloté par un Jupitérien accompagné de son robot. Il est un Élohim, un ami de l'esprit de Bruce Lee, qui est dans d'autres dimensions.
Bruce Lee était un Walk-in. Il s'incarnait à nouveau à votre époque afin de mieux vous aider à œuvrer énergétiquement. Il enseignera les arts martiaux et l'art énergétique. Il se fait déjà connaître et reconnaître par ses pairs, et il retrouve d'anciens élèves, même s'il est maintenant plus jeune.
En se réincarnant facilement, les Walk-ins restent bien souvent jeunes et n'ont guère la possibilité de vieillir dans votre espace-temps.

Tu avances des preuves avec de vraies formes, de vrais visages, de véritables fantômes, des UFO et des enregistrements sonores de sons extra-terrestres, des voix de l'Au-delà, ainsi que de la musique de l'Au-delà. Tu reçois ainsi des informations datées, certifiées, ainsi que des heures précises.

L'atome quantique.
Vous effectuez un saut dans l'espace-temps de trente-trois semaines et les aliens en quelques secondes ? On peut supposer que les sauts quantiques participent de vos déplacements astraux, et que ce n'est pas forcément de la téléportation vous concernant, lorsque vous vous déplacez spontanément.
Vos âmes maîtrisent tout cela, mais pas vos êtres incarnés. Je pourrais éventuellement dire que cet art des sauts quantiques se manifeste naturellement et inconsciemment chez vous lors d'état méditatif ou bien quand vous êtes tout simplement endormis.

Attends de pleurer de joie grâce à ton guide, fleur de lumière.
Que c'est joli !

Tu dédicaceras tes livres et tu n'as pas tout à fait tort de mentionner la corde quantique créant l'unité, car tout est relié réellement. L'univers est relié.

Le regard alien reste déroutant parfois pour étudier.

Impossible de placer trop d'inconnus dans votre monde, trop d'équations, et c'est comique d'allier des médiums avec des scientifiques, car c'est le cas : comment transposer un monde en 3D dans la 100D.
Les scientifiques sont malgré tout attentifs, certains sont persuadés d'avoir soit une alien sous la main, soit une allumée des réverbères, certainement les deux.
Mais en tout cas, dans ces deux groupes d'individus réside le gros chaos à cause des révélations tous azimuts des médiums éclairés.

Un Walk-in sur Terre paraît très polyvalent, agréable et charmant, en démontrant des tas de choses, par exemple les vies antérieures ou alors les synchronicités.

Un travailleur de lumière est martial et sérieux.
Un être de lumière : un guerrier.
Les Anges luttent toujours contre l'obscurité !

La lutte est vaine, il vaut mieux transmuter, y placer La Source, directement.
Une mise au point qui reste et qui fait divergence.
Les Anges s'entraînent aux combats pour ceux qui le souhaitent, ils continuent d'œuvrer pour le bien-être des Humanités. Les âmes défuntes qui le souhaitent et qui sont admises travaillent comme co-créateurs de la Source.
Nos luttes sont des actes de purification d'énergies négatives dont les objectifs sont de remettre à sa juste place les énergies afin de conserver l'équilibre universel.

Certainement, tout ce que je te raconte dans mon livre est bien plus complexe et vaste. Je me limite seulement à des explications simplifiées afin que tout le monde puisse me suivre dans mes pensées.

Les guerres intestinales ne sont pas de mises au Ciel, tout le monde s'aime d'un Amour Inconditionnel. Ce sentiment est aisé, comme les Anges sont purs et célestes avec des personnalités bien agréables et serviables.
Ceux qui le souhaitent dorment pour l'éternité.

Les guides célestes offrent des fleurs aux parfums envoûtants et tellement spéciaux.
Attention aux erreurs, ne pas confondre ce que vous canalisez provenant de bons esprits ou d'esprits moins évolués. Certains malins tentent d'obtenir de précieux renseignements dans une sorte de frénétique jeu d'espionnage aigu.

La vérité est ailleurs, certainement pas sur Terre, à cause de tous les mensonges. Vous cherchez ailleurs des aliens. Les terriens veulent se rendre dans l'espace-temps par projection de conscience, et cela fait mouche d'un certain groupe de pensée ésotérique.

Ce groupe spirituel affilié au mouvement New Age mentionne cette manière d'être et surtout d'agir (ou de ne pas agir), par la voie spirituelle et transcendantale, équivalent à un vrai gain de temps.

Les vaisseaux spatiaux clignotent avec de vrais jeux de lumière, dévoilant toute la beauté des engins dans la nuit.

Les médiums restent passionnés par des guides canalisant de merveilleux messages qui les aident à dépasser certaines épreuves existentielles.

La Foi est une force formidable. Elle aide énormément des gens qui traversent des coups durs de la vie. On est croyant par paliers à différents moments de sa vie, suivant ce que l'on traverse pour la globalité du monde.

Peu importe, la Foi peut fluctuer réellement et supporter des périodes de doutes et de remises en question.

Vous constatez que les extra-terrestres aliens se dévoilent peu à peu, doucement, pour ne pas nous effrayer au cours des contacts.

Tes deux films sont étranges et très effrayants, au regard des Humains, d'un ciel tout noir et des lumières étranges dans le ciel.

Des lueurs qui tournent, comme des spots, des éclairs étranges et des Orbes géométriques, qui se transforment sous l'objectif.

Une belle fractale étrange au beau milieu du ciel.

Tu consignes ainsi tes nombreuses observations dans un cahier sous les recommandations d'un ufologue.

Tu me canalises quotidiennement lorsque tu vois des OVNIS, je suis encore plus présent dans ta vie et tout est mélangé. Je vis avec mes OVNIS, et j'en parle tout le temps !

La lueur du Ciel arrive un peu chez certains hommes jugés très égoïstes. Ils s'ouvrent doucement à une certaine approche spirituelle.

Tes enfants sont grands, tu peux désormais obtenir un peu plus de temps pour toi, penses-tu, en jouant de la musique et en apprenant la guitare, en lisant des textes en anglais afin d'étudier la langue de Shakespeare.

Tu te formes à la musique et tu révises ton Anglais.

Ton bureau et ton travail changeaient dans l'Au-delà. Tu as désormais un bureau tout neuf et tu es dans une période de transition.

En fait, tu te formes sur Terre, même si tu ne sais encore pas pourquoi. Tout se met en place pour un nouveau chapitre de ta vie. Ces éléments formateurs sont liés à ta Flamme Jumelle Universelle. Patience...

Tu te prépares gentiment pour tes prochaines missions célestes et terrestres en intégrant de nouveaux apprentissages.

Tout a un sens, et tout est juste à partir du moment ou tu es alignée avec la lumière de ta guidance intérieure.

La lumière divine est excellente.

Cette lumière éclaire le ciel la nuit, qui apparaît alors blanc et parfois même orange par moment, quand bien même les nuages le recouvrent complètement, cachant la lueur lunaire. Une luminosité inexpliquée sur tes photographies que d'autres témoins ont aussi remarquée à d'autres endroits en France.

Le ciel orange en plein milieu de l'obscurité !

Une dimension se superpose à d'autres et la lumière reste glorieuse.

Maintenant, je vous décris votre nouvelle Terre dans toutes ses dimensions : le plus important est que la Source restera à vos côtés, elle accomplira son plein pouvoir dans sa pleine puissance.

Je serai présent, vêtu tout de blanc et très impliqué sur votre planète. Telles sont mes visions de votre nouvelle Terre. Je peux déjà l'arpenter, car je me promène dans le temps.

Je peux même rencontrer mon double du futur, et nous nous en amusons tous les deux, comme de vrais jumeaux !

Sur tes images, la lumière est intense et paranormale, heurtant les yeux, sans retouche ni trucage.

Ta Flamme Jumelle danse et chante pendant que toi, tu attrapais un état grippal à grelotter et à vouloir dormir. Mais c'est en fait le contre-choc de toutes ses émotions déclenchées en partie par la fusion de vos hautes énergies des Flammes Jumelles.
Tu grelottes de ta maladie chamanique, tu as trop chaud, tu es fatiguée de tous ces champs énergétiques qui t'entourent et te font remonter dans l'espace-temps, ainsi que dans le lointain passé, à la découverte d'autres formes de vie.
Puis se succède ta reconnexion à La Source que tu rejoins depuis la nuit des temps de la vie éternelle, des éons.

Tes guérisons multidimensionnelles te chahutent, te bouleversent et souvent te laissent assez fatiguée.
Heureusement, tu te sens bien mieux après avoir extériorisé et nettoyé plein d'énergies négatives globalement.
Les montagnes russes émotionnelles sont courantes pour les Flammes Jumelles intégrant de fortes énergies et de puissantes poussées de Kundalini par moments.

Tu restes dans le silence en prenant le temps d'observer en pleine conscience ces modifications en toi, dont l'ouverture exagérée de tes chakras et du réveil de la Kundalini.
Comme tu pratiquais le Yoga, tu sentais bien le déroulement de la Kundalini à partir du moment ou ta Flamme s'alliait avec toi dans le désir d'enfin fusionner vos énergies.

Ainsi, tu sais que tu ne reviendras pas sur Terre.
L'annonce de la fin de ton cycle karmique et de la fin de tes incarnations sur Terre sont clairement prononcées par tes guides, dans ta grande fusion des âmes jumelles sous la guidance de tes guides attitrés, Dieu des Monalges, ainsi que des autres, Lady Nada, le Christ Cosmique, Maître Saint Germain, Bruce Lee, l'Archange Michel, et moi même...
Il serait quand bien même possible que vous incarnez à nouveau dans longtemps, si vous désirez vraiment ardemment aider l'Humanité et pour constater de l'intérieur son évolution. Seulement pour être le

témoin d'une époque. Tout dépendra, et c'est la grande différence par rapport aux cycles karmiques, de vos souhaits.

Vous reprenez la pleine possession de vos libres arbitres et de vos pleins pouvoirs. Vous décidez personnellement de vos destins maintenant.

Vous ressentiez aussi d'autres formes de guidance animales et singulières provenant d'autres dimensions et d'autres planètes : d'autres types d'énergies puissantes et animales que vous ne connaissez absolument pas sur Terre, pour les initiés aux techniques spirituelles.

Je t'incite au repos, à la méditation, car tu subis un grand chamboulement intérieur du fait que ton don se décuple, et ton corps est traversé par de fortes énergies.
Quant à ton jumeau, il reste bloqué sur le plan matériel qui lui donne du fil à retordre et des difficultés financières, mais il sait que tu as la possibilité de l'aider à débloquer cette situation.
Le travail d'introspection sur l'Ego et le mental reste à approfondir.

Grippe, frissons et courbatures et arrêts de travail.
Tu ne respectes pas assez le rythme de ton corps, tu dépasses ses limites.

Les insultes freinent et ralentissent l'évolution.
Je ne donne aucune information à ceux qui ne te respectent pas, qui ne vous respectent jamais. Tu n'as pas à prouver ton don à qui que ce soit, surtout à des personnes irrespectueuses.

Je souhaite peupler d'autres planètes, ainsi j'arrive vers vous dans le but d'effectuer des prélèvements d'ADN pour fabriquer des clones (ce qui rend les détracteurs paranoïaques).
Évidemment les aliens se reproduisent ainsi, ils ont besoin régulièrement de diversifier leur ADN, afin de bien varier les communautés planétaires.
Nous clonons dans des tubes, puis par immersion dans des

aquariums et ensuite les clones sont placés dans des couveuses. Tout comme dans le film Avatar, nous fabriquons des corps Humains aussi, et pas de petits Gris, non, de véritables corps Humains, pour arriver sur Terre.

Il y en a assez en ce moment, et la survie de l'espèce est assurée au cas où vous auriez fait exploser votre planète.

Vous irez ailleurs, grâce à vos prochaines incarnations, dans d'autres mondes, mais certainement pas parallèles.

Le risque atomique existe et nous oblige à envisager des solutions afin de sauvegarder votre espèce.

Nous travaillons l'ADN, que nous dupliquons, et ces êtres repeupleront d'autres planètes, tout comme Mars dans quelques siècles.

Une nouvelle race martienne apparaîtra, et vous commencez à vouloir coloniser maintenant cette planète guère lointaine.

Nos lecteurs commencent à réfléchir sérieusement en ce qui concerne les planètes à peupler et nos abductés s'expriment à ce sujet dans le cadre de l'Ufologie.

Les réfractaires sont véhéments à vos égards, cela ressemble au jeu du Bon, de la Brute et du Méchant. Du coup, c'est leur jeu et non le vôtre.

Laissez tomber, vous avez d'autres choses plus intéressantes à réaliser et les journées sont de plus en plus courtes !

Je te parle à toi et à tous mes amis lecteurs en même temps, du coup je jongle entre le tu et le vous, j'espère que vous ne m'en voudrez pas.

Je reste dans le langage parlé, je n'ai pas envie de faire du littéraire…

J'ai envie que nos rapports restent simples, francs et courtois.

Mon ton est amical, comme d'habitude, sans fioriture linguistique. Je n'intellectualise pas à outrance. Pour autant, je pense être intelligent, car mes parents m'éduquaient bien.

Cela n'est pas normal que la lumière blanche apparaisse au beau milieu d'un prisme coloré au cours duquel la lumière est justement défragmentée. Aucun objet blanc ne devrait normalement s'y trouver. Dans un prisme de lumière colorée ne se situe généralement pas d'objet : je te confirme que c'est vraiment une porte du ciel ce que tu es en train de regarder pendant que nous communiquons télépathiquement.

En tant qu'artiste plasticienne, tu sais observer et ton regard demeure affûté, même si ta vue baisse avec l'âge.»

Virginie :- « Qui sont ces guides principaux ? Merci pour tes réponses ».

Commandant Ashtar : - « Les guides sont des êtres de lumière ascensionnés, ayant déjà vécu sur Terre pour la plupart en ayant atteint de hauts niveaux spirituels. Ils œuvrent pour la paix universelle dans une grande compassion et l'amour de leurs prochains.
Vous vivez la fin d'un monde en effet et non pas la fin du monde tel que vous le percevez depuis fin 2012.

Les extra-terrestres communiquent de plus en plus, car le temps de la communication est venu, puis ils arriveront bien entendu. Cela promet !
Vous avez d'autres guides, dont vos êtres divins, le Christ Cosmique (Seigneur Sananda), ainsi que la Vierge Marie, Marie-Madeleine, les énergies de la dimension angélique, les maîtres ascensionnés, la Fraternité blanche et d'autres belles âmes de lumière.

Tous ces guides manifestent l'énergie divine en eux-mêmes.

Tu canalisais les esprits et aussi les esprits des planètes, dont la Terre Gaïa. Pour le moment, tu aimes dialoguer avec les esprits des arbres. Tu es canal.
Ton prochain guide sera maître Kuthumi de Shamballa, au cours de ta

réintégration dans cette cité que tu quittais dans une vie antérieure par amour pour ta fausse Flamme. Erreur rectifiée désormais en réintégrant Shamballa du Ciel, aux portes de l'Himalaya.
Nous nous adaptons en permanence à votre évolution afin de mieux vous accompagner dans ce champ d'expériences qu'est l'incarnation.

Pour le Big Bang, c'est une théorie universelle.
Esprit = Big Bang = étoiles, univers.

Je pense que vous entendiez le bruit assourdissant d'une collision atomique entre deux planètes plutôt.
Ce son fossile n'est pas, à mon sens, le début de votre univers et je te le démontrais en te faisant remonter le temps juste avant cette superbe explosion hallucinante.
Tu constatais que votre univers existait depuis bien fort longtemps bien avant ce rayonnement fossile.

En état d'apesanteur, les dimensions s'interpénètrent, et des fleurs spirituelles sont offertes, magiques et dantesques.
Des fleurs si belles, captivantes, fines et jolies !
Les célestes nous offrent des fleurs spirituelles.
La beauté, la magie et la féerie des êtres célestes que tu enregistres sur ton smartphone.
 Ce sont bien des reflets du soleil, mais l'histoire des synchronicités se rajoute en plus de ces effets.
Les esprits se manifestent dans ces reflets avec des effets de lumière.
Ils apparaissent et peuvent se matérialiser, se transformer à volonté et puis se camoufler.
À vous de les découvrir !
Nous ne voyons bien qu'avec les yeux, puis vient le temps d'ouvrir son troisième œil.

Il existe aussi des vaisseaux une place, et ce que tu vois, ce n'est pas un reflet du soleil, car ils peuvent être très lumineux. Ils sont tout petits comme vos bicyclettes sur terre.
Cette grande lumière blanche peut être un vaisseau de lumière

réellement. Encore faut-il prendre le temps d'observer le ciel.

Je vais vous expliquer vos mélodrames sur les abductions, et vous irez mieux en sachant nos envies d'aller peupler d'autres dimensions et d'autres univers que le vôtre par votre intermédiaire.

Nous réalisons de simples prélèvements d'ADN : un cheveu, un ongle, une légère griffure afin d'obtenir un échantillon de peau.
Ma flotte n'enlève pas d'humains sans leurs consentements.
Les échantillons que nous prélevons sont toujours faits délicatement, dans le respect de l'intégrité de chacun, avec la permission des personnes abductées.
 Ces abductés sont initialement des hommes et des femmes de mon peuple. Ils me connaissent et ils m'apprécient.

Certains aliens sont plus agressifs avec les Humains.

Au contraire, moi, je suis présent à vos côtés afin de réduire ces nuisances aliens. Je vous protège sans que vous le sachiez.
Je souhaite aussi annuler vos débordements, comme les chemtrails, la pollution atmosphérique, et les énergies qui sont mal utilisées.
Vous n'avez rien à craindre de ma flotte et de moi-même.
Peupler d'autres planètes est notre priorité, et vous irez peupler Mars en colonisant cette planète guère éloignée de la vôtre, un grand saut presque quantique pour un terrien.

Tu me demandes des précisions sur les sauts quantiques.
Tu en discutais déjà avec l'âme d'Einstein.
Les sauts quantiques sont plus rapides que la lumière, car ils sont instantanés. Un atome en physique quantique peut être à plusieurs endroits en même temps et cela représente les bases de la téléportation.
En quantique, les déplacements peuvent être instantanés et plus rapides que la vitesse de la lumière.
Je rajoute non seulement la notion d'espace dans ce cas (plusieurs endroits en même temps), mais aussi la notion de temps (un atome

peut être à plusieurs endroits en même temps à des époques différentes!). Voilà, les bases sont posées de la téléportation.
Les médiums font des sauts quantiques spontanés, c'est pour cela qu'ils atterrissent n'importe où bien souvent (dans des OVNIS, dans des vies antérieures, dans la Nouvelle Terre…).
En fait, tu comprenais que ce sont les corps subtils qui réalisent ces sauts quantiques, et certainement sous l'impulsion des guides à diriger cela. C'est une forme de téléportation, les voyages astraux mais aussi causaux.

Vous êtes des voyageurs spatio-temporels multidimensionnels.
D'autres univers en centaines de dimensions entourent le vôtre, sont imbriqués dedans et vous parvenez, pour les initiés chevronnés, à vous y rendre.

L'âme aussi est instantanée, elle se déplace sur des fractions minimums de secondes en parcourant des années lumière.
La maîtrise de la téléportation serait plus efficace pour vous, avant d'aller coloniser Mars, car les temps de déplacement seraient réduits.
Les cosmonautes auraient moins de soucis pour aller et venir, ils seraient moins en manque de la Terre et plus en sécurité en cas de problème, car prompts à revenir.
Le port de matériel lourd notamment serait facilité.
Vous irez à la conquête des autres planètes en ayant maîtrisé la téléportation liée aux sauts quantiques, afin de ne pas atterrir n'importe où et n'importe quand, ni n'importe comment !

Je te fais inscrire ce point important d'évolution scientifique, car les médiums, vous êtes en avance sur votre temps grâce aux visions.

D'autres technologies domotiques avancées calculeront vos chances de survie, votre espérance de vie et le nombre de morts grâce à de simples hologrammes sortants de montres à vos poignets.
Vos ordinateurs et votre internet pourront être remplacés par des montres à vos poignets fonctionnant sous forme d'hologrammes ou incrustées dans vos lunettes.

Vous serez ainsi multiconnectés à tout le monde et aux autres pluridimensionnalités.

Je t'admire d'être éloquente et joyeuse car ton amour de jumeau reviendra fin mars.

Il passe du temps à fuir son autre moitié d'âme.

Fuit-il son âme ou bien a-t-il des ennuis de conscience ?

Je te conseille pour ton emploi de passer à temps partiel, tu paieras moins d'impôts et tu seras moins fatiguée, car il faudra tenir jusqu'à ta retraite bien tardive !

Nous souhaitons beaucoup continuer à travailler avec toi, certainement sur des ouvrages plus ludiques et populaires, après avoir écrit ces livres si sérieux auparavant.

Tu as eu des enfants, et tu étudiais en faculté, donc un travail un peu tardif qui recule l'âge de la retraite. Trouveras-tu un employeur à 65 ans ? Bonne question politique. D'ailleurs, le voile des illusions se lève.

Vous n'êtes jamais seuls, car vous êtes entourés d'esprits.

Vous n'êtes jamais ni abandonné ni rejeté par l'Au-delà et par vos guides de lumière, donc les blessures d'abandon et de rejet sont mineures pour les Flammes.

Et les démocraties sont des utopies.

La solitude n'existe pas, tout comme la mort.

Vous êtes des citoyens de l'univers et vous possédez désormais les armes de destructions massives, vous êtes à un tournant de votre Humanité, car vous pouvez très bien vous autodétruire.

La planète est plus forte et puissante que tout cela, elle restera bien après vous.

Nos décisions et nos points de vue, nos modes d'action concernant votre planète sont inversés par rapport à vous.

Par exemple, vous voulez éduquer le collectif (par exemple la prévention de cancer sur les paquets de cigarettes), nous préférons éduquer tous les individus un par un, en allant dans les moindres recoins (l'Ego, l'inconscient, le conscient, les énergies, l'historique, etc...) en nombre important pour atteindre le collectif. Le nombre d'individus éveillés étant important, cela devient le collectif peu à peu, c'est-à-dire en clair la majorité.

Lorsque votre Flamme Jumelle reviendra, ton Runner, la Flamme fuyante, le Chaser serait plus avisé de conserver le silence et ne pas la brusquer, juste l'accepter comme elle est, et de lui fournir un bon accueil.
Le mieux est de se placer dans l'acceptation du cœur de votre moitié, qui n'est rien d'autre que votre reflet parfois inversé.

Vos énergies fusionnent en dépassant vos karmas respectifs et en transcendant vos âmes unifiées dans l'Éternel.
Cette fusion dépasse de loin vos incarnations terrestres, je vous inscris donc pour l'Amour Inconditionnel.

Vos histoires de Flammes s'écrivent en même temps dans les autres plans subtils.
La fusion s'accomplit dans tous vos différents corps subtils, éthériques, astraux, causaux, bouddhiques et pour finaliser le tout, dans les deux âmes.
Vos deux moitiés ne deviennent plus qu'une seule âme, lumineuse, rayonnante et brillante.
Tu peux voir ces âmes unifiées, si joliment transparentes, accomplies, argentées ou bien dorées, composées du Yin et du Yang.
Les parties masculines et féminines ne forment plus qu'une âme.
Cette dernière vit ensuite dans une osmose harmonieuse en parfaite symbiose.

Les autres âmes apparaissent en comparaison bien ternes, grisées, tristes d'être seules, souffrantes, isolées, confuses et errantes. Cela concerne celles qui ne sont pas fusionnelles et qui aspirent tellement à cette fusion. Les pauvres, elles désespèrent d'y parvenir bien souvent.

266

Les Flammes sont souvent des surdouées, des zèbres vibrants d'une grande émotivité et d'une hypersensibilité.

Pour pouvoir finaliser une fusion des âmes, il est important que vous vous purifiez régulièrement, et que parfois vous fassiez nettoyer vos énergies par d'autres thérapeutes.

Vous pouvez consulter des médiums, des magnétiseurs, des énergéticiens, des hypnotiseurs ou bien alors des désenvoûteurs suivant vos besoins.

Je conseille à toutes les Flammes de se rendre sur de hauts lieux énergétiques ce qui aura pour effet de les fortifier. Les énergies négatives sont vite dégagées sur ces lieux.

De hauts lieux se situent sur des lignes énergétiques importantes bien connues de nos ancêtres, les Ley-lines.

Vous connaissez en France le mont Saint Michel, Notre Dame de Paris, le mont Sainte Odile, la grotte de Lourdes, et d'autres endroits moins connus dans les Vosges, comme Eloyes.

Ces espaces accueillaient des camps celtiques et druidiques.

Leurs habitants étaient fort avisés de s'installer en ces lieux pour profiter des bonnes énergies magnétiques de votre si belle Terre.

Je rajoute à cette liste non exhaustive la Bretagne avec les alignements de Carnac, les dolmens et les menhirs, ainsi que l'Angleterre avec Stonehenge, etc...

Vous avez dans l'ensemble beaucoup de mauvaises énergies ancrées en vous en rapport avec vos vies passées et actuelles.

Ces lieux hautement telluriques peuvent vous les enlever et vous recharger avec de très bonnes énergies.

Ils ouvrent en plus vos consciences, élargissent vos différents corps subtils en amplifiant vos auras et en nettoyant tout en débloquant vos chakras.

Vous encaissiez un excédent de magies noires, de mauvaises vibrations, d'envoûtements à cause des Démons incarnés sur Terre. Surtout les Flammes Jumelles, dès lors qu'elles dérangent fortement l'Ombre, en vibrant d'Amour Inconditionnel et en rayonnant la Lumière divine. Plus les Flammes brillent et plus les attaques sont puissantes contre elles. Elles sont équipées pour résister et y faire face, même si cela n'est pas aisé et demande bien souvent l'intervention d'autres thérapeutes.

Vous vous guérissez entre vous et vous évoluez tous ensemble en même temps.

Il y a toujours un écho avec votre propre histoire dans ce que vous soignez chez les autres. Le thérapeute possède toujours les mêmes blessures que les clients qu'il attire.

L'effet miroir vous aide à vous faire progresser mutuellement.

C'est la norme que personne sur Terre ne va pas bien dans son travail. Rares sont les Humains qui aiment leurs emplois.

C'est un élément surprenant pour moi, car dans mon Univers nous œuvrons pour le bienfait de l'Univers, de La Source, dans le plaisir et la joie du partage et de l'entraide.

Contrairement à vous qui êtes exploités dans vos emplois.

Des allumés du réverbère sont des lanceurs d'alerte, ils endossent le rôle de guides terrestres.

Tu aimes cette lumière extraordinaire au cours de tes promenades, un véritable œil d'artiste-peintre. Tu effectuais des études d'Art à Strasbourg ?

Quelle passion !

Art et littérature, option arts plastiques et puis tu obtenais tes diplômes d'AVS et de secrétaire médicale.

C'est dommage que vous soyez trop souvent discrédités et rabaissés dans vos milieux professionnels. S'il y avait plus de respect mutuel entre les employés et leurs employeurs, la communication se passerait bien mieux, et il n'y aurait pas besoin des gilets jaunes et de manifester sa colère à l'extérieur.

Votre monde est magnifique et magique, et en aucun cas je ne veux le détruire : je souhaite au contraire le préserver, pour le plaisir de tous mes sens lors de mon arrivée sur la Terre Gaïa.

Nous ne sommes pas belliqueux envers vos peuples.

Nous souhaitons ardemment la paix dans le ciel et sur terre.

Une balle énergétique ronde et dorée se transforme et se promène dans la nature.
La nuit tombée, un Médusien se montre, et d'autres entités, d'autres dimensions, d'autres êtres.
Ce Médusien vient de la planète Mettal d'Andromède.

Encore une journée qui s'achève à tes côtés.
J'aime regarder passer le temps sur Terre».

Virginie : - « Quelles sont les énergies que tu conseilles et comment les travailler ? ».

Commandant Ahstar : - « Ton guide te suit partout, sans cesse, il est à tes côtés toute la journée, et tu le vois, perçois devrais-je dire.
Il t'apporte beaucoup d'énergies augmentant spontanément ton taux vibratoire.
Vous mélangez aussi vos énergies avec d'autres personnes, surtout lorsque vous êtes proches et que vous dormez avec. C'est pour cela que le choix du partenaire est très important.

Pour les Flammes, il en est de même, vos énergies fusionnent ensemble, à distance ou bien lorsque vous êtes proches. Vous fusionnez vos énergies avec la Terre, avec vos guides et avec tout l'ensemble de l'univers dans vos interactions.
Vos dons se décuplent au contact d'autres médiums et d'autres Flammes Jumelles.
Les techniques spirituelles et certaines activités comme le Yoga, le Reiki, la méditation entre autres amplifient et guérissent vos énergies, tout comme la reconnexion avec vos guides et avec de hautes énergies.

Tu vois et tu sais les autres dimensions, l'Au-delà et les extra-terrestres.

Bien que tu ne saches pas tout, loin de là car ces espaces sont trop vastes et parfois inexplorés jusqu'à maintenant.

Ton jumeau étant ta moitié, il est aussi très sensitif, et vous savez bien transcender vers La Source vos énergies respectives.

Vous confiez tous les deux vos destinées dans les mains de la Lumière Divine en vous mettant volontairement à son service, afin de mieux œuvrer sur Terre.

Vous incarnez la compassion, l'entraide et L'Éveil dans vos incarnations respectives.

Par répercussion les autres s'éveillent à vos contacts. Ils ressentent vos énergies unifiées dans La Source.

Vous ressentez précisément dans vos corps et dans vos âmes l'énergie d'une rare intensité du Créateur qui vous traverse à certains moments.

Au début de cette ultime fusion, tu sentais l'énergie de La Source rentrer en toi.

Tu te retrouvais comme dans un ascenseur en direction du cosmos et de ses étoiles. Tu arrivais en une fraction de seconde au sein de l'Univers et ensuite au sein de La Source.

Quelle intensité sensationnelle et vertigineuse !

Tu avais l'impression de voyager dans une espèce de tube te reliant avec l'Univers et ses énergies cosmiques.

Concernant ta fusion mystique, tu sortais de cette expérience très fatiguée, mais paradoxalement rechargée magnétiquement. Tu te sentais vidée de toutes tes forces, et tu t'alitais afin de bien te reposer quelques heures.

Cette alchimie soudait vos deux âmes de Flammes indéfiniment.

Le Père recollait en son sein vos deux moitiés séparées depuis la nuit des temps.

Vos évolutions personnelles le permettent pour achever vos cycles karmiques d'incarnation sur Terre.

Vous êtes désormais libérés et unis.

Vous n'éprouvez plus aucun sentiment de solitude après vos fusions mystiques.

Vous êtes en paix et sans peur d'être abandonné et seul. Un grand pas en avant ! Même s'il faut plusieurs fusions afin de parfaire votre évolution.

D'autres Flammes Jumelles s'unifieront en abondance, dans ces années-ci.

Tu peux communiquer avec les aliens par télépathie, s'ils le souhaitent.

Le Médusien communique par télépathie et t'envoie des images à couper le souffle ! Le paranormal rentre dans ta vie au grand galop cette fois-ci décuplé par la présence de ton jumeau.

Je vois toutes ces Flammes qui œuvrent pour l'évolution et l'amélioration de l'Humanité afin d'apporter la Lumière où régnait l'Ombre.

Depuis, vous avez de longs débats dans les réseaux et les abductés sont bien éveillés.

Les terriens sont bien commères, ils racontent n'importe quoi généralement pour certains, et je constate des corruptions.

Depuis le ciel, j'observe vos agissements.

Je pressens des ennuis arriver ainsi que des catastrophes naturelles.

L'armée n'est plus au top malgré tout par manque de moyens et la police est débordée. Résultats, je ne sais pas trop, cela reste compliqué dans votre monde, bien que vous tentiez d'y mettre de l'ordre.

Ce fameux gourou pétait un plomb. Il menaçait d'un suicide collectif toute sa secte !

Alors, les militaires intervenaient rapidement en désamorçant le début de cette triste galère. Les sectes sont absolument vertigineuses, en ponctionnant tout l'argent des adeptes et parfois en les poussant dans leurs tombes.

Les sacrifices de fœtus et d'humain au sein des confréries et des mouvements sectaires sont ancestraux. Vos sociétés sont fondées sur des mémoires sacrificielles.

Des Flammes Jumelles sont attirées par les fausses lumières sombres des sectes et d'autres affiliations.
De nombreuses Flammes Jumelles sont ainsi maintenues dans les pièges de l'Ombre sous emprise de magies néfastes.
Ainsi, il est important de se nettoyer, de se purifier et de se faire enlever toutes les formes de magies intégrées depuis la nuit des temps dans vos vies antérieures.

Si tout le monde appliquait seulement nos deux lois de l'Au-delà « tu ne tueras point et tu ne voleras point », le monde serait déjà sauvé.
Je n'ai pas peur d'embrasser toutes les religions, mais j'ai peur de ce que font les hommes au nom des religions et au nom de Dieu.
Dieu ne demande jamais de s'entre-tuer, car il est la lumière divine et la grande compassion.
Je reste logique.

Je t'embrasse, car tu dois partir ailleurs, impossible de se reposer sur Terre.
Je veille sur les bébés dans l'Au-delà. Vos enfants disparus trop tôt sont de vrais Anges gardiens pour vous.
Violette a grandi, elle est désormais une magicienne et une Amazone chevauchant les licornes dans d'autres dimensions sur une autre planète.
La Source vous laisse combler vos peines et vous ressourcer en énergie en vous reconnectant à elle.
Puisez dans l'énergie du soleil et de La Source.
La douceur de La Source vous guérie.

Tu comprends que La Source te monopolise par moments.
Certains scientifiques pâlissent de peur lorsque tu mentionnes une nouvelle étoile dans la constellation du Caméléon, l'étoile au nom de Mettal. Vous aurez bien d'autres découvertes scientifiques à l'avenir et de jolies révélations vous attendent.
Tu racontes bien toutes ces histoires, toutes ces créations artistiques,

toutes ces aventures policières et juridiques en tant que médium. J'observe la nature humaine et tous vos agissements afin de tenter de vous assagir par nos conseils éclairés.

L'Au-delà veille sur le peuple terrestre comme un grand frère.
Et c'est bel et bien le cas de remettre de l'ordre chez vous.
L'Archange Michel y travaille toujours avec acharnement.
Il ne connaît jamais de repos.
Il s'endurcit contre les bêtises humaines impossibles à décrire, car elles sont hyper violentes et très dures à encaisser pour tout le monde, terriens et esprits compris.
Au contraire, il adore votre Humanité et vos belles âmes incarnées sur Terre dépassant de grandes épreuves.
L'enjeu est de taille et un petit coup de pouce du destin est nécessaire.
Je vous recommande de respirer amplement, de bien vous détendre avec un ancrage suffisant à la Terre mère.
Communiez avec les esprits de l'air, de la mer, de la nature entièrement, ainsi qu'avec vos ancêtres et le souffle sera victorieux ! »

Virginie : - « Qui sont les abductés ? ».

Commandant Ashtar : - « Par la suite, vous redécouvrirez l'autre côté du voile.
La Source, un visage, une statue, la proue d'un OVNI... Cela vous laisse bien songeurs et vous en rêvez parfois.
Tu passes alors pour une abductée, mais d'autres aussi l'ont été une bonne centaine de fois.
Beaucoup appartiennent au même groupe sanguin, O-, le rhésus des abductés.
Les abductés ont souvent signé des pactes, des alliances ou des contrats avec les aliens il y a fort longtemps dans les vies antérieures, par exemple sous Atlante.

Malheureusement pour eux, ils expérimentaient les dualités en rentrant dans l'Ombre et ses cycles karmiques.

L'expérience était nécessaire afin d'évoluer en sortant des zones de confort pour étudier les polarités extrêmes».

Virginie : - « Quels sont les types de contrats avec les aliens involutifs? ».

Commandant Ashtar : - « Des personnes, surtout des Atlantes, peuvent avoir consenti à des expériences sur eux et sur leurs corps subtils dans leurs vies antérieures en échange de certains dons et de pouvoirs.

Et ces contrats continuent dans cette incarnation, même s'ils n'en ont plus conscience !

Pour se dégager, ils doivent démissionner volontairement de ces contrats en se plaçant sous la protection de la Fraternité blanche.

Ces ruptures de contrat ne sont pas simples et malheureusement très laborieuses.

C'est complexe au niveau des énergies pendant quinze jours.

Il est recommandé d'enlever les implants dans le corps physique où ils sont parfois présents et dans les autres corps subtils par des professionnels thérapeutes.

Je recommande d'être accompagné de La Source pendant ces périodes compliquées ou par les énergies mariales, de la Fraternité blanche et christique (il vaut mieux éviter les aliens pour cela !).

Les abductés sont souvent implantés et dépendant de forces aliens involutives. Tout dépend du type d'abduction et par qui.

Les contrats sont des contrats d'âmes de lumière ou d'ombre, cela dépend avec qui on les signe, tout simplement.

Il est rare de signer des contrats d'âme lumineux pendant l'incarnation.

Généralement, les contrats d'âme de lumière sont passés avant l'incarnation dans la matière sous la guidance d'êtres de lumière et de ses propres guides, en accord avec les autres âmes dans le Haut-astral exclusivement.

On peut aussi les rompre à tous moments, contrairement aux contrats de l'Ombre où il faut démissionner énergétiquement et se faire nettoyer à plusieurs niveaux énergétiques.

Mon amour est palpable à travers mes messages et mes canalisations, d'une passion certainement platonique d'un Amour Universel.

Je trace ainsi des cœurs partout sur Terre, dans les crops circles, dans les signes que je vous manifeste.

L'amour extra-terrestre refroidit le dos pour certains, cet amour est si spécial. Ils n'ont pas l'habitude de penser plus largement et d'ouvrir leurs esprits.

Tu l'expliques par la fusion des énergies. L'amour alien n'est absolument pas physique, c'est un amour mélangeant deux âmes, deux entités et sans sexualité.

L'âme fusionne les êtres par le mélange des âmes...

Les autres personnes pensent étranges que tout le monde fusionne dans l'Au-delà, mais ce sont toutes les énergies qui se mélangent afin de devenir une seule dans le but de retrouver l'unité collective.

Vous, mes amis lecteurs, vous connaissez pour certains d'entre vous cette dimension spirituelle au sein de la Sainte Trinité.

La fusion mystique apaise les âmes incarnées lorsqu'elles la vivent en profondeur dans la matière.

Elles conjuguent sur Terre la matérialité et la spiritualité.

Ouvrez vos cœurs !

L'amour mystique est vécu matériellement. Le Créateur aime ses créatures terrestres nées de ses mains et de son esprit, uniquement de par sa divine volonté.

L'amour de l'Au-delà reste merveilleux !

Les visages souriants que tu entraperçois dans tes expériences médiumniques ne sont guère inhumains.

Tu perçois des visages en gros plans et des yeux bleus très brillants dans cette grande lumière divine.

Parfois, une main se tend, une bouche sourit auréolée d'une forte luminosité douce.

Je peux posséder ton âme, car c'est la mienne, je suis le propriétaire car j'ai obtenu le certificat du don de ton âme.

Je plaisante.

Tu me canalises et tu interprètes tes canalisations dans tes livres.

Pour surmonter la douleur originelle de la séparation d'avec La Source et pour certains, d'avec vos Flammes Jumelles, vous vous réfugiez dans les arts et la créativité, afin d'extérioriser vos peurs et de calmer vos angoisses. Vous pouvez transmuter et transcender bien des éléments en pratiquant diverses disciplines artistiques.

Il faudrait pouvoir mieux communiquer !

Vous communiquez souvent tous ensemble à travers vos rêves, la télépathie, l'échange d'idées, les ressentis et vos intuitions dans d'autres plans de conscience.

Vous éprouvez généralement des difficultés relationnelles sur Terre et dans vos modes de communications assez distanciels désormais.

Pour les Flammes Jumelles, c'est courant de communiquer astralement en s'opposant à des silences radio sur Terre. Elles subissent les séparations et les nuits noires des âmes.

Malgré tout, elles sont toujours en lien à tous les niveaux, même si sur Terre elles sont complètement séparées.

Je constate que vous accomplissez des dégagements sur vos âmes et des recouvrements.

Je constate vos libertés retrouvées peu à peu, et cela se voit dans le changement de comportement de vos jumeaux spirituels.

Ils se rééquilibrent doucement globalement.

Vous êtes pour certaines Flammes des Flammes Jumelles universelles, donc les oppositions de l'Ombre sont très fortes !

L'Ombre tente de vous récupérer, ainsi que d'autres, car vous pourriez propager l'Ombre très fortement, tout comme vous pouvez propager la lumière exponentiellement.

Des extra-terrestres néfastes et les personnes narcissiques profitent de votre gentillesse et de votre compassion naturelles pour vous exploiter et profiter de vous.

Soyez bien vigilantes les Flammes Jumelles, notamment les universelles, aux messages que vous propagez et à bien agir dans votre camp, et non dans le camp adverse. Cela peut occasionner des dégâts.

Vous êtes trop gentilles, cela vous pose préjudices.

SOS Ahstar et les guides ! Nous volons à votre secours le plus vite possible, et nous comprenons bien que la vie sur Terre n'est pas un village de vacances.

Certes, La Source souhaite la réunion des Flammes sacrées afin d'œuvrer pour l'Humanité, sinon attention aux foudres karmiques.

Un bonheur véritable vous attend : le vrai amour dépassant largement vos Ego et vos âmes incarnées sur Terre.

Tu ne bois plus que du thé, du café, des jus d'orange, et tu as une discipline très stricte.

Le Yoga aide à se rééquilibrer. Il aide à se libère de mauvaises énergies autour de vous que vous subissez dans vos vies privées et dans vos milieux professionnels.

Beaucoup de personnes profitent et abusent de vos grandes lumières lorsque vous êtes des Flammes sacrées descendues sur Terre et missionnées divinement.

Certaines Flammes participent activement à des actions humanitaires en Afrique notamment, avec les problèmes liés à l'eau et à son extraction ou œuvrent pour les causes animales, pour l'environnement, etc...

Vous aurez beaucoup de calme, de sérénité et de paix.

L'harmonie sera sur vos bouches lorsque vous restez fidèles et amoureux, cette fois-ci.

Vous aimez cette ambiance de fête, de joie et de gloire.

Mais tout le monde est fatigué et branle-bas le combat.

La lutte des classes, des inégalités et contre les injustices continuent dans vos mondes.

Beaucoup de mauvaises énergies veulent empêcher la réunification des Flammes Jumelles.

Elles s'opposent énergiquement aux enfants des couples divins, comme ils sont des êtres de lumière, des maîtres ascensionnés, ou bien des Anges voulant s'incarner sur Terre afin d'aider l'Humanité.

Les enfants des Flammes Jumelles ont un grand rôle à jouer tout en aidant leurs prochains, et cela dérange fortement les Démons incarnés sur Terre.

Les enfants de lumière empêcheront la destruction de votre civilisation et le déclin de votre environnement.

Les Démons mettent tout en place pour nuire aux Flammes Jumelles et tendent des pièges. C'est dur de les contrecarrer, il faut rester ferme, vigilant et ne rien laisser passer dès le départ. Ne jamais baisser sa garde, c'est le maître mot dans ces luttes de dualités. Anticipez, prévenez, avertissez, guérissez, agissez !

Les enfants lumineux issus de deux Flammes Jumelles sont créés par elles dans l'Au-delà.

Ils accomplissent leurs missions terrestres. Ils sont gentils, jeunes, vifs, pleins de sagesse et bien souvent de sages conseils. Ils ont beaucoup d'intuitions et d'ouvertures d'esprit. Mais pour les protéger de personnes négatives, c'est mieux de protéger le couple sacré et leurs progénitures, sauf aux regards des autres Flammes.

Les personnes négatives et toxiques seront plus éloignées du couple sacré pour le bien de tout le monde et une grande vigilance sera appliquée envers les enfants.

On ne peut pas parler à tout le monde du fait d'être Flamme Jumelle, des gens ne comprennent pas ces notions tout simplement parce qu'ils appartiennent à d'autres groupes d'âme.

Ta Flamme et toi partagiez de bons moments en secret.
Guère de gens étaient informés. C'était un arrangement à l'amiable entre vous de préserver votre relation en restant discrets.
Vous vous entendiez bien et cela continue. Une belle alliance entre vous tous à l'instar d'un vrai clan d'initié. Vous êtes à l'aube de créer une nouvelle spiritualité.

Les alliés du couple de Flammes, des amies et des amis, connaissent vos grands secrets. Ils vous épaulent efficacement. Ils vous offrent des havres de paix et de liberté lorsque vous vous voyiez.
Des couples de Flammes Jumelles sont à l'aube d'enfin incarner leurs couples dans la matière.
Les soins aident à enlever ce qui bloque l'incarnation des couples, j'insiste, dans la matière.
Vos couples fusionnels existent dans la 5D sans arriver à se matérialiser dans vos vies quotidiennes. Que cela ne reste pas un fantasme de couple !
Nous vous le souhaitons de tous nos cœurs alliés. Ils battent à l'unisson des vôtres.

Je suis plus étendu maintenant, car les météorites sont éloignées de la Terre, ma mission est donc plus calme. Tranquillement, je peux faire dévier ces cailloux de leurs trajectoires. Je te conseille aussi un peu la sieste avec ton chat, afin de ralentir ce rythme trépidant. La sieste te déroute, mais demain tu auras plus de travail.
En parlant de siestes, celles des Flammes Jumelle peuvent être passionnelles !
Vos étreintes sont torrides et exaltantes sur tous les plans, ouvrant la porte du septième ciel, car vous vibrez alors à l'unisson.
La sexualité des Flammes Jumelles dépasse les autres relations normales, car vos énergies se fondent et vous retrouvez votre unité originelle.
La sexualité cosmique s'harmonise à la conscience cosmique.
Les Chasers s'épuisent en aidant énormément les autres, mais ils ne

279

s'accordent pas assez de temps pour eux. Souvent trop contrôlant, ils ont tendance à endosser le rôle du Sauveur au lieu de laisser les autres apprendre de leurs propres erreurs. Les Chaser apprennent le lâcher-prise.
Toutes les Flammes sont médiums et voyantes bien souvent.

Les médiums entendent la musique astrale et peuvent sentir les parfums de l'Au-delà.
Au cours de vos folles passions, vous atteignez systématiquement le septième ciel d'une relation sexuelle transcendée dans une extase divine. La sexualité est sacrée chez les Flammes Jumelles, elle peut les transporter directement ailleurs.
Ton jumeau est bien ton alter ego. Il dégage un étrange magnétisme, une attraction irrésistible pour toi, un véritable aimant. Il enregistre ses albums rapidement, tout comme toi tu publies un livre par an.
Tu peux l'équilibrer grâce à tes soins, tu as dans ta boite à outils ce qu'il faut pour pallier ses manques.
Vous vous soignez mutuellement.

Nos thérapies sont holistiques et énergétiques chez nous, par la force de notre volonté et de nos concentrations.
Nous n'avons ni vaccins, ni médicaments et pas d'opérations non plus.

Le Runner s'épuise aussi en se surmenant, en papillonnant à droite et à gauche, en fuyant, et en se dispersant dans plusieurs activités, parfois humanitaires, mais qui au fond l'éloigne plutôt de son Chaser et de l'effet miroir.
Symboliquement, la boite à outils du Chaser peut aider son Runner à éclaircir sa situation et à le remettre sur pied.

Se tourner vers l'extérieur et constamment sur les autres afin de ne pas se tourner vers l'intériorité.
La théorie de la relation élastique...
Comme un élastique se tend et se détend, pour revenir avec plus de forces. Libérés tous les deux, vous repartez sur de bonnes bases.
Cela n'existe pas ? La suite te prouvera le contraire...

Parfois, vous échangez vos rôles afin de mieux vous comprendre, et chacun sa part de travail, le but ultime étant la disparition égotique, d'où la résistance.

Vous sortirez enfin de toutes ces complications majoritairement psychologiques.

Les blessures de rejet et d'abandon sont guéries dans la fusion des âmes et dans la reconnexion à La Source. »

Virginie : - « Pourquoi les Flammes Jumelles voient-elles leurs vies antérieures ? ».

«Vous repartez à votre point d'ancrage, vous redescendez à l'origine terrestre, et même vos origines extra-terrestres, notamment pour les Flammes qui sont les Chaser en début de parcours.

Les Flammes Jumelles sont toutes des Stars-seed dans l'ensemble.

Vous remontiez le temps à l'Origine par guidance.

Tu constatais que le cycle karmique était déjà présent au départ.

La Foi trouve sa place là-dedans.

Dans cette vie,les gens rejettent parfois de toutes leurs forces la Foi. Il y avait trop de souffrances dans les vies antérieures pour différentes raisons.

Ils errent dans une quête effrénée de spiritualité, complètement perdus et coupés de La Source dans l'Ombre. Ils préfèrent certainement suivre des personnes toxiques qui les tirent encore plus vers le bas.

Malgré tout, vous parvenez dans l'ensemble à émaner votre lumière divine que d'autres pompent outrageusement.

J'ai une théorie de l'âme qui reste longtemps dans l'Au-delà.

Des âmes s'incarnent très peu sur Terre. Elles choisissent d'intégrer la matière sur d'autres planètes ou de rester longtemps sans s'incarner si elles sont sorties du cycle karmique. Certaines âmes très pures ne s'incarneront jamais et resteront sous forme d'ondes et d'énergies.

Ce que les extra-terrestres démontrent aux contactés, c'est que la Terre du futur pourrait être désertique, mais qu'heureusement les aliens veillent ainsi que les éveilleurs, tout comme les lanceurs d'alerte. La vigilance reste de mise sur votre planète pour contrer les plans de l'Ombre et empêcher le naufrage de votre société.

Les aliens prélèvent des espèces pour les implanter ailleurs.

Terre Gaïa pourrait finalement rester seule et respirer mieux sans la présence humaine. Elle pourrait se régénérer pendant quelques siècles afin de bien nettoyer toute votre pollution et les traces de votre passage en son saint sanctuaire.
La Terre possède cette capacité autonettoyante et quelques siècles ne sont rien.

Mais nous tenons à notre champ d'expérience sur celle-ci.
C'est votre domaine d'incarnation préféré.
Dieu vous créait votre paradis terrestre sauf que vous ne le respectez pas assez.
Vous voudriez vous rendre au Paradis sans prendre en compte le fait que vous y soyez déjà.
La Terre Sainte demande plus de considération, c'est à-dire toute la Terre entièrement, et pas seulement quelques portions habitées ou seulement à l'intérieur des lieux de cultes.
La Terre est sainte partout parce qu'elle est issue de la création divine.
Les Reptiliens existent.
Tout est chaotique et de la science-fiction à vos yeux. La Source divulgue des éléments, mais des indécis rigolent. Cela reste des bases de physique à réétudier. Elles n'ont d'ailleurs plus leurs places dans les mondes interdimensionnels où les formules de mathématiques ne ressemblent en rien à celles de la Terre.
Les masses n'existent pas d'abord ni la gravité dans nos mondes.
Tout est différent, la physique comme la métaphysique.

Le respect passe par ce que les anciens savaient. Le but en remontant vos vies antérieures est de vous reconnecter à votre essence divine et à vos savoirs ancestraux.

Ton respect et ta bienveillance sont en progrès, mais c'est complètement étrange de demander aux extra-terrestres des formules mathématiques.
Je ne plaisante pas car ce n'est vraiment pas simple, quasiment impossible, puisque rien n'est comme sur Terre bien évidemment ! Les lois physiques ne sont pas similaires. Les scientifiques admettent horrifiés que cette fois tu as bien raison.
Nous transmettons graduellement des enseignements très complexes à travers les crop-circles et les canalisations dans l'objectif de favoriser vos évolutions.
Travaillez bien vos énergies par la méditation. Ces énergies restent des imbrications de cordes quantiques, mais il m'est impossible de formuler mathématiquement celles-ci et je suis bien obligé d'en rire.
Nous avons dépassé largement tous vos savoirs et nous ne comprenons même plus comment vous faites.

Avec toi, je me consigne seulement à des communications par télépathie ou de la clairaudience. Le reste est trop complexe pour ce livre.

Je change de sujet à nouveau, sur la planète Mettal, il existe de nombreux êtres comme ce Médusien.
Mettal est une belle planète avec des millions de Médusiens volant dans son espace-temps. Une autre nouvelle planète à rajouter à la constellation du Caméléon, que tu vois sur ton image paranormale. Cette petite planète comme tant d'autres reste à découvrir mais tu la baptises ainsi dorénavant.

Des gens pensent que tu es complètement étrange de communiquer avec des aliens.
Tu essayeras la téléportation. Rien ne t'arrête et tu es même stimulée par les protestations. On te catalogue de tête brûlée. Tu n'as pas froid aux yeux parfois, et tu es ceinture noire d'arts martiaux.

Tu restes malgré tout une faible femme parfois, et je te surprenais en train de pleurer lorsque ton don te démontrait trop de souffrances humaines.

Les Anges qui reviennent d'incarnation sont plus humains que les Humains, ils portent l'Humanité en eux. Aux retours d'incarnation, ils sont encore humains au départ et puis ensuite, ils déploient leurs ailes pour voler au firmament de l'Amour Inconditionnel.

Ils se métamorphosent sous tes yeux en Ange lorsque tu les passes de la Terre à l'Au-delà.

Le passage est synonyme de transformation pour certains.

Ils récupèrent leurs ailes seulement lorsqu'ils sont arrivés à bon port et avec l'accord de la Source.

Je parle romantiquement : je suis un tendre, un explorateur certes, mais un grand sensible amoureux de la vie.

Les OVNIS apparaissent et disparaissent, car ils se téléportent d'une dimension à l'autre en les traversant dans la maîtrise des sauts quantiques. Cela vous fait rêver.

À l'inverse, vous ne circulez que dans la 3D. C'est un bon point et un bon cap à passer des voyages intergalactiques.

Je suis un être magique qui n'apparaît que vers son peuple incarné sur la Terre. Les contactés ont souvent des origines stellaires qu'il faut vérifier étant donné qu'ils sont des aliens incarnés sur Terre majoritairement.

Mais la suite est longue et vous êtes en retard sur les autres peuples.

Tu es une alien démasquée et tu risques de quitter la Terre plus tôt que prévu par un malheureux accident, sauf que je veillerai sur toi.

Je reste obligatoirement à tes côtés pour te protéger, vu que tu es cernée de toutes parts pour le moment, autant par tes détracteurs que par des entités et d'autres personnes jalouses de ton imminent succès.

Cela ira mieux après, ce moment difficile est juste temporaire.

Ces révélations rendaient des gens fous au début.

Là-dessus je te salue en te demandant d'œuvrer à mes côtés.

Je m'amuse de l'OVNI qui était au-dessus de toi, presque sur toi.

Tu filmais cette séquence et tu la transmettais à l'Institut d'Ufologie à l'étranger. Ce n'est pas la première fois qu'un UFO géostationne au-dessus de toi, et d'autres témoins canadiens voyaient le même engin dans d'autres conditions. La description est identique et l'Institut étranger t'en informait personnellement. Évidemment, tu étais choquée de le voir directement dans la matière, et non plus seulement dans les autres mondes.

Dans votre temps des hommes de Neandertal, les UFO s'amarraient à vos menhirs par des cordes-ventouses. De vos jours, ils savent géostationner, c'est à-dire rester immobiles dans votre atmosphère et dans votre vent.

Les policiers sont débordés par ces histoires de vaisseaux spatiaux qui se garent dans leurs secteurs. Ils sont obligés à chaque fois de rédiger un rapport, dans le dossier paranormal et ils manquent cruellement d'effectifs.

L'OVNI restera un moment à se montrer et le poil des militaires et des policiers en sera tout hérissé ! Il va bientôt atterrir afin que tu puisses l'admirer et le photographier, sauf que sa porte d'entrée est bien camouflée.

Cette entrée te laisse rêveuse, car il suffirait de se faire téléporter à l'intérieur de l'engin. Pas de poignées. Les aliens passent au travers des parois. Alors pourquoi des parois ? Afin de ramener des êtres humains chez eux ! Pour quoi faire ? Je vais te le dire : afin de les exploiter pour nettoyer et faire le ménage chez eux.

Je plaisante, évidemment, et tu t'esclaffes de ces idées typiquement humaines, car tu sais bien que nos robots s'adonnent aux corvées de toutes sortes. Tu en ris !

Ta société en pâlit, car c'est bien le cas de se faire exploiter, sur Terre, bigre, votre Humanité reste dans le collimateur. Vous travaillez à en ramper par terre de fatigue et de miséricorde.

Vous projetez sur nous ce que vous avez encore à travailler : le respect de l'intégrité de tout à chacun, le pacifisme, l'Amour Inconditionnel, la solidarité, l'entraide et la compassion.

Vivement que vos robots vous aident un peu plus pour vous décharger des tâches les plus pénibles.

Le côté obscur s'entête à vouloir séparer les Flammes Jumelles en voulant contrecarrer le plan divin par de vaines tentatives. Si séparation il y a, c'est dans votre vie incarnée sur Terre et nullement dans les plans subtils.
La fausse Flamme Jumelle est un sosie de la vraie lui ressemblant étrangement et placée dans vos pattes pour retarder la réunification des Flammes Jumelles.
L'Ombre s'oppose au plan divin qui est la fusion des Flammes afin de propager une grande lumière pour œuvrer pour l'Humanité.
Tu peux envoyer de la lumière d'amour et de pardon sur les Démons, convoquer leurs âmes une par une et purifier des liens d'âmes afin de vous délivrer de vos chaînes karmiques.
Les Démons et les personnes mal dans leurs peaux devraient vraiment songer sérieusement à consulter des thérapeutes.

Cette psychologue en voit d'autres, comme cette petite, mal dans sa peau, un vrai malaise intérieur qui explosait lorsqu'elle criait.
Des enfants sont malheureux sur Terre, ils sont de vrais martyrs. Parfois tués dans des conditions épouvantables, nous connaissons tout cela, malheureusement.
Victimes de bourreaux de trop nombreuses fois, des enfants sont facilement agressés. Ces pauvres petites victimes ne sont en sécurité finalement nulle part pour certains.
C'est mieux d'en parler au commissariat.

Certaines personnes sont irresponsables et parfois contrôlées par des entités négatives qui les manipulent dans leurs méfaits.

Je vois tout depuis l'espace et dans mes visions.

La crise professionnelle est difficile en ce moment. Des affaires, des commerces et des entreprises sont en train de fermer.
La conjoncture actuelle s'améliorera dans plusieurs mois.

L'amour des Flammes se manifeste dans les délires des corps astraux,, éthériques, de leurs étreintes éternelles et fusionnelles.

Vous luttez en ce moment pour promouvoir vos idées et pour ruiner les anciens dogmes et paradigmes. Tu participes à l'émergence de nouveaux concepts.
Beaucoup ont peur que les aliens kidnappent leurs enfants, les mordent, mais nous ne mangeons pas de viande. Nous n'avons ni dent ni tube digestif. Nous ne mangeons rien et nous ne dormons jamais.
Un internaute racontait hier que sa fille dessinait un bel alien, très beau et rayonnant sans crainte ni peur au fond d'elle. C'était moi, présent à ses côtés pour analyser la situation. Les enfants peuvent nous capter facilement et nous décorons leurs dessins.

De nombreux contactés sont autorisés à piloter nos vaisseaux avec nous, nous les formons aux permis spatiaux.
Nos vaisseaux ne voyagent pas trop longtemps dans la 3D. Ils se matérialisent par téléportation pour se promener un peu sur la Terre et puis ils repartent très vite.
Vous comprenez mieux les apparitions d'OVNIS téléportés. Bien entendu, ils passent à travers les dimensions, et ils se dématérialisent et se matérialisent facilement.
Tout cela n'est pas nocif, sauf si les vaisseaux sont Reptiliens ou qu'ils appartiennent aux petits Gris.
Nous veillons à ce qu'ils ne s'approchent désormais plus trop de la Terre, nous avons la permission d'intervenir pour empêcher un avenir plus chaotique pour vous.
Nous freinons d'éventuels envahisseurs.
La vie sur Terre est bien assez compliquée en ce moment pour vous».

Virginie : - « Quel est le principe de la téléportation ? Quelles sont ses utilisations ? ».

Commandant Ashtar : - « Nos engins spatiaux passent allègrement d'une dimension à l'autre pour entrer rapidement dans la 3D. Ils apparaissent et disparaissent assez vite, téléportés ou pas dans l'espace-temps.

Ils peuvent aussi emprunter les couloirs spatiaux-temporels.

Ils circulent en quelques secondes et non pas en années-lumière. L'année-lumière largement dépassée, les UFO mettent quelques secondes pour passer d'une planète à l'autre. D'où l'intérêt de cette technique de déplacement.

Lors de la téléportation, le seul danger reste les météorites, quoi que nos ordinateurs et nos vaisseaux intelligents calculent et détectent au préalable.

Nos analyses et leurs résultats sont exponentiels.

Pourquoi voyager avec le corps physique ?

Vous pouvez déplacer vos âmes, vos corps subtils et vos pensées.

Les scientifiques interprètent leurs données et ils constatent que les méditations peuvent être très puissantes en enregistrant vos ondes cérébrales.

Certains participaient à quelques expériences scientifiques filmées et analysées, détonantes !

L'âme d'Isis est incarnée sur Terre en douze rayons à l'intérieur de douze personnes pour te parler d'autre chose.

Elle est en ce moment incarnée sur Terre atteignant sa propre fusion. Les fusions énergétiques peuvent s'accomplir même si les personnes sont géographiquement séparées.

Les méditations canalisées sont d'origine stellaire grâce aux guides de lumière qui expliquent les vies antérieures jusqu'à l'origine de votre création.

Il faudrait trouver l'origine des extra-terrestres qui sont actuellement des espèces avancées.

Ils étaient des espèces primitives dans des temps très reculés bien avant l'origine de votre Humanité.

Tu pouvais les voir et les admirer pendant un voyage causal remontant le temps.

Ces aliens préhistoriques se préparaient aux combats dans ta vision.

Ils se paraient de leurs boucliers et de leurs habits métalliques en côtes de maille. Ils t'apparaissaient sans Foi ni loi, bagarreurs et fonceurs.

C'était de grands peuples. Ces anciennes civilisations aliens vivaient dans le noir complet du cosmos, et puis une grande lumière émergeait, le soleil !

Ces tribus étaient composées de grands clans très imposants.

La Source se dévoilait à leurs yeux, tout comme elle se dévoilait à vos yeux ensuite.

Vous célébrez depuis l'arrivée de Jésus, des Guides de Lumière et des maîtres ascensionnés.

Le voile des illusions se lève grâce à cette étrange lumière d'une élévation spirituelle.

Tu as des capacités médiumniques qui te permettent de voir les différents mondes à diverses époques.

Tu devrais l'expliquer sans cesse, les défunts sont dans la cinquième dimension, le Bas-astral s'ils ne sont pas passés dans la lumière.

Puis ils déménagent dans le Haut-astral à condition que toi ou d'autres médiums les passent.

Le Haut-astral élève l'Humanité. C'est une dimension peuplée d'Anges, d'Archanges et de guides de lumière.

Les Archanges sont-ils des extra-terrestres ?

Tu poses une bonne question, car c'est le cas de bien le préciser.

Les débats qui s'ensuivent sont bien longs ! Vous n'êtes pas forcément tous d'accords les médiums entre vous. Vos perceptions peuvent être différentes, j'en conviens. Chacun a sa propre conception du monde.

Le futur est sacré, lourd de sens, de conséquences, moqueur des bêtises humaines parfois.

Le Haut-Astral est une dimension angélique proche de la vôtre.

Les âmes en attente de réincarnation ou qui arrivent d'incarnation y séjournent un moment avant de repartir soit vers des plans supérieurs soit vers la Terre.

D'autres mondes intermédiaires existent comme ceux de Jérusalem du Ciel ou ces fameux ponts de passage médiumniques.

Dans le Haut-astral ne réside que le blanc, l'invisible et la transparence.

Les couleurs y sont rares, contrairement aux plans plus proches de la Terre où les couleurs et les matières sont présentes.

Ces plans intermédiaires ressemblent à la Terre en plus moderne. Ils fonctionnent avec des technologies plus avancées.

Au contraire, le Bas-astral est d'un niveau inférieur encore bien matériel plus pauvre et moins avancé avec des énergies bien plombées et lourdes freinant l'élévation spirituelle naturellement.

Ces dimensions peuvent correspondre aux concepts de Purgatoire, de Paradis et des Enfers.

Les plans purs seraient une forme de Nirvana dénuée d'émotion et de matérialité.

Tu continues d'explorer d'autres dimensions très habitées, vu que tu trouves que c'est un bon moyen de rencontrer d'autres espèces d'aliens.

Ainsi, la suite sera rose tendresse, car les contactés sont d'origine stellaire eux aussi : des Walk-ins, des aliens incarnés sur Terre (Vénusiens en grosse majorité). Ainsi les extra-terrestres sont déjà parmi vous, alors pourquoi poser la sempiternelle question : « quand est-ce qu'ils vont venir ? ».

Vous apercevrez plus d'UFO dans les temps futurs, plus rapidement que vous ne le pensez.

Nos engins chercheront moins à se cacher.

Ils se dévoilent pour l'instant fugacement afin d'habituer votre espèce à leurs présences.

Les aliens débarquaient sur votre Terre bien avant le début de l'Humanité. Ils sont à l'origine de votre création et ils sont encore parmi vous en incarnation.
Vous êtes tous des extra-terrestres habitant sur Terre réellement.
Vous êtes des citoyens de l'univers et de l'espace.
Vous implantez déjà la vie sur d'autres planètes en les explorant et en y déposant inconsciemment vos virus, vos microbes et votre pollution spatial.
Rien n'est jamais vraiment stérile et vous ne voyez ni ne savez pas tout.
Vous disséminez la vie dans l'espace comme les abeilles disséminent le pollen dans la nature.

Qui implantait la vie sur Terre ? Des météorites ? Pourquoi pas des OVNIS ?
Tu peux décrire certains vaisseaux spatiaux : des boules lumineuses, transparentes, des vaisseaux de lumières blanches et aveuglantes tellement surnaturelles.
Comment imaginez-vous les extra-terrestres ? Avec une tête et des jambes ou des bras.
Ils seraient d'apparence humaine ou bien de nature bactériologique et microscopique.
Vos scientifiques définissent en premier lieu ce qu'ils recherchent dans l'espace.
Même l'eau spatiale sur d'autres planètes porte en elle des traces extra-terrestres avec ses micro-organismes.

Nous sortons tous de nos zones de confort pour examiner d'autres pistes de réflexion en élargissant nos champs de conscience.

Entre médiums, vous n'êtes pas forcément d'accord sur tous ces points.

La vérité possède mille facettes.

Les animaux sont libres dans l'Au-delà.

Ils sont des esprits supérieurs.

Ils ne sont pas des animaux de compagnie en sortant des karmas d'esclaves de l'Homme.

Ils retournent bien souvent dans la nature sauvage, mais l'est-elle vraiment ?

Ils peuvent aussi décider par amour de vous rejoindre sur Terre et de rester à vos côtés en tant qu'Anges gardiens.

Les animaux esclaves de l'Homme et subissant des atrocités sont libérés des karmas toxiques et nocifs dès leurs arrivés au Ciel.

Attention au retour de karmas dans les prochaines vies, nous pourrions envisager l'inverse, que les rôles soient inversés pour certains bourreaux animaliers.

Les Flammes Jumelles sont incarnées depuis la nuit des temps.

Elles sont des actrices et des témoins de votre temps.

Elles sont bien représentées dans votre histoire.

La littérature cite ces couples mythiques et mystiques.

Les Flammes Jumelles universelles accompagnent l'évolution de l'Humanité en douceur.

Les prédictions aident vos peuples à se protéger et à se projeter vers un avenir plus serein. Dès lors de ces projections, vous co-crééez votre futur.

Lorsque la justice des Hommes ne s'effectue pas et que les victimes sont omises, vous pouvez demander la Justice Divine.

Elle s'abattra dès lors dans la vérité et la rapidité, elle sera implacable.

Pour la demander, l'examen de conscience au préalable est nécessaire et il vaut mieux avoir une bonne conscience pour demander cette justice.

Si vous êtes en faute dans l'affaire, vous risquez d'être en quelque sorte punis par le retour de manivelle.

La Justice Divine est une arme divine à toujours utiliser à bon escient, car celui qui la demande prend un risque, sauf s'il est de bonne « Foi ». Il est protégé dans ce cas là.

Il vaut mieux être innocent pour implorer la Justice Divine.

Je vous préviens de ne pas l'utiliser comme une arme de vengeance personnelle, cela se retournerait immédiatement contre vous.
Cette justice est toujours juste.
Vous pouvez la demander par des prières sincères.
Dieu compatit toujours auprès des victimes. »

Virginie : - « Peux-tu nous révéler des prédictions ? ».

Commandant Ashtar : - « Des prédictions ? Oui, les esprits voient l'avenir et le futur.
C'est aussi le cas des aliens, des maîtres du temps et de l'axe spatio-temporel.

Tous les témoignages d'abductés démontrent qu'effectivement les extra-terrestres voient l'avenir et prévoient vos catastrophes écologiques en espérant que cela change.

Ils prédisent vos futures habitations sur Mars.

Vous sortirez de votre crise économique dès lors que vous changerez vos modes de fonctionnement.
Vous circulerez ensuite un peu plus dans les airs.
Vous respecterez mieux votre planète et vous aurez gain de cause dans vos guerres pour enfin vivre dans un monde pacifiste.

De mauvais aliens ne sont pas très agréables.
Ils veulent même vous exterminer ! Ils tentaient de vous tirer dessus, mais ton guide heureusement te protégeait.
Leur projet est freiné, la porte des étoiles pour ce soir est fermée.
Une déformation spatio-temporelle et des cercles concentriques : cette formation dans le ciel dessine vraiment une porte des étoiles.
Tu as la chance de pouvoir prendre des photographies et de t'en mettre plein les yeux.
La beauté du spectacle.

Toutes ces synchronicités que l'Au-delà place sur vos chemins de vie. Tout cela est typique des Flammes Jumelles.

L'un attend, l'autre s'enfuit...

Le Chaser et le Runner.

Ton jumeau pense à vos rencontres par hasard, mais c'est lui-même qui les avait programmées avant l'incarnation, car il souhaitait te voir régulièrement et se reconnecter au divin.

Il t'aime, d'un amour fou et absolument scandaleux. Il y a donc de quoi demander deux jours de congé !

Il préfère se marier pour bien concrétiser son couple dans la matière.

Il ne te ruinera pas, ton argent restera à toi, car tu penses déjà à Las Vegas, cela ne va plus du tout aux USA. Des stars se ruinent complètement.

Tes clichés de lui sont sublimes, il adore.

Tu as l'œil d'une artiste.

Il te demandera un congé absolument indispensable, pour lui, sinon il craquera.

Toi aussi, tu craques si tu ne vois pas les vagues de la mer.

Il t'aime fort, vous n'êtes pas Flammes Jumelles pour rien et vous atteignez ensemble le septième ciel dans les hautes énergies des guides spirituels.

J'aborde le thème de la sexualité sacrée et des mélanges énergétiques dans ces moments d'extase et de paradis terrestre. Le ciel et la terre se confondent alors dans la jouissance et vous vous situez en dehors du temps.

Nous savons tout là-bas, rien n'est caché et secret des actes des terriens.

Je l'affirme, plus rien des actes malfaisants et des incivilités ne sera désormais caché ou passera inaperçu. Tout sera révélé sur les réseaux sociaux publics.

Votre histoire est symbolique de beaucoup d'autres relations de Flammes Jumelles très complexes.

Ton jumeau aura bel et bien besoin de calme. Dommage qu'il n'ait pas choisi sa Flamme Jumelle depuis le début, si calme et si tendre, mais il s'ennuyait dans cette sérénité. Il voulait courir sur les chemins de traverses en tentant des expériences interdites pour découvrir ses limites comme le vrai Runner qu'il est.

La Source le ramènera vers elle par des karmas et des foudres de l'Ombre qui pleuvent sur les brebis égarées. Les foudres karmiques sont essentiellement dues à la coupure avec La Source. Vous errez alors dans une mer de souffrance.
Il existe de grandes différences chez les Flammes Jumelles. Généralement cette différence est socioculturelle, religieuse, d'âge, de sexualité afin de travailler votre ouverture d'esprit.

Est-ce mieux deux stars ensemble ?
Cela dépend des Egos. Parfois, vous créez de votre côté sombre, comme un trou noir en transcendant et en élevant votre peine en œuvre d'art, et parfois vous créez à partir de lumière, mais en la déformant dans votre canalisation pour incarner cette lumière dans la matière.
Vous êtes réversibles et si complémentaires même dans vos manières de créer.
Pendant que l'un transcende et transmute des énergies négatives pour les rendre joyeuses et vibrantes dans son œuvre, l'autre canalise la spiritualité pour la manifester dans la matière.
Vous explorez deux aspects de création basés sur les deux pulsions créatives, la pulsion de vie et de mort. La pulsion sexuelle est fertile et elle est contenue dans la pulsion de vie.
Par le biais de la sexualité, vous implantez la vie sur Terre. C'est une énergie de vie lorsqu'elle est bien utilisée et incarnée dans l'Amour.

Des Anges sont déchus lorsqu'ils désirent essayer l'autre côté du miroir, en expérimentant de sombres énergies pour sortir de leurs zones de confort.

Des Anges s'incarnent pour connaître l'Amour Inconditionnel dans la matière. Ils aiment l'amour terrestre corporel, ils veulent expérimenter d'autres éléments et les transmutations des passages d'incarnation.

Un apprentissage que vous manifestez dans la matière de bien différentes manières.

Difficile ou pas, à vous d'effectuer les bons choix en pleine conscience».

Virginie : - « Allons-nous voir un jour ta flotte de vaisseaux ? ».

« La suite est épique, car les extra-terrestres ont des pouvoirs supramentaux comme la voyance.

Ils savent par précognition.

Ce qui laisse le fin limier songeur : « comment alors les combattre ? ».

Ils sont immortels avec des pouvoirs surnaturels en passant d'une dimension à l'autre.

Tu conseilles aux militaires de ne pas entrer dans les conflits, mais de pactiser avec les aliens au cas ou s'ils atterrissaient.

Vos gouvernements procèdent déjà ainsi, puisque vous n'avez aucune chance face à eux.

Les aliens pourraient vous exterminer si facilement et si rapidement s'ils le voulaient vraiment en une fraction de secondes.

Nos intermédiaires et nos traducteurs sont des télépathes pour communiquer aisément avec différents peuples.

J'apparaîtrai certainement un jour devant vos yeux écarquillés.

Comment réagir lorsqu'un OVNI établira le contact avec vous ? Communiquez par télépathie en l'absence de gestes brusques, et vous verrez ma flotte de Commandant en chef appartenant à l'élite. Demandez-moi en méditant et vous me verrez !

Certains s'amusent à tester tes dons à distance, mais méfie-toi, comme celui-ci par exemple, son aura est rouge. Il te pose des

questions pour mieux te descendre en flammes après, mais il n'y arrivera pas. Tu es sûre de ton don, réellement.
Tu peux répondre que tu pries, certes, mais pas d'incantation. Tu ne cherches pas à déranger les esprits constamment.

Rien d'intéressant dans ce groupe internet, la galaxie est plus intéressante et plus riche d'enseignements pour les initiés aux voyages interstellaires.

Vos histoires d'amour terrestres continuent avec des hauts et des bas en montagnes russes émotionnelles et quelques souffrances et épreuves à surmonter.
Certains désirent une élévation spirituelle et d'autres une élévation sociale dans vos couples.

Vous chantez et vous dansez en jouant des notes de musique. Nous aimons ces célébrations vivantes et nous nous trémoussons à vos côtés bien souvent.
Nous aimons chanter et créer avec vous dans les autres dimensions, les distances ne nous dérangent pas, nous aimons fusionner avec vous ainsi. Nos ondes se mélangent dans les cieux tout comme nos voix.
Vous pouvez ressentir le mysticisme dans les pratiques de vos arts et les communions entre les êtres et la nature.

Les Humains sont-ils blasés ?
Des incivilités courantes.

Ton jumeau ne supporte pas le manque de respect.
Il n'est pas du genre à se laisser marcher sur les pieds. Il ne mâche jamais ses mots dans sa toute brutale franchise. Monolithe, le Chaser ? Tu le pensais plutôt très souvent franc, droit dans ses bottes, à analyser les situations et à tout anticiper, pire que toi en effet.
Donc, les êtres humains ne sont pas blasés.
Ils sont passionnés, et j'aime cela.
Attendent-ils un OVNI ou un Sauveur ?

Moi, je vous écoute et je vous soutiens, je me manifeste auprès de ceux qui sont prêts à me voir tout simplement et à qui me le demande.

Vos maladies sont des karmas reliés aux vies antérieures et accompagnant vos degrés d'évolution, tout comme les pandémies traversent vos époques.
Quelle épopée, en effet.

Toutes ces blessures karmiques du passé à soigner et à cicatriser, tous ces liens à dénouer et à couper, tous vos corps subtils à réparer et à ressouder entre vous, tous ces liens d'âmes à purifier en les libérant de sombres magies afin de pouvoir rejoindre le Nirvana ! Il y a du pain sur la planche.
Vous arriverez bien au Nirvana ensemble, cela ne m'inquiète absolument pas. Les destins sont inscrits ainsi pour les Flammes Jumelles et d'autres personnes bien éveillées. Vous accéderez à d'autres plans de conscience.

Les pandémies sont des karmas émergent des vies antérieures.

Des détracteurs n'apprécient pas ton air supérieur, eux qui te pensait une fragile médium.
Ton guide céleste les émouvait, à en pâlir, à en tomber par terre, et tu répondais très clairement à toutes leurs questions.
Vous désirez la paix quitte à pardonner aux bourreaux.
Vous les aviez déjà rencontrés dans les vies antérieures.
Vous pouvez trouver un terrain de paix sans vous laissez envahir.
Il est préférable que la paix s'installe dans vos relations avant même de penser à entrer en contact avec d'autres types de civilisations.

J'espère pour vous que vous respecterez mieux vos enfants, vos femmes, vos hommes, vos animaux et la nature.
Vous êtes tous des frères et des sœurs dans l'Au-delà à tous les niveaux énergétiques.
Vos avancées sont excellentes, malgré quelques opposants : des êtres

involutifs qui souhaitent freiner l'élévation et des divulgations en maintenant vos sociétés dans l'obscurantisme.

Tu écris tes livres en ayant canalisé nos enseignements que tu filtres en permanence.
Tu connais bien comment te protéger, tu travailles avec tes guides en permanence, et tu es loin d'être une débutante en médiumnité.
Tu es passeuse d'âme, médium, voyante et énergéticienne depuis longtemps. Je peux dire une vraie chamane, étant donné que tu œuvres avec les esprits là-bas et que tu possèdes tes animaux totems.
Tu ramenais tes don de tes vies antérieures où tu les exploitais largement en étant Chamane, Grande Prêtresse, Prophète dans ton pays et Druide. Et artiste...

Certains professeurs pensent tout savoir, car ils sont agrégés, mais la civilisation humaine est loin de tout savoir face aux mystères de l'infiniment grand et de l'infiniment petit.

La seule manière d'évoluer est de bien ouvrir vos chakras pour accéder ainsi à de vraies connaissances supérieures.

Vos angoisses d'être abductés restent des peurs humaines que vous transposez sur les aliens, alors qu'il n'y a pas de raison qu'ils soient comme les Humains. Sauf s'il s'agissait de mimétisme.

Quant aux êtres éveillés, ils adorent les guides et les entités positives qui transmettent des canalisations, des messages pour l'Humanité, des prédictions, des soins, des protections et parfois des jeux, de l'humour et des notes de musique ou des airs fredonnés.
Ces cadeaux émerveillent.

Vous vivez dans la matière et les couples Flammes Jumelles sont impossibles à faire rentrer dans le cadre d'une relation normale. Vos liens sont hors normes.
Foi et confiance en l'avenir.

299

Dieu peut interdire d'obtenir des renseignements par le don. La Source ferme le robinet du don pour protéger ses médiums face aux détracteurs.

Plus rien du tout pour eux, une belle leçon.

L'aide spirituelle s'achève dans des conditions d'irrespects et d'ingratitudes.

Remercier les médiums et à travers eux les guides est le minimum demandé par l'Au-delà en signe de respect, de politesse et de gratitude.

Les Démons manipulateurs incarnés sur Terre savent très bien inversés les rôles constamment.

Ils agissent et après ils disent que c'est les autres qui ont fait !

Mensonges et manipulations vont de pair, ainsi que les insultes, les violences verbales et physique généralement.

Lâchez prise et éloignez-vous des personnes toxiques.

Ne dispersez pas vos énergies inutilement.

Vos dons peuvent perturber.

Amies Flammes, il est nécessaire de travailler sur vos peurs et vos liens karmiques pour les dénouer et les nettoyer.

Purifier tous vos corps subtils afin qu'eux aussi puissent fusionner et que le destin ne vous remette plus dans les mêmes situations karmiques.

Tous mes conseils et mes encouragements sont valables pour les autres groupes d'âme globalement.

Vos âmes souhaitent expérimenter.

Vous pouvez le percevoir grâce aux effets miroirs, aux dysfonctionnements dans vos comportements (addictions, peurs, sentiments négatifs, souffrances), dans vos corps (douleurs, traumatismes, maux divers et variés...).

Les corps expriment régulièrement des nœuds karmiques. Allez fouiller dans vos vies antérieures...

Et guérissez tous vos corps subtils sans exception.
Libérez-les des chaînes des vies antérieures (corps bouddhiques), réparez-les (corps astraux), libérez les émotions (corps de souffrance, corps émotionnel), purifiez (corps éthérique), calmez le mental, l'Égo, travaillez sur l'inconscient (avec un analyste), corrigez le cheminement de votre âme en éveillant vos consciences.
En résumé, pacifiez-vous intérieurement en vous rééquilibrant et en mettant en lumière vos zones d'ombre.

L'analyse personnelle est ponctuée de méditations, de purifications, de libérations, de nettoyages avec des spécialistes (psychologues, soigneurs énergétiques, spécialistes des Flammes Jumelles, des vies antérieures et des nœuds karmiques) ainsi que de Constellations Familiales.
Une belle œuvre à accomplir.
Prenez conscience pendant l'Éveil de vos énergies et de vos Kundalinis qui circulent en vous. Vous avez besoin de réguler vos liens sociaux et d'harmoniser vos vies terrestres.

Est-ce normal de demeurer dans la haine et la violence ?
Certaines histoires se terminent en correctionnelle.
Des plaintes sont déposées.
Je vous conseille de rechercher des nœuds karmiques aussitôt afin de ne pas répéter ces apprentissages de vos âmes et d'éviter ces extrêmes.

Moi, Seigneur de Metharia, ancien prophète sur Terre, dans l'énergie de la Fraternité blanche et dans l'énergie cosmique Christique, demeure un guide sensible aux difficultés des Flammes Jumelles et aux difficultés de la planète.

La Terre est polluée.
Elle a du mal à respirer et vous aussi, vous êtes frappé de plein fouet dans vos poumons par la pandémie actuelle.
Vous vous en sortirez bientôt grâce à un traitement médicamenteux efficace.

Le virus de la Covid 19 s'essouffle lui aussi dans ces nombreuses mutations et il disparaîtra naturellement.

Les Flammes Jumelles avaient des amours secrets, interdits et cachés dans les vies antérieures.
Alors vous répétez les mêmes cachotteries à votre époque, et vous avez raison, car vous pouvez recroiser vos bourreaux des vies antérieures et répéter les mêmes scénarios karmiques.
Libérez-vous, libérez vos paroles !
Libérez vos corps entravés par les chaînes de mémoire d'esclavage et d'emprisonnement, de tortures, de meurtres et de sacrifices.

Les futures générations seront libres.
Vous œuvrez maintenant pour elles avec nous bien présent à vos côtés.
Vos enfants de lumière sont de puissants clairvoyants, gentils et empathiques. Ils comprennent alors que vous cherchiez à les protéger puisque la vie spirituelle est difficile à vivre au quotidien à votre époque.
Ils sont issus d'une grande passion non raisonnée.
Des enfants qui sont désirés et envoyés par La Source afin d'offrir à la Terre un meilleur avenir.
Vos enfants émanent de grandes vibrations, ils rayonnent, comme tous les enfants issus de Flammes Jumelles...
Les nouvelles générations seront plus avisées dans l'ensemble en gagnant en maturité.

Vous subissez des attaques de l'Ombre cherchant à vous séparer et à vous détruire en vous déstabilisant complètement.

Vous parcourez de longs chemins initiatiques.

Je te laissais expliquer ces chemins initiatiques Flammes Jumelles dans tes autres ouvrages.

Ainsi nous nous séparons pour le moment, car tu dois te reconnecter à la Fraternité blanche. Cela est écrit, afin de bien évoluer et progresser en tant que véritable Flamme dans la lumière de La Source, et non dans la mienne !

La Fraternité Blanche suggère un autre guide pour toi, et même ton ami Jupitérien sent bien qu'il devra lui aussi s'en aller, et te laisser à l'abri du manteau de ton prochain guide...
Ainsi, tu apprends l'autonomie et l'indépendance affective.
La suite dans ton prochain roman...
À bientôt, chère amie.
Tendres pensées à vous tous,
Amis terriens et frères intergalactiques.

Restons en paix et préservons l'espoir et la Foi d'un monde pacifiste».

Note de l'auteur

« 2012, c'était la fin d'un cycle et un grand changement pour moi.

Je canalisais des livres en écriture automatique, puis en écriture dite inspirée sous l'inspiration des guides de lumière et à leur demande.

Recevant les enseignements de ces guides, je me spécialisais dans les soins énergétiques et dans les canalisations tout en continuant mes consultations de voyante-médium.

J'étais amenée à diffuser des enseignements et des connaissances canalisés des êtres de lumière.

Une longue formation m'était dispensée par le biais de guidances grâce à mon Éveil et à la reconnexion avec ma vraie Flamme Jumelle ainsi qu'à La Source.

L'ouverture de tous mes chakras était alors intense et mon taux vibratoire bien augmenté grâce à d'intenses purifications.

Je canalisais tous les jours les esprits supérieurs.

Puis tout s'accélérait, je photographiais des phénomènes paranormaux et des entités, j'enregistrais des voix de l'Au-delà, je commençais à capter d'autres entités et à diffuser des énergies, je communiquais avec tous les esprits de toutes sortes et je possédais des animaux totems : j'explorais le Chamanisme.

En parallèle, par la conscientisation intérieure et une remise en question globale, j'entamais un travail d'introspection intense et éprouvant.

Bref, le chemin de l'Éveil s'ouvrait devant moi dans un profond bouleversement intérieur et un véritable tsunami émotionnel, mais quelle révélation la découverte de soi !

Je m'affirmais en tant que voyante-médium, énergéticienne, spécialisée dans les relations Flammes Jumelles et auteur sous la protection des êtres de l'Un, des maîtres ascensionnés et de mon être divin.

Je propageais toute mon énergie et tout mon amour dans la joie d'arpenter ce merveilleux chemin de l'Éveil intérieur.

Pendant que je communiquais avec le Commandant Ashtar Sheran de lumière, il répondait à toutes mes questions aisément.

Ashtar Sheran avait malheureusement un sosie de l'Ombre, une entité sombre usurpant son identité et semant le trouble pour discréditer le Commandant sur Terre. Je protégeais nos séances médiumniques pour éviter de canaliser cet imposteur.

Je rencontrais régulièrement le Commandant Ashtar pendant mes voyages astraux et en explorant mes vies antérieures.

Le Commandant démontrait ainsi son existence, nous éclairant un peu plus sur son monde, et parlant aussi du nôtre, des difficultés rencontrées sur Terre au fil des incarnations. J'avais envie de retranscrire nos rencontres et nos conversations dans un ouvrage.

Il aborde dans ce livre des thèmes comme la Lumière ou l'Ombre à partir d'exemples et ce qu'il perçoit de ses voyages sur notre planète.

Il décrit aussi son rôle de guide pour soutenir l'Humanité à travers ses communications avec différents médiums.

Il est proche des Flammes Jumelles et des guerriers de lumières incarnés qu'il conseille et qu'il protège.

Il décrit des exemples précis révélateurs des relations très complexes des êtres de lumière incarnés sur Terre avec leurs propres parts d'ombre et de lumière.

À travers ses observations, il décrypte nos différents mondes et leurs interactions.

Je souhaite à tous de pouvoir incarner toute la véritable lumière spirituelle de l'Amour Universel Inconditionnel, toute la joie, toute la compassion dans la libération de l'être divin sacré incarné.

Construisons ensemble un meilleur avenir dans le respect de la Vie sous toutes ses formes, dans le respect de Soi, de son prochain et de la si belle planète Gaïa.»

L'Auteur

Virginie Noël est née à Vesoul en 1970.

Après des études artistiques à l'Université de Strasbourg et suite à son initiation au Reiki, c'est en qualité de médium-voyante, énergéticienne, et auteur qu'elle pratique son activité.
Elle propose des tirages de cartes, des soins énergétiques, des vidéos et des livres pour donner des conseils et des voyances.
Elle canalise également des textes par claire audience, visions, flashs de voyance et prémonitions, et elle utilise souvent son pendule.
Virginie Noël pratique la télépathie, les voyages astraux, les canalisations et le Chamanisme.
Elle est enseignée directement par les guides de lumière.
Elle connaît bien les autres dimensions en voyageant astralement quotidiennement.

L'écrivaine soutient son activité par des pratiques purificatrices, des guidances, une alimentation de préférence végétarienne saine, et des pratiques de Yoga et de méditations quotidiennes entre autres.
Elle communique tous les jours avec l'Au-delà et les mondes invisibles.Cette médium réalise toujours toutes ses créations (livres, photos, textes, chansons, etc...) sous guidance de La Source et de ses guides, notamment de l'Archange Michel, la Source, les Anges, les maîtres ascensionnés, les êtres de lumière ou bien ses animaux totems, etc... Virginie est une Flamme Jumelle Universelle, d'une nature angélique incarnée.

Pour toutes demandes de renseignements,

de rendez-vous pour une consultation en voyance-guidance
et/ou de soins énergétiques à distance :

noelvirginie1878@neuf.fr

Autres ouvrages de l'Auteur

✔ Série des Flammes Jumelles :

Chaque livre se lit indépendamment et la série suit une progression spirituelle :

1 Flammes Jumelles, des Chemins de Lumières

2 L'Amour Inconditionnel des Flammes Jumelles (version anglaise disponible)

3 Flammes Jumelles, l'Essence du Cœur

4 L'Uni-vers des âmes.

✔ Un Ange blanc danse dans la tempête. (version anglaise disponible)

Liens sociaux

- ✔ **Facebook** : Virginie Noël médium-voyante auteur

- ✔ **Groupe Facebook** : « Sur le Chemin de l'Éveil, Virginie Noël médium-voyante »

- ✔ **Instagram** : virginienoel1878

- ✔ **Twitter** : virginienoel70

- ✔ **Chaîne Youtube** : Virginie Noël médium

- ✔ **Site** : virginienoelweb.wordpress.com

- ✔ **Tik Tok** : Virginie Noël médium

- ✔ **Association** « Virginie Noël médium ».

Crédits photo : Virginie Noël

Auto-éditeur :
Virginie Noël
5D rue de la République
70 000 Noidans les Vesoul

Livre achevé en Décembre 2021
Dépôt légal Décembre 2021

9 782957 759316